변경과 경계의 동아시아사

RICH 트랜스내셔널인문학총서16

변경과 경계의 동아시아사

한양대학교 비교역사문화연구소 기획

이 세 연 엮음

혜안

책머리에

최근 몇 년 사이에 '트랜스내셔널 히스토리'는 흔한 말이 되었다. 그것이 종종 내셔널한 공간 사이를 오가는 사람과 물자의 뒤엉킴의 역사 정도로 이해되는 것은 곤혹스럽기 짝이 없지만, 어찌 되었든 일국사적 시각에서 벗어나 역사를 바라봐야 한다는 주장이 어느새 '식상한' 이야기가 되어버린 것은 환영할 만한 일이다.

하지만 내셔널 히스토리의 주술에서 벗어나야 한다는 담론이 시민권을 얻었다 하여 트랜스내셔널 히스토리의 임무가 끝난 것은 아니다. 국민국가라는 '기울어진 운동장'에서 내셔널 히스토리의 포획망은 여전히 강고하게 작동하고 있고, 일국사적 사고의 다른 이름인 유럽중심주의, 근대중심주의의 자장도 좀처럼 수그러들 기미를 보이고 있지 않기 때문이다. 전근대! 폭력성이 응축된 이 말에 기대지 않고 우리는 그 시대를 상상할 수 있는가? 내셔널 히스토리가 자아낸/자아내고 있는 '자명함'을 비틀어 다르게 질문하는 것은 여전히 유효하고 절박한 지적 실천이다.

우리 앞에 가로놓인 현실이 이와 같다면, 두터운 지대로서의 경계의 역사를 드러내고 탐색하는 변경사(border history)는 분명 긴요한 도구이다. 그것은 선으로서의 경계 위에 존재하는 내셔널 히스토리의 허구를 직접적으로 가시화하는 작업을 수반하기 때문이다. 트랜스내셔널 히스토리를 주창한 한양대학교 비교역사문화연구소가 창립기념 학술회의의 테마로 변경사를 선택한 것은 우연이 아니었다.

비교역사문화연구소는 그간 두 권의 변경사 관련 서적을 출간했다. 하나는 동북공정에 촉발되어 일거에 확산된 일국사적 영토담론을 논박하는 취지의 『근대의 국경 역사의 변경』(휴머니스트, 2004)이고, 다른 하나는 변경사 관련 후속연구의 오랜 공백에 대한 반성 및 제국의 역사에 대한 문제의식에서 비롯된 『제국과 변경』(혜안, 2017)이다. 본서는 직접적으로는 『제국과 변경』의 연장선상에 있다.

본서와 『제국과 변경』은 2013년에 결성된 연구회 〈제국과 변경〉의 활동을 기반으로 하고 있다. 2017년 가을까지 만 4년간 이어진 연구회에서는 참으로 다채로운 이야기들이 오갔는데, 그 근간에는 한 가지 공통된 문제의식이 있었다. 즉, 베스트팔렌체제, 양차 세계대전 이후 유럽 각국의 국경 획정 문제, 프론티어에서 프론티어로 이어졌던 북아메리카의 서부 개척, 미국과 멕시코 간의 국경 획정 문제, 변경의 시각에서 청 제국의 역사를 다시 읽어내고자 하는 신청사의 연구동향 등 구미의 역사경험과 역사인식에서 비롯된 변경사의 문제제기를 한반도, 동아시아의 맥락에서 어떻게 소화할 것인가라는 화두가 공유되었던 것이다.

연구회가 거듭되면서 19~20세기에 집중되곤 하는 연구의 시야를 넓혀야 한다는 점, 동아시아의 역사경험에 초점을 맞춰야 한다는 점, 개념사적 접근이 필요하다는 점 등이 확인되었다. 본서가 '변경과 경계의 동아시아사'라는 제목으로 출간되고 다양한 시대를 다루고 있는 이유이다. 개념사적 접근이 실현되지 못한 점, 연구서로서의 통일성이 부족한 점 등 본서가 지니고 있는 한계는 명백하다. 하지만 변경사 연구의 진전을 위한 토대 마련, 양적 축적이 시급하다는 사실은 부정할 수 없다. 앞서 출간된 『제국과 변경』과 더불어 본서가 동아시아 변경사의 대해로 이어지는 넉넉한 물길이 되기를 기대한다.

　본서는 2017년 8월 25일에 개최된 학술회의 "변경과 '경계'의 동아시아사"의 성과를 한데 묶은 것이다. 학술회의 때 발표되었던 김보광, 한승훈, 이세연, 정면, 박혜정의 논고에 윤해동, 조원의 논고를 보탰다.

　1부 '제국과 변경, 거시적 조망'에는 윤해동, 박혜정, 조원의 논고가 수록되어 있다.

　윤해동의 「한국 변경사 연구 시론-지대, 선, 영토」는 유라시아 제국들 사이에서 근대적 국경 관념이 싹트는 가운데 한반도의 북쪽 변경이 어떻게 재편되어갔는지를 트랜스내셔널한 시각에서 추적하고 있다. 저자에 따르면 한반도의 북쪽 변경은 청과 러시아가 맺은 근대적 국경조약인 네르친스크조약, 북경조약의 영향 하에 지대에서 선으로 전환되어갔다고 한다. 네르친스크조약을 계기로 조선과 청에 걸쳐 있던 광활한 변경지대에는 백두산정계비가 설치되었으며, 북경조약을 계기로 조선과 청은 국경 획정을 위한 외교협상을 벌이게 되었다고 저자는 파악한다. 이처럼 변경이 지대에서 선으로 전환되는 가운데 대한제국의 성립을 계기로 '영토적 민족주의' 담론이 확산되어갔다고 저자는 설명한다.

　박혜정의 「변경에서 보는 청 제국-북서부 스텝과 동남 해안의 사이에서」는 중국대륙의 북서부 스텝과 동남부 해안의 두 갈래 변경으로부터 청 제국을 조망한다. 저자는 청 제국의 변경들 간의 공통점을 지적한 피터 퍼듀(Peter Perdue)의 논의에서 출발하지만, 변경들

간에는 상당한 차이점이 존재했다는 결론에 도달한다. 즉, 북서부 변경에서 확인되는 근대적, 팽창주의적, 혁신적 면모는 동남부 변경에서 확인되지 않는다는 것이다. 저자는 동남부 변경에 대한 청 제국의 태도는 남양 왕국들과의 관계를 바탕으로 몇 차례 변화를 겪지만 기본적으로 내해를 중심으로 한 안정과 수비에 방점이 찍혀 있었다고 파악하고, 이 같은 양상을 포괄하는 새로운 청 제국사를 구축해야 한다고 강조한다.

조원의 「元 후기『經世大典』의 편찬과 六典體制」는 근세 동아시아 典章의 기본 틀인 六典의 모델을 제시한『經世大典』에 대해 분석하고 있다.『經世大典』의 편찬사업은 톡테무르 즉위 직후에 규장각학사원을 중심으로 진행되는데, 이 같은 동향에는 다분히 정치적인 맥락이 숨어 있다고 저자는 진단한다. 즉, 정치적 암투 끝에 제위에 오른 톡테무르는 자신의 정치적 정통성과 절대 권력을 천명해야 하는 입장에 처해 있었고, 이에 중원의 전통적인 政書를 표방하고 君事와 臣事를 준별하는 형식의『經世大典』을 편찬하게 되었다는 것이다. 육전이라는 형식이 실무행정을 둘러싼 중심과 주변의 공감대 하에서 채택되었음을 암시하는 저자의 서술은 생동감 넘치는 제국의 다이너미즘을 상상케 한다.

2부 '자타인식의 심층'에는 김보광, 한승훈의 논고가 수록되어 있다.

김보광의 「고려전기 탐라에 대한 지배방식과 인식의 변화」는 고려전기를 검토대상으로 삼아 탐라가 고려왕조에 편입되어가는 과정에 대해 살펴보고 있다. 고려왕조의 시각에서 바라봤을 때 탐라는 外國에서 蕃土로, 蕃土에서 郡縣으로 전환되어갔다고 저자는 설명한다. 즉, 삼국시대 이래 독자적인 정치단위로 존재했던 탐라는 현종대에 이르러 朱記를 하사받아 일종의 기미주인 번토로 전환되었고, 耽羅勾當使가 등장하는 문종대 이후 고려왕조의 지배 체계 속에 자리매김 되었다는 것이다. 다만 외국, 번토로서의 탐라의 기억은 완전히 불식되지는 않아, 13세기에 이르러서도 탐라는 여전히 南蠻으로 불리곤 했으며 일정한 수탈조차 묵인되는 특수 지역으로 남아 있었다고 저자는 설명한다.

한승훈의 「변경의 접촉지대 三島, 그리고 巨文島의 탄생」은 상이한 역사적·지리적 경험을 지닌 사람들이 교차하는 '접촉지대(Contact Zone)'를 키워드로 삼아 근대 전환기 거문도의 역사를 추적한다. 저자는 거문도를 구성하는 세 개의 섬 가운데 하나인 孤島가 倭島로 불리기도 했다는 점을 환기하며 거문도가 조선전기 이래로 조선인과 일본인이 조우하는 접촉지대였음을 확인한다. 이를 토대로 저자는 19세기 후반 거문도가 제국 간의 세력다툼 속에서 한층 농밀한 접촉지대로 거듭나게 되었다고 설명한다. 저자는 영국군과 거문도 주민 사이의 평화로운 관계를 두텁게 서술하면서도 '부드러운 제국주의'의 이면에 도사리는 제국의 냉철한 셈법을 간과하지 않는다.

3부 '경계지대의 텍스트'에는 이세연, 정면의 논고가 수록되어 있다.

이세연의 「『新羅之記錄』의 구상과 변경의 심성」은 17세기 중반 일본의 북쪽 변경에서 생산된 『新羅之記錄』이라는 연대기를 분석하며 변경의 심성을 해명한다. 저자는 『新羅之記錄』을 생산한 松前 가문의 중층적인 혈맥 의식, 실용과 생존을 근간으로 하는 '弓馬之道'의 내실에 주목하여, 중앙[京都]과 蝦夷 거주지를 아울러 응시하는 松前 가문 사람들의 경계인으로서의 감각, 타자와의 연이은 전란에서 비롯된 변경 고유의 망탈리테를 도출해낸다. 저자의 시도는 중·근세 전환기 일본의 북쪽 변경에 대한 시론이라 할 수 있다. 향후 시공간상으로 외연을 넓힌 후속연구가 필요하다는 점은 두말할 나위 없다. 논문 말미에는 『新羅之記錄』의 주요 내용이 표로 정리되어 있어 독자들의 이해를 돕고 있다.

정면의 「'白族'의 탄생-『白族社會歷史調查』와 『白族簡史』의 분석을 중심으로」는 『白族社會歷史調查』와 『白族簡史』에 대한 분석을 통해 중화인민공화국의 '민족식별' 작업을 거쳐 '白族'이 탄생하게 된 경위를 추적한다. '민족식별' 작업의 허구, 국가 권력이 주도하는 역사서술의 민낯을 드러내기 위해 저자가 시도하는 정치한 텍스트 분석도 볼거리지만, 보다 주목되는 점은 저자가 '다르게 질문하기'를 실천하고 있다는 사실이다. 저자는 시종일관 "누가 백족의 선민인가?"가 아니라 "누가 백족(의 선민)을 만들어냈는가?"라는 물음을 던진다. 앞서 밝힌 바와 같이, '자명한' 역사인식을 비틀어 '다르게 질문하기'는 트랜스내셔널 히스토리의 요체이다. 본고는 새로운 역사서술의 호례라 할 수 있다.

돌이켜보면, 한국학계에서 변경사에 대한 열기는 동북공정의 등장과 더불어 부풀어 올랐다 동북공정의 종료와 더불어 사그라진 감이 없지 않다. 학문에도 유행이 있다. 시시각각 등장하는 최신 이론에 충분히 주의를 기울이는 것이 연구자로서 갖춰야 할 기본 소양임에는 틀림없지만, 한국학계의 회전속도는 지나치게 빠른 것이 아닌가, 때로 우려스럽기도 하다. 소화는 제대로 된 것인지, 간과되었던 점은 없는지, 새로운 발전 가능성은 없는지, 누군가는 진득하게 버티고 앉아 지루한 복기를 해야 하는 것은 아닐까? 때로는 아둔한 긴 호흡이 연구자의 미덕이라 믿어 의심치 않는다. 두 번에 걸친 변경사 단행본의 출간에 대해 편자로서 자부심을 느끼는 이유이다. 정연한 모양새는 아니지만 행간에 빼곡히 들어차 있는 저자들의 고뇌와 번민을 누군가 알아보고 그로부터 새로운 글쓰기를 상상한다면 바랄 나위 없다.

이번에도 혜안에 신세를 지게 되었다. 혜안의 작업방식은 보수적이다. 모든 원고의 내용을 꼼꼼하게 확인하고 자구 하나 하나에 주의를 기울이는 터라, 편자에 대한 질문은 넘치고 출간에 이르는 과정은 더디다. 그 근간에는 책을 만드는 지식인으로서의 자긍심과 자존감이 존재하리라 짐작한다. 원고를 넘기고 난 후 한 달이면 마술처럼 책이 출간되기도 하는 세태에서 혜안의 작업은 찬사를 받아 마땅하다. 뒤틀린 한국의 지식시장에서 같은 방향을 보고 걸어가는 동료로서 경의를 표한다.

저자를 대표하여
이 세 연

차 례

1부

제국과 변경, 거시적 조망

한국 변경사 연구 시론[*]

지대, 선, 영토

윤해동

1. 머리말

"(세종 대의) 북방개척은 농토의 확장과 아울러 천연의 요새를 국경선으로 삼으려는 데에도 그 목적이 있었던 것이며, 이를 위하여 몇 차례의 이민을 행하기도 하였다. 이에 오늘날의 한국의 국토가 완성된 것이다."[1] 이 문장은 오랫동안 대표적인 한국사 개설서로 '군림'해왔던 『한국사신론』에서 인용한 것인데, 오늘날 한국인들의 국경인식을 잘 드러내고 있는 문장으로 손색이 없는 듯하다. 아마도 대부분의 한국인들은 국경과 영토에 대한 이런 인식을 어릴 때부터 되풀이해서 주입받고 교육받아 왔을 것이다.

---

[*] 이 글은 「한국 변경사 연구 시론 : 지대, 선, 영토」(『민족문화논총』 67, 2017)를 수정 보완한 것이다.
1) 이기백, 『한국사신론』, 일조각, 1992, 257쪽.

요컨대 15세기 초반 세종대의 북방지역 개척에 의해 자연의 요새인 압록강과 두만강을 경계로 한국의 국경이 '확정'되었으며, 영토가 '완성'되었다고 보는 것이다. 사실 한국인들의 국경인식에는 압록강과 두만강이 백두산을 중심으로 천연의 요새 역할을 수행함으로써 흔들림 없는 경계 역할을 수행해왔다는 데에 대한 강한 신뢰가 바탕을 이루고 있는 것처럼 보인다.

그러나 조선조 초기 세종대에 두만강과 압록강을 경계로 한국의 국경이 확정되고 영토가 완성되었다는 인식은 과연 사실에 근거한 것인가? 이는 20세기 국민국가 시대의 국경인식을 5백여 년 전으로 소급해서 적용한 것은 아닌가? 한국학계에서 처음으로 이런 방식의 국경 이해에 강력한 이의를 제기한 사람은 서양사연구자인 임지현이었다. 그는 서양의 변경 연구(frontier study) 성과와 방법론을 소개하고 이를 바탕으로 동아시아의 각종 역사논쟁을 해결하는 실마리를 찾아보려 하였다. 학술회의의 성과를 모아 『근대의 국경 역사의 변경』2)이라는 단행본을 출간하기도 하였으나, 그럼에도 이런 변경 연구의 문제의식이 한국학계의 관련 연구에 크게 영향을 미쳤다고 할 수는 없다. 게다가 변경 연구가 시작된 유럽이나 미국에서조차 변경과 관련한 용어나 개념이 통일되어 있지 않고, 고정적이고 통일적인 변경모델을 창출하려는 시도는 모두 실패했다는 진단이 나오고 있다.3)

---

2) 임지현 편, 『근대의 국경 역사의 변경』, 휴머니스트, 2004. 이 책은 외국의 변경연구 성과를 소개하고, 동아시아지역의 변경문제를 탐색한 연구성과를 담고 있다.

3) 박혜정, 「변경에서 중심읽기 : 변경에서 보는 유럽 근대국가와 유럽연합」, 『역사학보』 228, 2015 참조. 박혜정은 frontier, borderland, border region 등 변경과 관련된 용어가 시대와 지역에 따라 매우 혼란스럽게 사용되어 왔음을 밝히고 있다.

근래 조선과의 변경지역을 空閑地로 비워두는 청조의 정책 즉 虛邊 政策을 이른바 '변경사'(border history)의 관점에서 재해석할 필요가 있다는 주장이 김선민에 의해 제기됨으로써 변경연구에 대한 관심이 새삼 환기되고 있다.[4] 또 로빈슨은 15~16세기 두만강을 경계로 하는 조선의 동북부 변경지역 상황을 분석하였는데, 여진인이 조선의 국가체제에 완전히 편입되지 않은 채 조선인과 상호 충돌-갈등하며 생활하고 있었음을 밝혀내고 있다.[5] 이 연구들은 변경지역의 상황에 대한 주목할 만한 분석을 진행하고 있으나, 분석의 초점을 국경 혹은 변경에 맞추고 있는 것은 아니다.

세계학계에서의 '변경연구' 작업은 국경이 '선' 개념으로 확정된 것은 그다지 오래 된 일이 아니라는 사실을 밝혀내었고, 지금은 이런 인식이 일반적으로 통용되고 있다고 보아도 좋다. 국민국가 시대의 국경이 만들어지기 이전에는 국경 혹은 변경이 일정한 '地帶'(zone)로 존재해왔던 것이다. 따라서 선 개념의 국경이 자리잡기 전에는 지대 개념의 '변경지대'가 경계 역할을 수행하고 있었던 것이다. 다시 말하면 변경연구의 성과를 통해, 인류사의 과정에서 정치체들의 경계는 크게 보아 "지대로부터 선으로" 이행해왔다는 사실을 확인하게 된 것이다.

정치체 사이의 경계가 지대로 존재할 때에는 그 변경지대에서 생활하는 사람들도 포함하여 양쪽지대를 넘나드는 사람들의 이동성

---

4) 김선민, 「한중관계사에서 변경사로 : 여진-만주족과 조선의 관계」, 『만주연구』 15, 2013.

5) Kenneth R. Robinson, "Residence and foreign relations in the Peninsular Northeast During the Fifteenth and Sixteenth Centuries," Sun Joo Kim ed., *The Northern Region of Korea : History, Identity and Culture*, Seattle and London : University of Washington Press, 2010.

이 더 높았을 것이다. 이를 다공성(porosity)으로 표현하기도 하는데, 경계가 지대로 존재한다는 것은 사람들의 이동성이 높을 뿐만 아니라 그에 비례하여 그 양쪽을 오가는 사람들의 정체성은 더 약했을 것임을 의미한다. 따라서 경계가 지대로부터 선으로 이행할수록, 양쪽 경계를 넘나드는 사람들의 이동성은 약해지게 되었다. 이는 곧 정체성이 강화되어가는 과정이기도 하였다. 이로써 선 개념의 국경이 확정됨으로써 비로소 '영토' 개념도 등장하게 된다는 사실을 확인할 수 있다. 선으로서의 국경이 확정되지 않은 채 변경지대가 널리 존재하고 있는 상태에서는 명확한 영토개념은 성립할 수 없다. 단지 변경지대는 그 너머에 존재하는 적대적 세력의 침략을 방어하는 데에 도움을 주거나, 변경 밖의 化外세력이 투항하여 敎化하는 데에 도움을 주는 '완충지역' 혹은 '점이지역'일 따름이었다.

이 글은 조선 초기부터 근대에 이르는 시기를 대상으로 한반도의 북쪽 변경이 어떤 방식으로 변화하였는가를 살피는 것을 목표로 삼는다. 조선 초기 明과 마주하고 있을 때에는 변경이 지대로 존재하였으나, 청과 백두산에서 '정계'작업을 한 뒤에는 차츰 지대가 좁아져서 선의 방식으로 전이되어 갔을 것이다. 하지만 영토주의적 인식론(territorialist epistemology)에 기반을 둔 국경개념이 동아시아지역에서 정착하기 시작한 시기를 확정하는 것은 간단한 일이 아니다. 청과 일본이 개입된 복잡한 국경-영토 분쟁을 거치면서 조선 내부의 영토주의적 인식론은 점차 확산되고 정착되어 갔던바, 이 과정을 정밀하게 살펴볼 필요가 있을 것이다.

2. 네르친스크 조약과 조선의 변경지대 인식

1) 17세기 말 이전 변경지대의 상황

조선 초기 한국인들은 요동지역 곧 遼河의 동쪽지역을 조선의 '옛 영토'(故地)로 간주하고 있었다. 이런 인식은 요동지역에 '고려인'들이 많이 거주하고 있었다는 사실에 의해 강화되었다. 元 왕조 말기에 요동지역의 중심도시였던 遼陽이나 瀋陽에는 대규모 고려인 집단이 형성되어 있었으며, 이들은 고려왕조의 정부 운영에 깊숙이 개입하기도 하였다. 원 왕조의 권위가 약화된 고려 말기에 이르면 여러 차례 요동 원정이 이루어지기도 했는데, 이는 주로 요동에 거주하는 고려인 집단의 군사적, 경제적 기반을 파괴하기 위한 것이었다.[6]

세종 때에 조선왕조의 창업을 기리기 위하여 만든 『용비어천가』에는, 고려 왕조 후기 공민왕의 명으로 요동 공략에 나섰던 이성계가 요동 지역에 붙였다는 榜文이 실려 있다. "우리나라는 요임금 때로부터 중국과 나란히 세워져왔다. 주나라 무왕은 기자를 조선에 봉하여 따로이 경계를 세워 주어 서쪽으로는 遼東河에 이르러 대대로 국경을 지켜왔으며 (하략)"(42장)[7]라는 내용인데, 고려 말기 요동 원정에 나섰던 사실을 바탕으로 요동지역이 옛 영토였음을 확인하려는 의도를 담고 있을 것이다.

요동지역을 조선의 옛 영토로 간주하는 이런 조선인들의 생각은, 15세기부터 17세기 초반까지 요동지역의 상황을 살펴보면 반드시 이해할 수 없는 일은 아니다. 근래 17세기 이전 명 혹은 청과 경계를

---

6) 야기 다케시(矢木毅), 박걸순 역, 『한국사의 계보』, 소와당, 2015, 180~183쪽.
7) 박창희 역, 『역주 용비어천가』 하, 한국학중앙연구원 출판부, 2015, 115쪽.

맞대고 있던 만주지역 변경지대의 상황을 검토하여, 중립지대 혹은 완충지대라는 개념을 사용할 필요가 있음을 강조하는 연구가 등장하여 이목을 끈다. 이들 연구는 이 시기 만주지역의 변경은 선이 아니라 '면'으로 존재하였음을 강조하고,[8] 면으로서의 '국경지대'가 가졌던 성격을 밝히는 데 주력하고 있다.

이들의 연구를 바탕으로 이 시기 변경지역 상황을 요약해보자. 명이 요동지역 지배를 위하여 설치한 遼東都司는, 명 초기에는 遼陽 근처의 連山關 지역까지만 실질적인 지배가 미치고 있었고 주로 방어적인 측면에 치중하고 있었다. 영락제 이후 요동지역 지배의 확장을 시도하였으나 그 영향력은 미미하였다고 한다.[9] 따라서 명이 변경 관리를 위해 설치하였던 遼東邊墻으로부터 조선의 북방 변경지대 사이에는 여진인이 할거하고 있었으며, 그 사이의 광활한 지역은 관할이 명확하지 않은 상태에 놓여있었다.[10]

요양과 압록강 사이에 설치한 遼東 八站 곧 8개의 역참은, 조선의 주요 사행로였음에도 15세기까지 거의 관리되지 못했다고 한다. 1480년대가 되어서야 명은 요동팔참 중 하나인 봉황성 지역에 군사를 파견하고 城堡를 수축하여 지배를 확립할 수 있었다.[11] 제주도에서 중국으로 표류했다가 요동지역을 거쳐 귀국한 최부의 기행문인 『표

---

8) '변경지역'을 선과 대비되는 면 개념을 사용하여 규정하는 것은, 너무 추상적이고 또 모호하다. 변경지역의 구체성을 드러내는 데는 면이라는 추상명사보다는 지대라는 용어를 사용하는 것이 훨씬 자연스럽다. 또 zone의 번역어로 보더라도 지대가 면보다는 더 적합하다.

9) 남의현, 『명대요동지배정책연구』, 강원대학교출판부, 2008.

10) 유재춘, 「15세기 명의 東八站 지역 점거와 조선의 대응」, 『조선시대사학보』 18, 2002 ; 유재춘, 「15세기 전후 조선의 북변 양강지대 인식과 영토 문제」, 『조선시대사학보』 39, 2006.

11) 남의현, 앞의 책.

해록』에 의하면, 15세기 후반 요동지역 주민의 약 3분의 1은 조선계였고, 더욱이 요양에서 압록강에 이르는 이른바 동팔참지역의 주민은 모두 조선의 유망민이었다고 한다.[12] 요컨대 명시기 조선의 변경 정책의 본질은 조선인의 이탈방지 혹은 명의 위협을 방어하는 데 그 중점이 놓여있었던 것이다.[13] 따라서 명 시기에는 압록강이 조선과 명의 국경선으로 전혀 기능하지 않고 있었다는 점은 명확하다고 하겠다.[14] 또 청 초기까지도 압록강에서 상당한 거리에 있던 鳳凰城 근처에 柵門이 있었고, 그 지역은 封禁地帶로 묶여 있었다.[15] 따라서 청 초기의 압록강도 조선의 변경 역할을 충실히 수행하고 있었던 것은 아니다.

유재춘은 청 초기까지는 압록강과 두만강을 경계로 두 강의 北岸地域을 곧바로 명, 청의 영토로 간주하고 있지 않았다는 점을 강조하고, 새로 '국경 완충지대'라는 개념을 사용할 것을 제시한다. 이에 반해 남의현은 '국경 중립지대'라는 개념을 사용하자고 제안한다. 면으로서의 변경지대가 존재하였음을 강조하면서 제기한 두 가지 개념 곧 유재춘의 '국경 완충지대'와 남의현의 '국경 중립지대' 개념은 한국 학계의 변경지역 개념 혹은 국경 개념을 쇄신하였다는 점에서 연구사적 의의가 지대하다 할 것이다. 하지만 국경완충지대든 국경중립지대든 개념의 착종이 심하고 명료하지 못하다는 점에서는 아쉬움이 남는다. 우선 국경이라는 개념을 사용하여 변경이 지대로 존재하고

---

12) 최부, 『漂海錄』 ; 야기 다케시, 앞의 책, 184~186쪽에서 재인용.
13) 유재춘, 앞의 「15세기 명의 東八站 지역 점거와 조선의 대응」 ; 앞의 「15세기 전후 조선의 북변 양강지대 인식과 영토 문제」.
14) 남의현, 앞의 책.
15) 유재춘, 「중근세 한중간 국경완충지대의 형성과 경계인식」, 『한일관계사연구』 39집, 2011.

있었다는 점을 흐리고 있으며, 그 지역의 성격을 완충 혹은 중립으로 설립하여 그 시대적 성격을 온전하게 드러내지 못하고 있는 것이다. 그럼에도 이들의 연구가 만주지역 변경지대의 변화 양상을 살피는 데에 매우 유효한 개념을 제공하고 있음은 새삼 강조할 나위도 없을 것이다.

2) 네르친스크 조약과 조·청 '정계'

청조 초기 강희제가 내정을 안정시킨 후인 1689년, 청조는 처음으로 러시아와 근대적인 '조약'을 체결하게 된다. 몽골의 북쪽 경계지역인 네르친스크에서 맺어진 이 조약의 가장 두드러진 특징은, 양자 간의 관계가 호혜·평등에 입각해있다는 점이었다. 네르친스크 조약의 前文은, 청의 강희제를 '가운데 나라의 성스러운 황제'로, 러시아의 표트르 1세를 '오로스 나라의 차간 한'으로 표기하여, 두 주권자의 지위를 대등하게 처리하고 있다. 이뿐만 아니라 조약의 각 조항에는 양자의 동등성을 강조하는 표현이 빈번하게 등장하고 있다.

이어 1727년 맺어진 캬흐타조약의 전문에는 옹정제를 '다이칭 나라의 황제'라고 하고, 러시아 차르를 '오로스 나라의 카툰 한'이라고 불렀다. 카툰 한은 칸의 부인을 뜻하는 몽골어인데, 러시아 차르가 여제인 에카테리나 1세였기 때문에 쓴 말이라고 한다. 이 조약들에는 러시아인, 몽골인, 만주인, 예수회 선교사 등 네 당사자들이 참여하였다. 예수회 선교사들은 서구의 국제법을 소개하였고, 회담에서는 중개자의 역할을 수행하였다.

17세기 후반부터 19세기 초반까지의 청·러관계를 19세기 중반 이후 불평등조약체제와 구별하기 위하여, 구범진은 네르친스크-캬흐타 조약체제라고 부르고자 한다.16) 그리고 이 조약들이 체결된 가장 중요한 원인을 갈단의 침공(네르친스크 조약), 준가르 문제(캬흐타 조약) 등에서 찾고 있다. 외부 침공의 위협이라는 절박한 요구 앞에서 국제법 원리에 입각한 조약 체결도 불사할 수밖에 없었다는 논리이다.17)

그러나 이런 논리는 당시 처한 변경지대에서의 곤란함이나 청 정부의 유연한 대응책을 설명하기에는 너무 단순하다. 문제는 서구의 국제법이 전면적으로 청에 강요되기 이전에, 이미 청이 이를 감안하거나 혹은 모방하여 유럽의 낯선 세력과 새로운 관계를 설정하고 있었다는 점이다. 청조는 만주족 황실이 중심이 되어 러시아를 중심으로 한 북쪽의 낯선 세력과 우선적으로 안정적인 관계를 맺기를 원했던 것이다.18)

한편 양 조약이 변경문제와 관련하여 가지는 중요성은, 변경의 개념에 선 개념이 등장하였다는 점에서 찾아야 할 것이다.19) 네르친스크 조약에서 '국경선'은 아무르강으로 흘러가는 고르비짜강과 아르군강으로 합의되었고, 이에 따라 러시아는 아무르강 유역의 땅을 모두 잃었으며 만주지역으로 진출하는 것이 일단 봉쇄되고 말았다.20) 요컨대 예수회 선교사들이 소개한 서구의 국제법이란 이른바

---

16) 구범진, 『청나라, 키메라의 제국』, 민음사, 2012, 151~178쪽 참조. 라틴어를 공용어로 하고, 러시아어와 만주어 및 몽골어를 조약체결의 언어로 선택하였으며, 한문으로 된 조약문은 만들지 않았다. 네르친스크 조약이 갖고 있는 여러 특징에 대해서는 이 책을 참고할 필요가 있다.

17) 구범진, 앞의 책.

18) 박선영, 「백두산정계비와 화이질서」, 『중국학보』 56집, 2007.

19) 하원호는 네르친스크 조약을 '거점' 중심의 영토의식을 국경선 개념으로 전환시킨 것이었다고 해석했다. 하원호, 「개화기 조선의 간도인식과 정책의 변화」, 『동북아역사논총』 14, 2006.

20) 박명용, 「연해주를 둘러싼 한국과 러시아영토문제」, 『북방사논총』 4호,

베스트팔렌 조약에 입각한 것으로 '베스트팔렌 체제'라고 통칭되는 국제체제 혹은 국가간체제를 반영하고 있는 것이다. 베스트팔렌 체제에 참가하기 위해서는 우선 그 정치체가 주권을 가진 근대국가임을 증명할 필요가 있으며, 그것은 우선적으로 국경을 획정할 수 있는 힘에서 나온다. 국경을 획정하고 이를 통하여 영토를 확정하는 과정을 통하여, 청은 서구의 국제법체제 곧 베스트팔렌 체제의 끝에 자신을 걸칠 수 있었던 것이다. 그런 점에서 네르친스크 조약을 동아시아 국경 개념에서 '신기원'을 이루는 조약이라고 해도 좋을 것이다.

이처럼 네르친스크 조약을 통해 동북변의 국경을 안정시키는 17세기 후반부터 18세기 초중반에 걸친 시기에, 청 왕조는 주변지역으로 청의 강역을 확장하는 데에 주력하고 있었다. 1683년 대만을 회복하였고, 18세기 중반에는 티베트와 '신장지역'을 평정하였다.[21] 따라서 네르친스크 조약 체결을 통한 변경지역 안정화 시도는, 청의 근대제국화 시도와 깊은 관련을 가진 것이었다고 할 수 있다. 청의 '근대제국화 시도'라는 명제는 내가 동아시아사 인식의 가능성을 검토하면서 만든 개념이다. 청 왕조는 17~18세기에 걸친 1차 근대제국화 시도에 이어, 19세기 후반에 2번째의 근대 제국화 시도를 수행하였다고 본다.[22] 18세기 청과 러시아는 초원을 둘로 나누어 명확한 국경선을 만들고 팽창의 한계를 확정함으로써 모호한 변경지대들을 없애려 하였다. 이 두 제국은 점점 더 영토권(territoriality)에 초점을 맞추어

2005. 네르친스크 조약은 그런 점에서 엄밀하게 보면 '선과 지대의 조합'으로 변경지역을 획정했다고 할 수 있을 것이다.

21) 張華, 「근대 이래 중국 국경의 변천과 영토인식」, 『역사와교육』 20집, 2015.

22) 윤해동, 「동아시아사로서의 한국사를 보는 방법-제국과 근대국가 그리고 지역」, 『동북아역사논총』 40호, 2013.

둘 사이의 광대한 공간을 분할하여 점유함으로써 그 사이의 어떤 대안세력도 남겨두려 하지 않았던 것이다.[23]

이로써 청은 자신의 북방지역만을 대상으로 베스트팔렌 체제와 깊은 관련을 가지게 되었다. 청은 한쪽 다리는 베스트팔렌 체제에 건 채로, 다른 쪽 다리는 아직 예전의 조공체제를 굳건히 딛고 있었다고 할 것이다. 이런 측면이 청의 제1차 제국화시도가 갖는 특성이라고 해도 좋겠다.

3) 조선 후기의 변경지대 인식

청의 입관 이후 만주지역에는 만주족의 정체성을 유지하기 위해서 柳條邊을 축조하였다. 물론 이는 북으로 몽골 그리고 남으로는 조선을 방어하는 경계 역할을 수행하기 위한 것이었다. 그러나 압록강으로부터 유조변에 이르는 변경지대에서는 이른바 '월경'을 둘러싼 다양한 문제가 발생하고 있었으며, 이와 관련하여 1690년대 이후 청조는 백두산을 중심으로 한 변경지대 조사를 요구하고 있었다.[24] 더욱이 『大淸一統誌』 편찬에 따라 압록강과 두만강의 상류지역에 대한 관심도 높아지고 있었다.

이런 상황을 바탕으로, 1712년 이른바 '백두산정계비'가 설치되었다. 그러나 이를 두고 한중 양국의 학계에서는 어떤 공통점도 찾을 수 없을 정도로 독자적 해석이 난무하고 있다. 물론 중국이든 한국이든 한쪽에만 책임을 물을 수 없는 문제라는 점도 명확하고, 민족주의

---

23) 피터 C. 퍼듀, 공원국 역, 『중국의 서진』, 도서출판 길, 2012, 57~695쪽.(원저는 Peter C. Perdue, *China Marches West*, Harvard University Press, 2005)

24) 박선영, 앞의 「백두산정계비와 화이질서」.

적 편향성이 해석의 편차를 줄이는 데에 가장 큰 장애가 되고 있다는 점 또한 명확하다. 그러나 양측의 연구에는 사실을 둘러싼 사료의 채택이나 논의의 전제에도 큰 문제가 있는 듯하다. 우선 정계가 청의 자체 內部査界인지 조청의 共同定界인지조차 명확하게 합의하지 못하고 있다. 게다가 정계의 내용을 둘러싼 해석의 차이는 더욱 크고 심하다.

그러나 명대와 청 초기까지의 태도와는 완전히 다른 방식으로 査界·定界하는 작업이 청 정부의 제안으로 이루어진 것은, 앞서 본 바와 같은 청의 세계관 변화로 인한 것으로 볼 수밖에 없을 것이다. 그 이전에는 백두산 근처까지 명이나 청의 지배가 미치지 않았으며, 따라서 그 지역의 경계를 명확히 해야 할 아무런 이유가 없었다. 또 압록강과 두만강이라는 자연적 요해처를 경계로 하고 있는 한, 백두산 지역의 산간지역까지 그 경계를 '선'으로 명확히 해두어야 한다는 발상이 있을 리 없었다.

네르친스크 조약에서 국경선을 중심으로 변경을 명확히 했던 경험은, 그 후 청의 변경지대 경계 획정과정에 크게 영향을 미쳤다고 보아도 좋을 것이다. 강희제 통치 시기인 1712년 이른바 조선과의 사이에 이루어진 백두산에서의 정계 작업은 네르친스크 조약의 연장선 위에 놓여 있었다고 보아야 할 것이다. 물론 그렇다고 해서 변경지대가 완전히 사라지거나, 국경이 확정적으로 자리잡았다고 볼 수는 없다는 점 역시 사실이다. 청은 백두산지역을 조사하여 '정계비'를 설치함으로써 유조변으로부터 압록강 혹은 두만강 사이에 존재하던 변경지대를 자신의 관할지역으로 편입하려는 의도를 가지고 있었다. 유조변 확장공사를 꾸준히 진행하였고 월경문제에 엄격하게 대응할 것을 요구한 것은 이런 차원에서 이해할 수 있다.[25]

요컨대 정계 이전 명-청 초기 시기에는 '변경지대'가 봉황성 근처의 책문에서 폐사군 사이의 넓은 지역에서 존재한 것으로 보아야 할 이유가 충분하다. 따라서 1712년 이후 조선도 定界 작업을 통하여 자신의 영토를 확대하였으며, 백두산 천지 남쪽의 공지를 확보하였다는 점에서 만족하는 측면이 있었다. 조선 초기 압록강 상류에 설치되었던 4군은 15세기 후반까지는 모두 廢郡되었으며, 만주인이 자주 이 지역을 출입함으로써 분쟁이 야기되어 왔던 것이다. 정계를 통하여 영토를 상실하였다는 주장은 정계 이후 상당한 시간이 지난 뒤에 나타난 것이었다.[26] 여러 사례를 통해 보면, 정계비 설치 이후 북쪽 경계로는 압록강을 의식하고 있었음이 분명하게 드러난다. 예컨대 "봉황성에서 寧古塔까지는 모두 6개의 邊門이 있었으니 첫 번째를 柵門, 두 번째를 靆陽門, 세 번째를 鹺廠門, 네 번째를 英額門, 다섯 번째를 汪淸門, 여섯 번째를 威遠門이라고 했다. 구불구불한 거리가 2천여 리나 되었는데, 모두 압록강으로 경계를 삼고 있었으니 다른 문도 이와 같다고 한다."라는 기술을 통해서도 이를 확인할 수 있다. 이는 19세기 초 북경에 사신으로 다녀온 박래겸의 여행기에 나오는 것이다.[27]

　한편 한국 학계의 '백두산정계' 연구는 주로 두만강 수원을 둘러싼 조선의 堆柵(石堆, 土堆, 木柵) 이설 경위를 둘러싸고 이루어지고 있으며, 백두산의 수원을 잘못 정한 원인을 둘러싼 책임논쟁의 성격을

---

25) 박선영, 위의 글. 박선영은 백두산정계 작업이 청의 영역 확장과정에서 나타난 것이라는 점을 정당하게 지적하고 있다. 그러나 네르친스크 조약과 달리 백두산정계비는 청의 화이관에 입각하여 체결됨으로써 국경획정에 실패하였다고 보아, 양자를 차이를 지나치게 강조하고 있는 것처럼 보인다.

26) 이화자, 『한중국경사 연구』, 혜안, 2011, 107~121쪽.

27) 朴來謙, 조남권·박동욱 역, 『沈使日記』, 푸른역사, 2015.

띠고 진행되고 있다. 물론 중국학계의 연구 역시 한국의 연구를 뒤집어놓은 것처럼 보일 정도로 거꾸로 방불하다.[28] 그러나 이 문제가 합리적 해석을 획득할 가능성은 매우 낮아 보인다. 이미 정계비와 아울러 설책과 관련한 모든 증거가 사라졌기 때문이다.

그러나 정계 이후 18~19세기에 걸친 조선의 두 가지 논의를 살펴보는 것은 이 시기 조선의 변경-국경 인식을 살펴보는 데서 매우 중요하다. 하나는 土門江·分界江 인식에 관한 것이고, 다른 하나는 정계로 인한 영토득실론이다.

토문강과 두만강은 두 개의 강이고, 토문강이 분계강이었다는 주장은 정상기의 동국지도에서 본격적으로 제기되었고, 이를 수용한 신경준의 일련의 작업에 의하여 논리를 획득하였다. 요컨대 토문강은 分界江 역할을 수행하였다는 것이고, 백두산에서 발원한 토문강의 수원은 중간에 복류하였다가, 분계강(해란강)으로 나타나서 두만강으로 합류한다는 것이었다. 하지만 이런 논리는 넓은 지지층을 확보하지 못했다. 얼마 지나지 않아, 이익이나 홍양호 등의 실학자들에 의해 토문두만 2강설은 부정되었으며, 분계강 인식도 사라지고 말았다.[29] 특히 19세기 중반 이후 급증한 월경 이주자들을 통하여 정확한 지리정보가 입수되면서 토문강·분계강 개념은 급속히 쇠퇴의 길을 걷게 되었다.[30]

토문강·분계강 설과 관련하여, 정계 작업이 부실하여 두만강 7백리 이북에 있는 공험진과 선춘령을 중심으로 한 영토를 상실하였다는

---

28) 이화자, 앞의 책.
29) 이화자, 앞의 책, 72~105쪽.
30) 이강원, 「조선후기 국경 인식에 있어서 豆滿江·土門江·分界江 개념과 그에 대한 검토」, 『정신문화연구』 30권 3호, 2007.

논의가 실지론으로 나타나기도 하였으나, 이런 논의 역시 그다지 큰 힘을 발휘하지 못했다. 다른 한편 압록강 연안의 폐사군 개발과도 맞물려 일각에서는 요동수복론이 제기되기도 하였다.[31] 물론 이런 논의가 소중화사상과 맞물려 북방영토에 대한 관심으로 나타난 것이기는 하지만, 정확한 지리인식에 근거한 것이 아니어서 그다지 큰 지지를 확보하지 못했다는 것 역시 명확한 사실이다.[32] 전체적으로 북방영토에 관한 관심보다는 백두산 정계 이후 오히려 백두산 이남의 변경지대 곧 폐사군 지역의 개간과 확보에 주력하고 있었다고 보아도 좋을 것이다. 이런 점에서 아직 조선의 경계인식은 변경지대와 국경인식이 혼합된 상태에 놓여 있었던 것이리라.

3. 북경조약과 변경지대 인식 변화

1) 북경조약과 새로운 조·청관계

러시아는 1858년 아이훈 조약을 통하여 아무르강 좌안을 러시아령으로 확보하고, 아무르강 하구 이남지역을 공동관리지역으로 정함으로써 네르친스크 조약에서 남겨진 변경지역을 국경 '선'으로 확정하였다. 이어서 아이훈 조약에서 확보한 공동관리지를 근거로 1860년 북경조약을 체결함으로써, 우수리강 동쪽의 이른바 연해주지역을 '약탈'하였다.[33] 아이훈 조약과 북경조약을 통하여 러시아가 시베리

---

31) 강석화, 「19세기 북방강역에 대한 인식」, 『역사와 경계』 65, 2007.
32) 이화자, 앞의 책, 106~121쪽. 공험진과 선춘령이 함경도 지역에 위치하고 있다는 사실은 현대 역사학의 성과에 의해 명확하게 되었다.

아·연해주지역을 확보할 수 있었던 근거는, 네르친스크 조약이 가진 조약체계의 대등성 바로 그것이었다.[34]

북경조약으로 청은 우수리강 이동지역과 포시에트 만을 잃어 바다로 향한 출구를 완전히 봉쇄당했다. 반면 조선은 동해로 흘러가는 두만강을 경계로 러시아와 경계를 접하게 되어 조·러간 국경을 확정하게 되었다. 조선은 외교권을 청에 의존하고 있었기 때문에 국경을 획정하는 조약에 참여하지 못했으며, 따라서 북경조약의 최대 피해자는 조선이라는 해석도 가능할 정도이다.[35]

북경조약 이후 청조는 만국공법체제 하의 역관계에 의한 노골적인 경쟁체제에 노출되었던 것이고, 이에 청 정부는 자구책을 모색하지 않을 수 없었다. 아이훈·북경 조약 이후, 청이 만국공법 아래서 존속하기 위해서는 국경을 확정하고 영토를 확보하는 것이 무엇보다 긴요하고 절실한 사업이라는 점이 명확하게 드러나게 되었다. 이를 위해서 국경선을 확정하여 영토를 명확히 하며, 영토로 확보된 지역에 대해서는 통치권을 균질적으로 행사할 필요성이 고조되었다. 이를 위해 '直省主義'를 지배지역 전체로 확장하여 변경지역을 '중국화'하고, 번부를 폐지하는 작업에 착수하였다. 나는 청의 건성작업과 중국화정책을 청의 제2차 제국화 시도라고 규정한 바 있다.[36] 일찍이 오웬 라티모어는 이를 두고 이류 제국주의(Second Imperialism)라고

33) 박명용, 앞의 글 ; 심헌용, 「러시아의 극동진출 전략과 국경을 둘러싼 조·러 양국의 대응」, 『군사』 56호, 2005 ; 이완종, 「러시아의 극동진출과 중-러 국경 획정과정 연구」, 『북방사연구』 4호, 2004.
34) 심헌용, 위의 글.
35) 녹둔도를 둘러싼 한러간 국경문제가 발생한 원인은 북경조약으로 소급할 수 있다. 심헌용, 위의 글.
36) 윤해동, 앞의 「동아시아사로서의 한국사를 보는 방법 – 제국과 근대국가 그리고 지역」.

부른 적이 있다.[37] 지극히 강한 서구중심주의에 입각한 입론이지만, 청의 근대 제국적 면모를 지적한 선구적 작업이라는 점에서 의미를 가진다고 하겠다.

1870년대 신장지역은 양면에서 위기에 처했다. 북에서는 러시아가 일리지역을 무력으로 점령하였으며, 톈산 남에서는 야쿱 벡 정권이 수립되었던 것이다. 청은 左宗堂의 주도로 대대적인 군사작전을 일으켜 신장지역을 정복하고, 신장 통치체제를 일신하여 1884년 신장성을 설치하고 주현체제를 전면적으로 도입하였다. 비록 청 시기에는 몽골과 티베트에 성이 설치되지는 않았으나, 마찬가지로 중국화의 물결은 피해가지 못했다. 몽골에는 18세기부터 한인이 진출하여 농지개간이 시작되었으며, 1900년에는 유목지역 봉금이 해제되었다. 티베트에서는 1904년 라싸 조약을 전후하여 영국의 침략이 노골화하였으며, 스촨 서부 티베트인 거주지역에 분쟁이 발생하자 무력으로 진압하고 주현을 설치하였다. 이 두 지역에는 중화민국 시기에 각각 성이 설치되었다. 만주지역에서는 19세기 전반 한인 이주민을 관리하기 위하여 장군제도를 설립하였고, 주방팔기제를 포기하고 주현제도를 설치하기 시작하였다. 19세기 후반부터 주현체제가 설치되기 시작하여, 1907년 동삼성 설치로 직성화가 완성되었다.[38]

이런 일련의 정책 가운데 조선을 '속국화'하기 위한 시도가 이어졌다. 우선 1882년에 만들어진 조청간의 협정 곧 '中朝商民水陸貿易章程'을 통해서도 확인할 수 있는 바와 같이, 청은 자신들이 원하는 "근대적인 從屬體制"에 부합하는 각종 제도와 형식을 만드는데 부심하였다. 1870년대 후반 러시아에 의해 촉발된 일리지역 위기가 조선에 대한

---

37) Owen Lattimore, *Inner Asian Frontiers of China*, Beacon Press, 1962.
38) 구범진, 앞의 『청나라, 키메라의 제국』.

위기의식을 부추기고 있었으며, 이에 청은 조선이 만주지역 방어를 위한 완충국으로 보전되어야 한다는 판단을 하고 있었다. 그리하여 1884년 갑신정변 이후 청일전쟁 이전까지 10여 년 동안 조선 정부에 대한 철저한 간섭과 지배 등을 통하여 "전통적인 宗屬體制" 하에 조선이 향유하던 자주를 침범하고 서구의 식민지화 정책을 모방하여 속국화정책 즉 식민지화 정책을 추진하였던 것이다.[39] 조선에 대한 "근대적 속국화정책"은 청의 '제2차 제국화 시도'가 드러낸 전형적인 모습이었다고 해도 좋을 것이다.

2) 개항기 변경 인식의 변화

조선 정부의 요구에 의해 조선과 청 정부 간에는 1885년('을유감계'), 1887년('정해감계') 두 차례에 걸친 勘界會談이 열렸다. 감계 곧 조선과 청 사이의 경계를 다시 정하는 회담을 시작한 데에는 크게 두 가지 정세가 반영되어 있었다. 첫 번째 변화는, 1860년대 후반부터 시작된 양강 이북지역으로의 조선인들의 이주가 확대되면서 새로운 감계회담에 대한 이주민들의 요구가 이어지고 있었다는 점이다. 러시아의 남하에 대비하기 위하여 1867년 청은 동북지역에 대한 封禁政策을 철폐하고 이주와 개간을 적극적으로 추진하고 있었다. 그러나 1881년 청이 간도지역을 본격적으로 개간하기 시작했을 때, 그곳에는 이미 수많은 조선인 유망민들이 거주하면서 경작에 종사하고 있었다. 1880년대 들어 특히 간도지방에서는 개간의 주도권을 둘러싼 조선인들 사이의 갈등이 심각한 상태에 이르고 있었다.[40]

---

39) 김기혁, 「李鴻章과 청일전쟁」, 『청일전쟁의 재조명』, 한림대 아시아문화연구소, 1996.

두만강 이북지역으로 이주하여 농업에 종사하고 있던 조선인들은 중국관헌의 감독이 심해지자 본국의 보호를 요구하였다. 그러나 본국에는 국경선을 월경하면 처벌한다는 법률이 존재하고 있었다. 이를 피하기 위해 간도지방에 이주한 조선인들은 법률을 위반한 것이 아니라 간도지역이 본래 분계강 이남의 조선 영토에 속한다고 공공연히 주장하기 시작했던 것이다. 1883년 서북경략사로 경원에 있던 어윤중은 백두산정계비를 재조사할 것을 명하였고, 이에 변경민들의 주장을 근거로 분계강(해란강) 이남의 간도지역이 조선에 속한다는 주장이 공식적으로 제기되었다.[41]

다른 하나의 변화는 화이질서가 차츰 이완되고 있었다는 점이다. 요컨대 '字小事大 大小之分'(큰 나라가 작은 나라를 보듬고 작은 나라가 큰 나라를 모시는 것 곧 크고 작은 나라의 구분이 있는 것 | 인용자)으로부터 '四瀛交涉 無大無小'(전세계 모든 나라의 교섭에 크고 작은 나라의 구분이 없는 것 | 인용자)로의 관념의 변화가 동반되고 있었던 것이다. '무대무소'라는 자세에 입각한 조선 정부의 교섭에 대한 요구는 그 이전에는 청에 의해 용납되기 어려운 것이었다.[42] 이는 청의 속국화 요구가 이어지는 가운데서도 새로운 감계회담에 대한 조선 정부의 요구를 거부하기 어려운 국제적인 정세가 작용하고 있었던 데서 기인하는 것이었다. 1883년 어윤중이 길림통상장정 체결 과정에서 간도문제를 제기했지만, 청은 이에 대해 적극적으로 반응하지 않았

---

40) 이와 관련한 많은 연구가 있다. 대표적으로 윤휘탁, 「변지에서 내지로 : 중국인 이민과 만주국」, 『중국사연구』 16, 2001 ; 하원호, 앞의 글 참조.

41) 야기 다케시, 앞의 책, 21~229쪽.

42) 아키츠키 노조미, 「화이질서에서의 경계지대와 국제법적 '국경'」, 동북아역사재단 편, 『근대변경의 형성과 변경민의 삶』, 동북아역사재단, 2009, 277~316쪽.

다. 그러나 1884년 두 차례에 걸쳐 '조러밀약설'이 제기되자 청은 즉시 조선측의 감계협상 제안을 수용하였다.

1885년의 1차감계에서 양국의 대표는 토문강과 두만강이 같은 강인지(곧 1江2稱) 서로 다른 강인지(2江2稱)에 대해 공식적인 합의를 끌어내지 못했다. 그러나 조선 대표 이중하는 비밀보고에서 석퇴·토퇴와 목책의 자취가 두만강 상원과 연결되어 있었다는 점을 확인하고, 토문강과 두만강이 '이름이 다르지만 같은 강'이라는 점을 인정하였다. 또 1887년 2차감계에서는 두만강 상류를 홍토수(조선의 주장) 혹은 석을수(청의 주장) 가운데 하나로 정하는 데까지는 합의하였으나, 이 가운데 하나를 수원으로 정계하는 데에는 실패하였다. 그러나 이후 청조의 강압에 의해 논의가 진행되지 못함으로써, 합의에 이르는 데에는 결국 실패하였다. 요컨대 백두산의 수원을 정하는 데 합의하지 못함으로써, 두 번의 담판은 실패로 끝나고 말았던 것이다. 이에 따라 토문강 이북 곧 두만강 이북지역에 대한 변경민들의 영토적 요구 역시 수용되지 못했다.[43]

그러나 이 두 번의 감계작업을 통하여 조선에도 선에 의한 국경 개념을 바탕으로 한 영토 개념이 본격적으로 등장하게 되었다는 점에는 주목해야 할 것이다. 북경조약에 의해 강요된 조·러간의 국경선 획정에 이어 조·청간의 국경선 획정작업이 이어짐으로써, 이제 조선에도 국경이 선으로 구성된다는 인식이 확고하게 자리잡게 되었다. 이런 인식상의 변화는 영토 관념에 변화를 불러오고, 영토 확장에 대한 관심을 불러오게 한다는 점에서 중요한 것이었다.

1897년 대한제국이 수립됨으로써, 근대적 영토의식이 본격적으로

---

43) 하원호, 앞의 글 ; 이왕무, 「19세기말 조선의 강역인식 변화」, 『역사와 실학』 37, 2008 ; 이화자, 『한중국경사 연구』, 혜안, 2011, 123~171쪽.

등장하게 되었다. 고종은 황제 즉위 조서에서 다음과 같이 선포하였다. 단군이 은둔했던 '아사달'의 땅에서 단군의 정통을 이은 조선의 원수가, '삼한'의 통합자 즉 대한의 황제로 즉위한다고 했던 것이다. 이어 고종은 고려가 통일한 삼한의 땅을 바탕으로, 북으로는 말갈의 영역과 남으로는 탐라의 영역을 포함하는 것이 조선의 영역이라는 점을 확인하였다. 그리고 즉위에 앞서 거행되었던 환구단 제천 의례에서는 "雪山(백두산)을 鎭으로 하고, 黑江(송화강, 흑룡강)을 경계로 한다"고 하여 중국 동북부 지역에 대한 영토적 욕심을 드러내기도 하였다.44) 이러한 근대적 영토의식은 선에 의한 국경 개념이 정착함으로써 더욱 확고한 영역 개념으로 정착해갔던 것이다.

청일전쟁에서 청국이 패배하자 조선은 청의 속국화시도 나아가 내정간섭에서 벗어날 수 있게 되었다. 이어 1899년 조·청간에 '한·청 통상조약'이라는 근대적인 조약이 체결됨으로써, 이후 대한제국이 간도지역에 대한 적극적인 '식민정책'을 전개할 수 있는 토대가 마련되었다.45) 1902년 한국 정부는 이범윤을 북간도시찰사로 파견하고, 두만강 이북에서 개간민들의 이익을 보호하는 작업에 착수하였다. 또 경원의 金魯奎는 『北輿要選』을 편찬하여 두만강 이북지역이 조선의 영역임을 역사적, 현실적으로 증명하려 하였다. 물론 이런 작업은 두만강 이북으로 이주한 변경민들의 요구에 의한 것이었지만, 이후 북쪽 변경 지역 영토를 둘러싼 영토 민족주의를 촉발하였다는 점에서 중요한 의미를 지닌다.

대한제국 정부의 간도영유화 정책은 현지인을 보호하고 간도영유권을 확보하기 위한 것으로서, 식민주의적 의도를 포함한 것이었다.

---

44) 야기 다케시, 앞의 책, 233~240쪽.
45) 은정태, 「1899년 한청통상조약 체결과 대한제국」, 『역사학보』 186집, 2005.

이는 영토를 확보함과 아울러 '민족'집단의 보호를 내세운 정책이었던바, 근대 '제국'의 식민지 확장정책의 면모를 가진 것이었음을 부인하기 어렵다.[46)]

1903년 들어 대한제국이 간도에 대한 사실상의 영유정책을 추진하면서, 간도문제는 한국에서 국민적인 차원으로 확산되었다. 김노규의 저작이 간행된 것과 아울러, 장지연은 1903년『황성신문』에「我韓疆域考」를 연재하여 간도지역이 역사적으로 한국의 영토였음을 주장하였다. 장지연은 지리를 역사의 일부로 파악하여, 강역의 수축과 팽창을 역사의 일부로 인정하여야 한다는 영토의식을 드러내었다. 또 간도일대가 한민족의 고토였음을 강조하고 고토회복의 당위성을 내세우고 있었다.[47)]

4. 맺음말

'영토의 덫'이라는 말이 있다. 영토라는 공간은 처음부터 자명한 것으로 주어지는, 혹은 자연적인 것으로 주어지는 것이 아니다. 인간에 의한 개입이나 조작에 의해 인공적으로 생성된 것이 영토인데, 이를 인정하지 않고 영토 자체를 자의적으로 분할하여 논의할 때에 발생하는 함정을 이르는 말이 곧 영토의 덫이라는 것이다.[48)] 게다가 영토에 의미를 부여하여 그 공간을 성역화하게 되면, 그 영토를

---

46) 은정태, 위의 글 ; 하원호, 앞의 글 ; 은정태,「대한제국기 '간도문제'의 추이와 '식민화'」,『역사문제연구』17호, 2007 참조.
47) 박민영,「장지연의 북방강역 인식」,『한국독립운동사연구』25집, 2005.
48) 이와시타 아키히로,「일본의 영토분쟁 : 정리와 전망」, 와다 하루키 외,『독도문제는 일본에서 어떻게 논의되고 있는가』, 제이앤씨, 2015, 159~178쪽.

둘러싼 분쟁을 해결하는 길은 더욱 멀어지게 된다.

현대 한국인들은 15세기 초반 세종대에 압록강과 두만강을 경계로 국경이 확정되었으며, 이를 통해 한국의 영토가 완성되었다는 인식을 역사교육을 통해 되풀이하여 교육받는다. 그러나 백두산을 중심으로 압록강과 두만강이 자연적인 경계 역할을 수행했다고 보는 것은 역사적 사실과 부합하지 않는 인식이다. 그럼에도 이런 역사인식을 유지하고 그에 심각한 의미를 부여하는 것은 영토의 덫에 빠질 위험성을 높이게 된다.

이 글에서는 경계 개념이 '지대로부터 선으로' 이행해왔다는 기존 변경연구의 성과를 수용하여, 15세기 이후 한국의 북쪽 변경이 변화해온 양상을 살펴보았다. 한국의 북쪽 변경에 변화가 생기는 두 가지 큰 계기를, 17세기 초반의 네르친스크 조약과 19세기 중반의 북경조약으로 설정하였다. 두 조약은 모두 청과 러시아 사이에 맺어진 것이었으나, 그것이 조선과 청 그리고 러시아 사이의 경계에 몰고 온 변화는 심대한 것이었다.

우선 네르친스크 조약을 계기로 조선과 청 사이에도 백두산을 중심으로 한 정계작업이 수행되었고, 백두산의 두만강 '수원'에 백두산정계비가 설치되었다. 청과 러시아는 영토의식에 기반을 두고 광대한 변경지역을 분할함으로써, 근대적 국경개념을 강화하였다. 이런 의식은 백두산정계비 설치에도 반영되었던 것이다. 그 이전까지 광대한 변경지대로 존재하던 요동지역을 둘러싼 변경의식은, 백두산정계비 설치 이후 차츰 압록강과 두만강을 경계로 하는 변경의식으로 변화하고 있었다.

아무르 조약과 북경조약을 통하여 러시아는, 시베리아의 광대한 국경을 확정함과 아울러 우수리강 이동의 연해주지역을 확보하게 되었다. 이를 계기로 청 역시 18세기에 확장한 주변지역을 적극적으로 영토로 편입하는 정책을 구사하였다. 또 조선이나 베트남과 같은 조공왕조를 근대적인 예속관계로 편입하려는 노력을 기울였다. 이 시기에 조선의 요구로 백두산지역의 국경을 확정하려는 회담이 두 차례 개최되었는데, 이를 통하여 조선의 국경 개념과 영토의식은 확고하게 정착하게 되었다. 이후 추진된 대한제국의 '간도 영유화' 정책은 근대적 민족주의가 정착하면서 '영토민족주의'로 전환하는 계기가 되었다.

국경이 확정되면서 사람들의 이동에는 제약이 가해지고, 주민들의 정체성을 강화하는 작업이 추진되었다. 이 시기에 한국에도 영토개념이 정착하게 되었고, 이를 바탕으로 대한제국은 근대국가로서의 국민통합을 적극적으로 수행하게 되었던 것이다. 1905년 이후 간도문제는 전국민적 관심사로 부상하였고, 국경선을 경계로 확정된 영토가 민족주의의 토대로 작용할 수 있음을 증명하고 있었다. 간도영유권 문제는 청일간의 협상의제로 전환하였고, 이를 계기로 근대적인 '민족'의식이 대두하면서 '강역계승의식' 나아가 '영토적 민족주의'는 더욱 확산되어갔던 것이다.[49]

49) 백동현, 「한말 민족의식과 영토관」, 『한국사연구』 129, 2005.

참고문헌

1. 연구서

구범진,『청나라, 키메라의 제국』, 민음사, 2012.
남의현,『명대요동지배정책연구』, 강원대학교출판부, 2008.
朴來謙, 조남권 박동욱 역,『沈使日記』, 푸른역사, 2015.
박창희 역,『역주 용비어천가』하, 한국학중앙연구원 출판부, 2015.
야기 다케시, 박걸순 역,『한국사의 계보』, 소와당, 2015.
이기백,『한국사신론』, 일조각, 1992.
이화자,『한중국경사 연구』, 혜안, 2011.
임지현 편,『근대의 국경 역사의 변경』, 휴머니스트, 2004.
피터 C. 퍼듀, 공원국 역,『중국의 서진』, 도서출판 길, 2012.

2. 연구논문

강석화,「19세기 북방강역에 대한 인식」,『역사와 경계』65, 2007.
김기혁,「李鴻章과 청일전쟁」,『청일전쟁의 재조명』, 한림대 아시아문화연구소, 1996.
김선민,「한중관계사에서 변경사로 : 여진-만주족과 조선의 관계」,『만주연구』15, 2013.
박명용,「연해주를 둘러싼 한국과 러시아영토문제」,『북방사논총』4호, 2005.
박민영,「장지연의 북방강역 인식」,『한국독립운동사연구』25집, 2005.
박선영,「백두산정계비와 화이질서」,『중국학보』56집, 2007.
박혜정,「변경에서 중심읽기 : 변경에서 보는 유럽 근대국가와 유럽연합」,『역사학보』228, 2015.
백동현,「한말 민족의식과 영토관」,『한국사연구』129, 2005.
심헌용,「러시아의 극동진출 전략과 국경을 둘러싼 조·러양국의 대응」,『군사』56호, 2005.

아키츠키 노조미, 「화이질서에서의 경계지대와 국제법적 '국경'」, 동북아역사재
　　　단 편, 『근대변경의 형성과 변경민의 삶』, 동북아역사재단, 2009.
유재춘, 「15세기 명의 東八站 지역 점거와 조선의 대응」, 『조선시대사학보』
　　　18, 2002.
유재춘, 「15세기 전후 조선의 북변 양강지대 인식과 영토 문제」, 『조선시대사학
　　　보』 39, 2006.
유재춘, 「중근세 한중간 국경완충지대의 형성과 경계인식」, 『한일관계사연구』
　　　39집, 2011.
윤해동, 「동아시아사로서의 한국사를 보는 방법-제국과 근대국가 그리고 지역」,
　　　『동북아역사논총』 40호, 2013.
윤휘탁, 「변지에서 내지로 : 중국인 이민과 만주국」, 『중국사연구』 16, 2001.
은정태, 「1899년 한청통상조약 체결과 대한제국」, 『역사학보』 186집, 2005.
은정태, 「대한제국기 '간도문제'의 추이와 '식민화'」, 『역사문제연구』 17호, 2007.
이강원, 「조선후기 국경 인식에 있어서 豆滿江·土門江·分界江 개념과 그에
　　　대한 검토」, 『정신문화연구』 30-3, 2007.
이와시타 아키히로, 「일본의 영토분쟁 : 정리와 전망」, 와다 하루키 외, 『독도문
　　　제는 일본에서 어떻게 논의되고 있는가』, 제이앤씨, 2015.
이완종, 「러시아의 극동진출과 중-러 국경획정과정 연구」, 『북방사연구』 4호,
　　　2004.
이왕무, 「19세기말 조선의 강역인식 변화」, 『역사와 실학』 37, 2008.
張華, 「근대 이래 중국 국경의 변천과 영토인식」, 『역사와교육』 20집, 2015.
하원호, 「개화기 조선의 간도인식과 정책의 변화」, 『동북아역사논총』 14, 2006.
Kenneth R. Robinson, "Residence and foreign relations in the Peninsular Northeast
　　　During the Fifteenth and Sixteenth Centuries," Sun Joo Kim ed., *The
　　　Northern Region of Korea : History, Identity and Culture*, Seattle and London :
　　　University of Washington Press, 2010.
Owen Lattimore, *Inner Asian Frontiers of China*, Beacon Press, 1962.

변경에서 보는 청 제국
북서부 스텝과 동남 해안의 사이에서[*]

박혜정

1. 머리말 : 청 제국에서의 변경의 중요성

근래 트랜스내셔널 히스토리와 지구사 연구에서 새로운 핵심어로 떠오르고 있는 '변경'은 '신청사' 연구의 바람을 등에 업고 터너 (Frederick J. Turner)의 '프론티어 테제' 이후 제2의 전성기를 누리고 있다. 신청사 연구는 한족중심주의적 시각에서 벗어나서 청 제국의 진면목을 발견할 수 있는 장소로 변경에 주목해왔다. 이러한 신청사 적 관점은 지난 10년간 청대 변경 연구의 급성장에 결정적으로 기여했 다. 이를 두고 하버드의 대표적인 신청사가 엘리엇(Mark Elliott)은 "우리는 지금 변경 정책과 실행에 대한 청 중심의 접근을 통해 주변이

* 이 글은 「변경에서 보는 청 체국 : 북부 스텝과 동남 해안의 사이에서」(『역사 학보』 236, 2017)를 수정 보완한 것이다. 본고의 집필과정에는 2017년 12월 16일 명청사학회에서의 발표와 조영헌, 구범진 교수의 토론과 제언으로부터 큰 도움을 받았다.

궁극적으로 중심이 될 수도 있음을 깨닫게 될 것이라고 제임스 밀워드(James Milward)가 20년 전에 예언한 그 지점에 도달해 있는 것 같다"고 표현했다.[1]

미국 신청사가들의 변경에 대한 주목은 미국 내 프론티어 연구 성과의 축적과 긴밀한 관계에 있다.[2] 터너의 프론티어 테제는 그것의 승리주의적이고 식민주의적인 기의에도 불구하고 유럽사뿐만 아니라 중국사 연구에서도 고정적이고 본질주의적인 민족 중심의 서사를 해체하는 데 영감을 제공해왔다. 특히 중원의 눈으로 주변을 재단해온 중화주의적 해석틀을 뒤흔든 신청사가들의 변경 연구의 성과와 혁신성은 매우 인상적이다. 중국 변경사 연구의 선구자 라티모어(Owen Lattimore)가 스텝지역 '원주민의 시각'에서 중국사를 다시 썼다면, 신청사가들은 변경의 관점을 사용하여 청제국사를 세계사적 맥락 속에서 자리매김하고 있다. 물론, 중앙아시아에서 보여준 청제국의 팽창주의적 성공을 적극적으로 평가하는 신청사가들의 문제의식은 G2시대의 중화인민공화국이 남중국해, 대만과 티베트 문제에서 보이고 있는 팽창주의적 면모를 경계, 의식하기 위한 현실정치적인 관심과도 무관치 않아 보인다. 그러나 문제가 되는 것은 역사적 사실에 대한 현재주의적 시각과 재단이지 현재주의적 관심 자체를 탓할 수는 없다. 세계사는 "세계가 어떻게 오늘날의 세계에 이르게 되었는가에 대한 연구"의 특성을 벗어나기 힘들기 때문이다.[3]

---

1) Mark Elliott, "Frontier Stories : Periphery as Center in Qing History," *Frontiers of History in China* (2014), p.344.
2) 김선민, 「청제국의 변경통치에 관한 연구동향 분석. 미국학계의 연구 성과를 중심으로」, 『외국학계의 정복왕조 연구 시각과 최근 동향』, 동북아역사재단, 2010, 87쪽.
3) Peter N. Stearns, *World History : Patterns of Change and Continuity* (New York, Harper and Row, 1987), p.3.

본고는 청을 '청'으로 만든 것은 변경이라는 신청사적 문제의식에서 출발하되, 북서 변경에만 머물지 않고 동남 해안의 해양 변경으로까지 시야를 넓혀서 청 제국의 면모를 양 변경에서 함께 살피고자한다. 이는 그간의 신청사 연구가 편향적으로 북서부 변경 연구를통해 확인해온 청 제국의 팽창주의를 해양 변경을 통해 거듭 검토하고, 최근에 와서 활발히 진행되고 있는 해양 변경에 관한 최근의구미권 연구들을 동일 맥락에서 적극 검토하기 위해서이다. 여타신청사가들과 달리 북부의 스텝 변경과 동남부 해안 변경 간의 공통점에 주목할 필요성을 강조하는 퍼듀(Peter Perdue)의 관점은 양 변경을 한 시야에 넣고 조망하려는 본고의 문제의식에 직접적인 자극을제공했다. 특히 양 변경에 관한 연구서들의 출간이 크게 늘어나는가운데에서도 양 변경을 복합적으로 연계시키려는 논의가 매우 적은사정을 고려하면 퍼듀의 관점은 매우 고무적이다. 본고는 퍼듀의문제제기를 화두로 삼아, 시론적 차원에서나마 양 변경에서 청 제국을 동시에 바라봄으로써 신청사적 문제의식을 한층 다각화하는 데기여해보고자 한다.

본론에 들어가기 앞서 본고의 핵심어인 청대의 변경 개념에 대해최소한의 설명을 해두는 것은 불가결해 보인다. 박상수에 따르자면, 변경을 지칭하는 현대 중국어 표현인 邊疆은 청대 말기에 등장하여중화민국 시대에 들어와 일반화된 것으로 알려져 있다. 그는 內地의18개 성을 제외한 나머지 지역이 藩屬 혹은 藩部로 불리다가 중화민국성립 이후 변강으로 불리게 되었다고 설명한다.[4] 그에 반해 청대사가

---

4) 박상수, 『중국 근대 '민족국가(nation-state)'의 창조와 '변강'문제 — 청말-민국시기 '변강'인식의 변천, 중국의 변강 인식과 갈등』, 한신대학교 출판부, 2007, 218~221쪽.

변경에서 보는 청 제국 **47**

이영옥은 번속, 번부, 변강을 거의 동의어적으로 사용하는 태도를 문제 삼는다. 그에 의하면, 새로 정복된 내몽골, 외몽골, 신강, 서장 등을 가리켰던 번부는 청대에 들어와 등장한 새로운 용어로서, 속국과 달리 청조와 봉번관계에 있는 이민족 부락을 의미하며 理藩院의 관할 하에 있었기 때문에 제한적인 자치권을 누렸다고 주장한다.[5] 물론 이영옥의 지적은 정치적으로 독립되어있었던 속국까지 무차별적으로 아우르는 번속 개념을 앞세워 중국의 현재 영토를 기준으로 역사적 영토를 확대하려는 중국의 동북공정 프로젝트를 특별히 겨냥한 것이다. 하지만 그의 주장대로 '역사적' 관점을 취하더라도 중국의 변경 개념인 변강이 속국에까지 걸쳐있는 개념임을 부인하기는 어려워 보인다. 중국의 변강 개념에서 주목할 점은 번과 속이 얼마나 행정 내지 정치적으로 차별적인 개념이었던가 보다는 오히려 번과 속을 함께 아울러 번속 혹은 변강으로 표현하는 포괄성에 있지 않을까?

퍼듀의 지적대로 청대의 변강은 굳이 비교하자면 서양에서 사용하는 frontier와 마찬가지로 선과 면 모두를 지시하는 양의성이 투영되어 있는 개념이다. 주지하는 바와 같이 '변'이 지역을 의미하는 반면에 '강'은 한정된 경계를 의미하기 때문이다. 서구에서 경계를 지칭하는 개념들이 모두 그러하듯이, frontier 역시 역사적 경험에 따라서 다양한 의미를 갖는다. 즉 국경을 뜻하는 불어 표현 frontière에서 가장 선명하게 드러나듯이 유럽사에서는 명확히 규정된 선적인 차원이, 미국사에서는 터너가 서부 개척사를 토대로 정의했던 바와 같이 복수의 문화들 간의 상호작용이 일어나는 넓은 공간적 차원이 지시된

---

5) 이영옥, 「청대 번속제도와 그 성격. 중국고대번속제도적완비의 비판적 검토」, 『중국 번속이론과 허상』, 동북아역사재단, 2010, 201~202쪽.

다. 유럽에서는 국가 간의 협의를 통해서 국경을 규정하는 베스트팔렌 체제가 표준으로 자리 잡은 덕분에 면으로서의 변경의 선적인 국경화가 비교적 빠르게 그리고 일반적으로 진행, 완료되었던 반면에, 청말에 등장한 변강 개념은 선과 면으로서의 frontier의 발전이 청조 말에 거의 동시적으로 일어났다. 퍼듀는 이러한 발전이 18세기의 청 제국 팽창과정 속에서 중심부에서의 일련의 이데올로기적 구성, 주변부에서의 군사 정복, 정복지의 행정적 편입, 이주와 상업에 의한 사회경제적 통합을 통해서 이루어졌다고 주장한다.[6]

또 다른 대표적인 신청사가 엘리엇 역시 영어 표현 frontier와 만주어 표현 'jecen' 간의 유사성을 지적하고 jecen에 대한 분석을 통해 청대에 일어난 경계의식의 역동적인 변화를 추적하여 흥미로운 사실을 지적한다. 그에 따르면, 만주어 jecen은 본래 라틴어 limes에 가까운 군사적 방어선의 의미가 강했지만, 청대 어법에 기초한 사전들을 통해 볼 때 17세기 이후로 상당한 의미 팽창과 변용을 겪었다. 즉 jecen은 지방 혹은 전국적 차원의 혹은 그 외의 행정적 경계, 군사적 분계선, 국경 일반, 비한족들이 거주하는 국경지대로 요약될 수 있는 의미군으로 발전하는데, 이와 더불어 jecen의 중국어 번역도 邊, 邊緣, 邊際, 邊界, 邊境, 邊疆, 邊塞로 크게 다양해졌다는 것이다.[7] 엘리엇의 이 같은 지적은 청 제국의 정복전쟁을 통한 팽창과정과 중국적 경계 개념의 변화 간의 밀접한 연관성을 다시 한 번 또렷이 해준다.

---

6) Peter Perdue, "Empire and Nation in Comparative Perspective : Frontier Administration in Eighteenth-Century China," *Journal of Early Modern History*, 5, 4 (2001), p.287(이하 "Empire and Nation").

7) Elliott, op. cit., pp.341~342.

2. 제국과 변경

청대에 와서 변경 문제의 역사학적 의미가 크게 부각된 것은 사실
이지만, 중원이 통일된 제국의 형태를 유지한 이래 변경의 유지와
관리는 늘 중요한 문제였다. 웡(R. Bin Wong)은 유럽이 중상주의
원칙 하에서 착취, 수탈적 구조의 팽창을 추구한 반면에 중국은
새로운 변방으로 팽창할 때 자원을 이동시켜 안정시키는 데 주안점을
두었다고 주장했다.[8] 물론 비교의 목적이 유럽의 중상주의 체제와
중국의 농업제국 체제의 차이를 규명하는데 놓여있기는 하지만,
유럽의 국제 관계가 아닌 각국 단위의 변방 관계로만 좁혀본다면,
유럽의 변경 정책은 중국 제국의 그것과 별반 다르지 않았다. 오히려
유럽이 중국보다 훨씬 많은 자원을 변방에 투입했다고도 할 만하다.
유럽에서는 절대왕정의 영토전쟁을 통해 영토 주권이 확립되는 과정
에서 "주권이 방어되는 곳은 국경이고 반대로 국경이 뚜렷이 구분하
는 것은 주권"이라는 명제가 통용될 정도로 주권의 대외적 자율성이
절대적으로 중요해져갔다.[9] 따라서 변경의 군사화와 안정을 위한
중앙재정의 출혈은 유럽 절대왕정 국가들 공통의 골칫거리였다.
날로 늘어나는 국방비용을 충당할 수 있는 국가재정의 건전성을
정비하느냐 못하느냐가 유럽 내의 패권 쟁탈전을 결정짓는 관건이
되었음은 말할 나위도 없다. 프랑스가 주도하던 17세기가 영국 패권
의 18세기로 바뀌게 된 배후에는 명예혁명 이후 영국에서 성공적으로

---

8) R. Bin Wong, *China Transformed. Historical Change and the Limits of European Experience*
(Ithaca and London, Cornell University Press, 1997), p.148.

9) Alan Milward, "The Frontier of National Sovereignty," Sverker Gustavsson and Lief
Lewin, eds., *The Future of the Nation State. Essays on Cultural Pluralism and Political Integration*
(New York and London, Routledge, 1996), p.82.

정착된 '재정군사국(fiscal-military state)'이라는 신국가 모델이 있었다.

그에 반해 전통시대의 중국은 한대 이래로 華夷 이원론적인 세계관에 기초한 羈縻정책을 변방 관리의 기본 원칙으로 삼아왔다. 한대 조정에서는 기미의 뜻을 "外夷가 藩國을 자칭해도 신하로 삼지 않음"으로 해석하고 외이를 다루는 최선의 방법을 "기미하여 끊지 않을 뿐"으로 보았다.[10] 본래 상주시대의 봉건적 국제관계로 탄생했던 조공책봉제는 이러한 기미정책의 변용, 즉 중국의 군현제로 편입하여 직접 지배하지 않으면서도 변방의 외이와 관계를 끊지 않기 위해 다양하게 변용된 제도적 장치로 볼 수 있다. 그렇다면, 한대의 邊郡, 당대의 羈縻府州, 명청대의 土司의 경우처럼 외이 세력을 군현제로 내속시키고도 조공책봉제를 통해 사실상 그 독립성을 보장한 것은 어떻게 이해되어야 할까? 김한규는 중국의 제국적 지배체제를 "인민을 개별적 직접적으로 지배하는 체제, 세계를 일원적으로 지배하는 체제, 즉 군현을 통해 전 세계를 지배하는 체제"로 정의하면서, 조공책봉제가 근본적으로 "제국체제와 명백히 모순"되었기 때문에 앞서 언급한 변군, 기미부주, 토사를 통해 이러한 모순을 해소하고자 했다고 주장한다.[11] 그러나 조공책봉제의 본연의 기능, 즉 변경 관리적 차원에 보다 충실하여 바라본다면, 굳이 중화 제국체제와 조공책봉제를 상호 모순적 관계에 있었다고 판단할 이유는 없을 듯하다. 후자는 정교한 의례형식과 중층적이고 복합적인 위계질서 위에 기반했지만, 궁극적으로 전자의 정치적 안정을 위해 고안된 기미정책의

---

10) 김한규, 「전통시대 중국중심의 동아시아 세계질서」, 『역사비평』 50호, 2000, 293쪽에서 인용.
11) 김한규, 위의 논문, 296쪽.

확장적 변용이었기 때문이다. 유럽의 경우와 비교할 때, 조공책봉제는 분명 과대한 군사비용 없이 주변국들과 고도의 상호안보관계를 유지할 수 있는 탁월하게 효율적인 제도였다.

중국의 역대 제국들이 저비용 고효율 구조의 조공책봉제를 통해 변방을 지배, 통제하는 방식은 권력과 통제력의 강도보다는 제국의 통치방식에 더 주목하는 최근의 제국연구 결과에 비추어 볼 때 그리 예외적이지 않다. 조공책봉제는 제국체제와 '명백히' 모순되기보다는 오히려 세계사상 존재한 제국들이 주변지역에 대해 통제력과 권력을 행사했던 지극히 일반적인 방식에 가깝다. 오스만 제국을 연구한 바키(Karen Barkey)는 제국을 "중심이 종족적으로 자신과 다른 집단들에 대해 위계적이고 의사 독점적인 관계들을 통해서 정치적 통제력을 행사하는 다양한 직간접적 관계들을 매개로 중앙 권력에 연계된 거대한 구성체이자 분화된 정치체"로 정의한다. 그녀는 제국체제를 "가장자리가 부재한 바퀴살과 같은 네트워크 구조(the hub-and-spoke network structure)"에 비유하면서, 제국을 구성하는 부분들 간의 비연계성을 강조했다.[12] 이어서 세계제국 연구를 공동 출간한 버뱅크(Jane Burbank)와 쿠퍼(Frederick Cooper) 역시 "다양한 사람들이 정치체 내에서 다양한 방식으로 통치"되는 제국 통치의 유연한 성격을 강조하면서 이를 국민국가와의 가장 큰 차별성으로 지목했다.[13]

이처럼 다양성, 유연성, 타협성에 기초한 제국 통치가 오래 지속된

12) Karen Barkey, *Empire of Difference : Ottomans in Comparative Perspective* (Cambridge, Cambridge University Press, 2008), p.9.
13) Jane Burbank and Frederick Cooper, *Empires in World History : Power and the Politics of Difference* (Princeton, Princeton University Press, 2010), p.8.

공간에서 유럽과 전혀 다른 지정학적인 동력이 산생한 것은 당연한 결과일 것이다. 이들 제국 중에서도 가장 오랜 역사와 방대한 규모를 자랑하는 중화체제의 변경은 다양한 형태로 존재했고 또 다양하게 관리되었다. 당송대사 전문가 클락(Hugh R. Clark)은 식민주의적이고 팽창적인 변경 경험이 지배적이었던 유럽과 미국의 경우와 달리, 북서부, 남부, 해양에서 모두 다르게 나타난 중국의 변경을 세 가지 형태로 나뉘어 고찰할 것을 제안한다.[14] 클락의 개관은 청대에 새로 편입된 변경 지역까지 충분히 포함하여 설명하고 있지는 못하지만, 청 제국의 본격적인 정복전쟁이 시작되기 전까지의 중국의 각 변경들을 이상형적 분류에 기대지 않고 실제 역사적 발전 속에서 특징적으로 조망하고 있다.

우선, 중국 북서부 초원지대의 '스텝 변경'은 중국사에서 무력충돌과 갈등이 잦았던 곳이기에 정치적으로 가장 중요했던 변경이다. 일찍이 라티모어의 고전적인 연구 덕분에 스텝 변경은 북부에서조차도 만리장성으로 깨끗이 나뉠 수 없는, 서로 다른 생태적 조건을 기반으로 상호작용 및 상호교배해온 두 문화권 사이의 혼종적인 중간 지대로 규명되었다.[15] 유럽의 식민주의적 변경과 비교할 때, 중앙아시아를 가로지르는 스텝 변경의 가장 큰 특징은 무엇보다도 그 '정체적인' 성격에서 찾아볼 수 있다. 한대나 당대에서처럼 중앙아시아 지역 깊숙이 침투하는 원정이 성공적으로 이루어졌던 적도 있었지만, 18세기 건륭제의 원정으로 이 지역이 완전히 청조에 복속

---

14) Hugh R. Clark, "Frontier Discourse and China's Maritime Frontier : China's Frontiers and the Encounter with the Sea through Early Imperial History," *Journal of World History*, 20, 1 (2009). 이하의 세 변경에 대한 분류와 설명은 클락의 논문 pp.7~8, 11~14, 19, 21~27에 의거한 것이다.

15) Owen Lattimore, *Inner Asian Frontiers of Asia* (Boston, Beacon Press, 1962).

되기까지 초원세력과 중원세력 간의 밀고 당기는 접촉과 접전은 천 년 이상 지속되었다. 유라시아 제국을 건설한 원대 중국의 한 세기를 제외하면 한 무제와 당 태종의 원정도 중앙아시아의 일부를 제압하는 수준이었고 길어야 한두 세대 정도 스텝 변경을 안정시켰을 뿐, 중원의 제국과 초원지대 문화권 간의 긴장관계를 근본적으로 바꾸어 놓지는 못했다. 이처럼 양편이 팽팽히 맞서는 긴장된 세력균형이 18세기 중반까지 유지될 수 있었던 이유에 대해서는 라티모어의 테제를 뛰어넘는 설명이 나오지 않았다. 기술적 내지 물질문명적인 불균등이 생태적인 균형에 의해 상쇄되었기 때문에 어느 한 쪽의 문화권으로 완전히 흡수될 수 없었다는 라티모어의 테제는 스텝 변경의 정체적인 성격을 이해하는 데 여전히 고전적인 영향력을 행사하고 있다.

중국의 남부 변경은 유럽의 식민적이고 팽창주의적인 변경과 가장 유사한 곳이다. 북서부 변경에서의 생태적 균형과 같은 보호막이 없었던 남부 변경은 일찍이 진시황의 원정 이래로 중화 문명권 내로 흡수되기 시작한다. 한 무제 치하에서 이미 오늘날의 광동성을 중심한 嶺南지역과 복건성지역이 제국의 직접 통치권으로 완전히 통합되었지만, 중원문명의 확산은 유럽과 미국에서의 식민적 프론티어 경험에서와 마찬가지로 꾸준한 이주와 식민을 통해서 서서히 이루어졌다. 그 결과 8세기 초에 이르면 양쯔강 이남지역의 蠻 혹은 越로 불리는 비중화 문화권은 거의 사라지게 된다. 그럼에도 중원문명의 남부 팽창을 통해 실제로 일어난 일은 일방적인 식민화만이 아니라 고중세 유럽의 팽창과 유사했으리라 추측해 볼 수 있다. 독일인들의 동방이주(Ostsiedlung), 영국의 아일랜드 지배, 프로이센 십자군 운동, 보헤미아와 작센에서의 종교 혁명들, 합스부르크 제국의 동진과 같은 역사적 사건들은 각각의 중심부의 중세 유럽인들이 새로운 경작지와 정착지를 찾아서 슬라브족과 헝가리족의 동부, 아일랜드 서부, 스칸디나비아족의 북부, 무슬림과 그리스 정교의 남부로 팽창해간 것이었다. 그 결과로 유럽 중심부의 통일적인 사회 질서를 에워싸는 언어적 종족적으로 분열된 사회들이 주변부에 형성되었는데, 이 과정을 연구한 바틀렛(Robert Bartlett)은 양자 간의 영구히 창조적인 상호작용의 관계야말로 유럽적 정체성 형성에 핵심적이었다는 결론에 도달했다.[16]

마지막으로 꼽을 수 있는 변경은 해양 변경이다. 위로는 한국과 국경을 맞대고 있는 발해만으로부터 아래로는 베트남과 접경하는 통킹만에 이르는 중국 해안은 길이만 14,000㎞가 넘는데, 클락이 해양 변경으로 특별히 주목하는 곳은 광동과 광서가 중심이 되고 제국 초반에는 베트남 북부의 홍하 계곡까지 포함했던 남중국해 연안이다. 비중화 세력과 가장 집중적인 조우와 접촉이 이루어졌던 곳이 바로 이곳이기 때문이다. 684년과 758년 광주와 760년 양주에서 일어난 이슬람 상인 폭동 사건, 878년 黃巢의 난, 番坊과 같은 외국인 게토의 설치, 양주와 광주를 중심한 대규모 외국인 정주현상이 보여주듯이, 해양 변경은 지리적으로 볼 때는 오직 바다만을 대면하는 명확한 선의 형태를 갖추고 있지만, 현실에서는 북서부 변경이나 남부 변경과 마찬가지로 넓은 접촉면을 가진 지대로서 존재했다.

16) Robert Bartlett, *The Making of Europe : Conquest, Colonization, and Cultural Change* (Princeton, Princeton University Press, 1994), pp.21~27. 최근 운남성에 관한 기어쉬(Peter Giersch)의 연구는 바로 바틀렛과 같은 맥락에서 운남성을 중심한 남부 변경이 완전히 닫히지 못했으며 이주민과 원주민이 치열하게 주도권과 자율권을 두고 경쟁하는 지대로 남았음을 잘 보여준다. C. Patterson Giersch, *Asian Borderlands. The Transformation of Qing China's Yunnan Frontier* (Massachusetts, Harvard University Press, 2006).

그러나 클락은 상술한 두 변경과 달리 해양 변경의 외부 문화와의 접촉과 충돌이 19세기 이전까지 한족 사회에 놀라울 정도로 미미한 영향력을 행사하는 수준에 머물렀다고 평가한다.[17] 해양 변경지대에는 그 고유의 역동성으로 인해서 늘 교차문화적인 상호작용이 있었고 외국인의 영향력을 완전히 차단하려는 국가적 조치가 전혀 성공적이지 못했음에도 불구하고, 해양 변경은 기존 질서를 변화시키는 수준의 위협적이거나 팽창적인 변경으로 전환되지 않았다.

이어지는 두 장에서는 청 제국에 들어와 북서부 변경과 해양 변경에서 일어난 커다란 변화를 차례로 고찰하고 양 변경에서부터 청 제국의 다양한 면모에 접근해 보고자 한다.

3. 북서부 변경의 평정을 통해 보는 청 제국

중국사 전반에 걸쳐서 정체적인 무력갈등 상태를 유지해온 북서부의 변경은 청대에 들어와 근본적인 전환점을 맞게 된다. 1697년 준가르 몽골의 지도자 갈단(Galdan)의 죽음으로 강희제가 마침내 중국 왕조의 항시적이고 치명적인 위협이었던 스텝 변경을 완전 평정할 수 있는 결정적인 발판을 마련한 것이다. 이후 옹정제와 건륭제에 걸친 원정으로 1760년이면 서몽골과 투르키스탄에 걸쳐서 지배권을 행사해온 준가르제국을 완전히 평정하기에 이른다. 1884년에는 신강성이 설치되어 이 지역은 중국 역사상 처음으로 제국의 직할령에

---

17) 클락의 이 같은 표현은 청말 해양 변경의 급변에 의해 청조가 붕괴된 것을 기준으로 한 것이지만, 16세기 남왜 사태를 간과한 평가로 볼 수 있다. 명대 남왜 사태의 심각성과 그 파급효과에 대해서는 조영헌, 「명 후기 월항 개항과 임진왜란」, 『사총』 90, 2017, 83~126쪽을 참고할 것.

편입된다. 이러한 청의 성공적인 북방 원정으로 18세기 청 제국은 천 년 이상 중원의 권력에 직접적인 군사적 위협을 가해온 북방 유목세력을 제거하여 중앙아시아의 지정학적 동력을 바꾸었다. 더 나아가 이는 중앙아시아사 자체의 새로운 장을 여는 계기가 되었다. 즉 소비에트 연방이 해체될 때까지 지속된 청과 러시아의 직접적인 대결 구도가 이 지역에 형성되었음은 물론이고 20세기에 들어와서는 러시아를 견제하려는 대영제국을 비롯한 유럽 열강들의 중앙아시아 에 대한 유례없이 뜨거운 관심으로 이어졌다.[18]

그렇다면, 원 제국 치하의 한 세기를 제외한 천 년 이상 지속되어온 북방의 정체적인 세력 판도를 전환시킬 수 있었던 청 제국의 특별함 은 무엇이었는가? 신청사가들은 공통적으로 청 제국의 고도로 실용 주의적이고 상황 적응력이 뛰어난 대내 및 대외전략을 꼽는다. 우선 대내적 차원에서는 중화주의적 전통을 완전히 배격하지 않으면서도 유연하게 수정한 것을 들 수 있겠다. 즉 청 제국은 군벌 세력의 부상을 견제하고 장기적인 제국 운영을 위해서 기본적으로 명 말의 행정체제와 법제를 계승하여 문치 중심의 가치체계와 정치문화의 중요성을 존중하면서도, 군부의 영향력과 효율성을 제고하는 방향으 로 문무 균형을 재조정했다. 한인들을 漢軍 조직을 통해 통합한 것이 나, 사회 신분질서 속에 팔기군을 세습적 군사행정 엘리트층으로 편입시킨 것이나, 18세기 초반에 북서부의 군사 정벌을 진행하기 위해 국가 최고 자문기관으로 軍機處를 출범시킨 것이 그 대표적인 사례들이다. 특히 군기처 관료들은 상당수가 군사작전을 직접 수행

---

18) R. Bin Wong, "Review Article : The early modern foundations of the modern world : recent works on patterns of economic and political change," *Journal of Global History*, 11, 1 (2016), p.145.

하거나 무공을 인정받아 입관하였기 때문에 사실상 정부가 군사 관련 인사들에 의해 지배되는 결과를 낳았다. 웨일리코엔(Joanna Waley-Cohen)은 청 제국의 대외팽창을 위한 준비가 이미 홍타이지가 대청국 수립을 선언한 1636년부터 시작되어 康乾盛世 동안에 이러한 제도적 문화적 조율을 통하여 그 명확한 틀이 갖추어졌다고 주장한다. 이러한 맥락에서 그는 "18세기 후반이면 전쟁이 사실상 그 자체로서 청 제국의 주된 제도가 되었다"고 단언했다.[19]

그러나 청 제국의 전례 없이 성공적인 북벌과 광대한 제국 지배는 단순히 군사적 제도적 혁신이 아니라 군사적 팽창이 제국의 새로운 문화적 혁신을 통해 뒷받침되었기 때문에 가능했다. 청 제국은 선대의 중국 왕조들과 달리, 배타적 중화주의 모델을 벗어나서 전대미문의 다민족적이고 혼종적인(hybrid) 제국문화를 주조해냈다. 변방 출신의 만주족이 문명적 자부심이 높은 다수의 한족을 지배해야 하는 입장으로서, 기존의 다양성을 수용하는 차원을 넘어서 적극적으로 새로운 다양성을 양산해내는 복수주의적이고 다문화적인 제국문화 전략은 불가피한 선택이었을 수 있다. 하지만, 북동부 변방 출신의 청조 지배층은 중국중심적 세계관으로부터 훨씬 자유로울 수 있었고, 또 그들 스스로가 제국의 소수 민족이었기 때문에 '소수자 개념' 없는 제국의 문화적 정체성을 누구보다도 성공적으로 주조해낼 수 있었다. 버뱅크와 쿠퍼가 초기 근대 제국 전체에 대해 일반화시켰던 '다원적 통합'에 의한 지배 방식은 청 제국의 신강에 대한 다문화주의

---

19) Joanna Waley-Cohen, "Changing Spaces of Empire in Eighteenth-Century Qing China," Nicola Di Cosmo and Don J. Wyatt, eds., *Political Frontiers, Ethnic Boundaries, and Human Geographies in Chinese History* (London & N. Y., RoutledgeCurzon, 2003), pp.325~328. 인용은 p.327.

적 통치방식에서 가장 뚜렷이 나타났다. 19세기 중반까지 한인 농민들의 신강 이주를 금지하고, 신강을 한족의 행정모델로 지배하는 대신에 몽골 팔기군, 만주 팔기군, 한족 정착민, 무슬림계 지역엘리트인 벡(beg) 등 다섯 개가 넘는 행정체계를 통해 통치했던 것 그리고 정복지 현지의 법체계나 종교에는 가급적 간섭하지 않았던 정책은 이런 맥락에서 이해될 수 있겠다.[20]

청 제국의 이러한 다문화적 통치 전략은 '베이릭(beylik)'으로 불린 변방 통치자들에게 실질적 자치권을 부여하며 변방을 관할하던 오스만 제국과 큰 틀에서 무척 닮아있었다. 그러나 청 제국의 지배방식은 1681년에 평정된 삼번의 난을 계기로 지나치게 관대한 변경 통치방식에 기댔던 오스만 제국과 상이한 길에 들어서기 시작했다. 일찍이 1638년에 몽골아문을 개칭한 이번원을 통해서 청조는 새로운 변경 관할방식을 도입했는데, 몽골 제국이 내륙아시아를 속령으로 나누었던 것과 달리 새로이 정복된 지역에 번부를 설치하고 이번원을 통해 직접 중앙 관리를 파견하여 관할했던 것이다. 그럼에도 삼번의 번왕들의 경우에서 보듯이, 번부의 수령들은 제국을 위한 군사적 협조를 제공한다는 조건 하에 번 내의 징병, 징세, 관리임용권을 토대로 한 봉건적 자치권을 향유했다. 자칫 안록산의 난처럼 치명적인 파괴력을 발휘할 수도 있었을 삼번의 난은 강희제와 후대 황제들이 대대적인 행정체계의 재편에 착수하는 계기로 작용했다.[21]

"청대의 번부는 원래 국내 행정구역과 구별되었으나 차츰 내지화하였다"는 張永江의 주장[22]에서도 엿보이듯이 중국의 관변 학계는

---

20) Perdue, "Empire and Nation," p.303.
21) 김선민, 앞의 논문, 102쪽 ; 이영옥, 앞의 논문, 205~208, 223쪽.
22) 이영옥, 위의 논문, 201쪽의 8번 각주.

물론이고 국내 학계에서도 강희제 이래 강화된 청대의 변경 통치를 주로 '내지화 이론'을 통해 설명해왔다. 당시 청 제국이 변경지역에서 접하고 있었던 영국, 일본, 러시아 등의 제국주의 열강의 영토침략 위협을 고려할 때, 청 제국의 내지화 전략을 통한 중앙집권화의 행보는 지극히 합리적이고 당연한 선택이었다. 다만 중앙 국가권력의 변경사회 내의 실제 침투는 지역별로 큰 편차를 보였다. 일반적으로 대만과 東三省의 내지화는 성공적이었던 반면에, 신강에서는 1884년에 건성이 이루어졌고, 티베트와 몽골의 경우에도 청말 민초에 건성 논의가 전개되었던 바 있지만 종국적으로는 국가 권력의 침투가 원활하지 못했다는 평가를 받고 있다. 신강, 티베트, 내몽골의 경우 오늘날 자치구의 형태로 '후퇴'했기 때문이다.23)

변경사적인 관점에서 볼 때, 청말 북서부 변경지대에서 일어난 변화 가운데 선대와 가장 차별적이고 흥미로운 것은 1760년 중앙아시아 지역에 대한 청 제국의 정복 완수라는 사건보다도 신강이란 명칭의 등장이 함축하고 있는 의미이다. 신강은 말 그대로 새로운 한계선(疆, frontier)을 의미하는 것으로 청대에 특징적으로 나타난 면과 선적인 경계의 동시 발전을 함축적으로 상징한다. 신강은 중앙아시아 정복전쟁과 함께 병행되어온 작업, 즉 중원 황제에 대한 토착 지도자들의 개인적인 충성심이 수시로 요동쳐온 공간에서 고정된 영토적 한계를 정하려는 노력의 절정으로 이해될 수 있다. 청은 정복지역에 대해 소수의 반란 집단들을 제거하고 잔류민을 영토적 행정적으로 명확한 단위로 나누어진 고정적인 부족들로 조직함과 아울러 그들의 지도자들을 국가에서 직접 조정했다. 청의 이러한

---

23) 문명기, 「청말 신강의 건성(1884)과 재정 : 대만 건성(1885)과의 비교를 겸하여」, 『중국학보』 63, 2011, 198쪽.

배타적 통합 전략은 무엇보다도 황제에 속한 신민들과 그 외부에 있는 자들을 구분하기 위해서 북서부 정복에 관한 논의에서 자주 사용한 國家라는 표현에서 잘 드러난다.[24]

그 외에도 해당 지역의 거민들을 분류하고 믿을만한 현지 지도부를 결정하는 일은 더욱 특기할만한 행보를 수반했는데, 조약 체결과 지도 제작이 바로 그것이다. 17세기는 특히 청 제국의 북서부 변경에 서서 바라볼 때, 동서를 막론하고 영토전쟁이 본격화된 시기인데, 면으로서의 변경이 우선 군사적 대치 지역으로 전환되고 전쟁을 거쳐 조약 체결이 이루어지면 그 내용을 지도 위에 반영하는 일들이 유라시아 전역에서 공통적으로 일어났다. 중국사에서 근대 개막의 상징으로 자리 잡고 있는 아편전쟁이 일어나기 이미 한 세기 전에 소위 '근대적' 경계의식이 북서부 변경에서 부상하기 시작했다는 사실은 청의 근대적 경계의식을 유럽적 근대성과의 조우의 결과로 보기보다는 거꾸로 유럽적 근대성을 '유라시아적 근대성'[25]이 주조해 낸 것으로 볼 수 있는 토대를 제공해준다.

이미 1639년에 오스만 제국과 사파비 제국이 상호 분쟁 지역에 대해 고정적인 경계선을 확정하는 조약을 체결했고, 오스만 제국은 빈 공략에 실패한 후 1683년과 1699년에 합스부르크 제국과 영토 분계선에 관한 조약을 체결했다. 17세기부터 18세기 초까지 오스만 제국, 타타르, 칼미크와 영토 경계선을 타협하기 시작한 러시아 제국 은 주지하는 바와 같이 1689년과 1727년 두 차례에 걸쳐 청 제국과

---

24) Perdue, "Empire and Nation," pp.293, 301~302. 퍼듀는 여기서 18세기 민족주의 의 싹을 발견하기까지 한다.

25) '유라시아 근대성' 개념은 딜릭(Arif Dirlik)에서 빌려온 것이다. Arif Dirlik, 「De-Centering : Worlds and Histories」, 『유럽중심주의를 넘어 지구사로』, 이화 여자대학교 지구사연구소, 2008.

영토 경계와 관련한 조약을 체결했다. 특히 러시아, 준가르, 청 제국이 치열한 영토전쟁을 벌였던 17세기의 중앙아시아는 피정복민들에게도 관대한 자치권이 허용되던 예전의 개방적인 변경지역으로부터 명확한 소속을 강요하는 국경 체제로 빠르게 변모했다. 정확한 지도는 이러한 영토 전쟁과 조약 체결에서 중요한 무기였다. 제국의 지도제작을 대규모로 후원한 것은 다름 아닌 정복 전쟁을 본격화한 강희제였다. 예수회의 과학적인 지도제작술의 도움으로 1717년과 1721년 사이에 세 가지 판본의 「皇輿全覽分省圖」(일명 예수회 지도)가 출판되었다. 17세기 중앙아시아의 또 다른 두 주인공인 준가르와 러시아 역시 비슷한 시기에 각각 레나트 지도와 슈탈렌베르크 지도로 불리는 지도들을 제작했다. 얼마나 영토 분계선이 명확히 표현되고 자국의 영토를 주변 세계와의 관계 속에서 어떻게 인식했는가에 있어서 삼국의 지도는 모두 달랐지만, 이들 국가의 경계인식이 상호 경쟁과 상호작용 속에서 크게 달라지고 있었음은 지도에서 그대로 확인될 수 있다. 이러한 변화들을 토대로 정치학자 푸셰(Michel Foucher)는 "근대적 국경을 갖춘(modern bordered) 국가는 17세기 유라시아의 거대 제국들 간의 변경들(frontiers) 위에서 발명되었다"는 결론을 도출했다.[26]

명대 중국이 중화주의적 세계관에 충실하여 변경의 다양한 종족들을 배제하려 했던 것과 달리 행정체제 개편과 대대적인 지도제작 사업을 통해서 선명한 경계의식을 창출하고 새로 정복된 지역의 신민들을 철저히 조사, 통제, 통합하려 했던 청 제국의 시도는 근대

---

26) Peter Perdue, "Boundaries, Maps, and Movement : Chinese, Russian, and Mongolian Empires in Early Modern Central Eurasia," *The International History Review*, 20, 2 (1998), pp.264~265, 274~286. 인용은 265.

민족주의를 위해 청이 남긴 유산으로 간주될 수도 있을 것이다. 청 제국의 고도로 복합적이고 혼종적인 지배 전략 또한 18세기와 20세기 사이에 중국이 제국으로부터 국민국가로 변모해가는 장기적인 여정에서 다른 초기 근대 제국들과 달리 유연한 적응력을 발휘하는 데 기름진 밑거름이 되었다. 청 제국이 초기 근대 제국들 가운데 유라시아의 역동적 근대성을 가장 잘 활용한 경우라면, 그것은 청 제국의 북서부 변경에서의 경험에서 가장 잘 확인될 수 있을 것이다.

4. 동남 해안의 해양 변경에서 보는 청 제국

동남부 해안 변경에서도 청 제국에 들어와 괄목할만한 변화가 일었는데, 바로 강희제의 1684년 개항정책이 그것이었다. 이 정책의 결과로 300년간 이어진 해금 시대가 드디어 막을 내리고[27] 복건성, 광동성, 절강성, 강소성의 50개 이상의 크고 작은 항구들이 개방되었다.[28] 그러나 '전례 논쟁(Rites Controversy)' 등이 얽힌 동남 해안의 상황의 변화로 청 제국은 결국 광주 하나만을 서양 상인들에게 개방하는 '광동체제(Canton System)'를 확립하기에 이른다. 아편전쟁 때까

---

27) 물론 명대 내내 해금정책이 고수되었던 것은 아니고 1567년 월항 개항이 단행되어 복건 상인들의 출항이 허용되었다. 조영헌, 앞의 논문, 89쪽 이하. 그럼에도 1684년 강희제의 개항정책에 비견할만한 개방정책은 추진된 바 없었다는 관점에서 진부하지만 '300년간의 해금시대'라는 표현을 사용했다.

28) 본문에서 다시 언급할 조강(Gang Zhao)에 의하면, 19세기 역사학자 Xia Xie(夏燮)의 시각을 따라서 장주, 광주, 영파, 운대산의 4개 항구를 해외무역에 개방했다고 오랫동안 알려져 왔지만, 黃國盛의 연구는 이를 수정했다. Gang Zhao, *The Qing Opening to the Ocean. Chinese Maritime Policies 1684~1757* (Honolulu, University of Hawai'i Press, 2013), p.6.

지 유지된 광동체제는 17, 18세기 청 제국의 가장 중요한 해양 정책으로서, 페어뱅크 테제 이래로 청 제국의 반상업적이고 폐쇄적이며 고립주의적인 대외 인식을 보여주는 대표적인 사례로 평가되어왔다.

일찍이 1984년에 청대사가 레오날드(Jane Kate Leonard)가 지적했듯이, 이러한 해양 세계로부터의 청 제국의 고립이라는 이미지는 청 제국의 대외 인식과 정책 연구가 오직 서양과의 관계에 집중되어 이루어진 관행의 직접적인 결과였다.[29] 이러한 오랜 편견을 균형적으로 수정하는 것은 변경을 통해 청 제국을 이해해 보려는 본장의 관심과도 직결되는 문제인데, 최근 연구 성과들을 종합해 볼 때 페어뱅크 테제에 대한 반론은 크게 두 가지 관점에서 가능하다. 첫째, 페어뱅크의 판단 기준은 서양 무역세력과의 관계에 맞추어져 있지만, 광동체제를 포함해서 청 제국의 해양 정책이 일차적으로 중시한 것은 서양과의 교역 문제가 아니었고 중국인들의 해외 무역이었다. 일단 유럽과의 직접 거래량 자체가 1750년대까지 매우 적어서 연간 5 내지 10척의 배가 들어오는 정도에 머물렀다. 19세기 말 광동의 한 영국인 자문은 일본인 관료에게 국제 무역 전반에서 중국인 현지 상인들이 핵심적인 역할을 담당하고 있는 상황에 대해 다음과 같이 증언했다 : "중국에 있는 많은 유럽인과 미국인 상인들은 부유해 보인다. 그러나 사실상 매우 소수만이 중국 시장에 대해 상당한 영향력을 갖고 있다. …… 자기 자본을 가진 두세 개의 서양 거상들을 제외하면 나머지는 중국 상인들의 주문에 따라 물건을 옮기는 정도의 일을 하고 있다."[30] 아편전쟁 이후 1880년대까지도 유럽 무역상들은

---

29) Jane Kate Leonard, *Wei Yuan and China's Rediscovery of the Maritime World* (Cambridge, MA and London, Harvard University Press, 1984), p.33.
30) Zhao, *op. cit.*, p.176, 231. 인용은 p.193.

중국인 사무역상들과 힘겨운 경쟁을 치러야 했다.

중국과 유럽 간의 무역은 대부분 동남아시아를 통한 중개 무역을 통해 이루어졌는데, 동남아시아를 오가는 무역은 정크 무역으로 불리는 사무역상들이 거의 담당했다. 광동체제에 대한 체계적인 연구서를 가장 최근에 발간한 조강은 중국 제국의 해양 정책과 사무역을 연계시키려는 노력이 거의 이루어지지 않았음을 지적하면서, 이러한 연계성에 주목할 때 비로소 청대 해양 정책이 송대와 원대의 자유주의적 교역 정책으로부터 후퇴하여 대항해 시대의 세계경제의 흐름에 역주행했다는 오랜 편견을 제대로 수정할 수 있다고 주장한다.[31]

중국에서 해외 무역은 한 제국 이래로 조공무역의 형태로 정부 독점 하에 있었지만, 이것이 사무역(소위 정크무역)의 억압을 의미한 적은 없었다. 명청사가 정양원(Zheng Yangwen)은 오히려 정부 독점은 사무역의 도전과 경쟁 때문에 생겨난 것으로 보는 것이 맞다고 주장한다.[32] 조공과 무역은 항상 전자가 후자를 용이하게 하고 장려하는 방식으로 긴밀히 연계해 작동했고 남송대에 오면 이러한 조공의 기능은 아예 조공관계 없이도 해외무역이 허용될 정도로 확대되었다. 유럽 상인들은 원양교역의 막대한 비용 때문에 왕실의 재정 지원 없이 해양무역 사업에 뛰어드는 것 자체가 불가능했다면, 아시아 교역은 연안교역의 형태로 진행되었던 탓에 일찍부터 상인, 밀수업자, 해적, 승려, 어부 등 다양한 부류가 참여하는 사무역이 중요한 역할과 비중을 차지했다.[33] 이런 구조 하에서 명 제국 초의 엄격한

---

31) *Ibid.*, p.188.
32) Zheng Yangwen, *China on the Sea. How the Maritime World Shaped Modern China* (Leiden, Brill, 2011), p.9.

사무역 금지와 해금 정책이 사무역을 억제하기는커녕 동남아시아의 중국인 체류지의 급증을 가져오고 종국적으로 밀무역과 해적활동만 활성화시킨 것은 예견된 부작용에 불과했다.

이 같은 사무역 중심의 중국 교역의 근본적 성격은 1820년대까지 지속되었는데, 19세기 중반까지 정크 무역은 중국과 해양 세계를 잇는 유일하게 중요한 연계 고리였다. 청대에 들어와 전례 논쟁의 여파 속에 漢奸의 교통을 차단하기 위해 南洋 도항금지령을 내렸을 때에도, 루손과 자바만 언급했을 뿐, 자바와 지척 거리에 있는 시암, 베트남 등지는 제외되었기 때문에, 목적지를 속이는 일이 빈번했다. 각각 스페인과 네덜란드 통치권 하에 있던 루손과 자바에 대해 검문할 길이 없는 이상 1717년 해금령이 실효성을 갖기는 어려웠다. 뿐만 아니라 강희제는 일본으로 향하는 중국 선박과 중국으로 들어오는 서양 선박에는 해금령이 적용되지 않음을 스스로 강조하기까지 했다. 이러한 배경에서 청의 해양 무역은 광동체제 이후에도 당연히 광주에만 제한되지 않았다. 광동체제는 서양 상인들의 대외무역항을 광주 한 곳으로 제한했을 뿐, 중국인 정크 무역상들의 해외 무역을 규제 대상으로 삼지는 않았다. 또한 중국식 정크선으로 무역을 하는 아시아인들 역시 해관 검문소에서 중국인들과 같은 취급을 받았기 때문에, 실제로는 유럽 무역상들은 19세기 중엽 조약체제가 발효되기 전까지 광동체제를 차별 대우로 인식했다.[34]

둘째 광동체제로 귀결된 청 제국의 해양 정책은 단순히 그것이

---

33) Tonio Andrade and Xing Hang, "Introduction : The East Asian Maritime Realm in Global History, 1500~1700," idem, eds., *Sea Rovers, Silver, and Samurai. Maritime East Asia in Global History 1550~1700* (Honolulu, University of Hawai'i Press, 2016), p.5.

34) Zheng, *op. cit.*, p.9, 77 ; Leonard, *op. cit.*, p.61.

얼마나 개방적이고 세계경제의 요구에 부응할만한 것이었는가보다는 어떤 배경에서 정책이 입안되고 실행되었는가를 고려하여 평가되어야 할 것이다. 세계경제적 관점에서만 보자면 분명 청을 비롯한 동아시아 삼국의 초기 근대의 절제된 해양 정책은 상당히 예외적이다. 하지만 청 제국의 해양 정책은 독립적인 교역정책이기 이전에 해안 변경 관리를 위한 안보 정책의 일환에 위치해 있었다.[35] 1684년 강희제의 개방 정책은 분명 대만 병합을 통해 종지부를 찍은 남명세력 정복의 성공에 따른 자신감의 표현이었다. 그러나 1645년 교황 칙서의 발령으로 본격화된 전례 논쟁은 청조의 해양 안보의식을 재차 자극하게 되었는데, 교황 사절이 청 황실에 알리지 않고 이중경배 금지를 강요하기 위한 사절을 파견한 사실이 알려진 1716년에 위기의식은 절정에 달했다. 통상 시암, 루손, 자바 등지에 거점을 두고 교역이나 선교를 목적으로 입국하는 소위 홍모(紅毛) 유럽인들에 대한 반감이 특별히 크지는 않았지만, 해양 변경 지역에 근무하는 많은 관료들은 대부분 무장상태로 입국하는 유럽인들을 잠재적 문제집단으로 인식했다. 강희제 역시 추방된 선교사들뿐 아니라 서양함대와 각지의 중국인 범법자들까지 모여드는 마카오가 제2의 대만이 될 수 있는 가능성을 깨닫고 있었기 때문에 선교자들을 단순히 마카오로 추방하는 것 이상의 조치를 고려하지 않을 수 없게 됐다.[36] 이처럼 1717년부터 10년간 이어진 남양 도항 금지조치는 반상업적이고 보수적, 정체적 사고방식의 산물이기 이전에, 청 제국의 안보를

---

35) 조영헌은 청대뿐 아니라 명대의 변경 정책에서도 안보전략적 고려가 상업적 이윤 추구와 길항관계에 있으면서 양자를 절충하는 정책을 추진했다는 견해를 개진했다. 조영헌, 「'대운하 시대'(1415~1784), 중국의 상업과 변경 정책」, 『사총』 81, 2014, 234~240쪽을 참고할 것.

36) Zheng, op. cit., pp.74~75, 80.

우선 고려한 결정이었다.

그러나 실제로는 해금정책뿐 아니라 1757년의 광동무역체제 자체가 기본적으로 안보 정책의 큰 틀 속에서 산생했다. 동아시아와 중앙아시아 사이의 변경 무역을 통해 군비를 조달하여 제국으로 부상했기 때문에 교역의 중요성을 누구보다도 잘 알고 있었던 청은 교역과 안보의 문제를 분리시켜 보지 않았다. 다만 북서부와 남서부에서는 변경 무역에 적극적으로 개입하여 각각 17세기 중앙아시아 정복전과 1740년대 및 1770년대 금천 정복전을 수행하는 기반으로 삼았다면,[37] 동남 해안에서는 지역 경제가 타격을 입지 않도록 정책적으로 균형적으로 배려하는 데 초점을 두었다. 청의 이러한 태도는 유일한 개항 항구로 광주를 결정하는 과정에서 광동성의 특수한 지정학적 중요성, 인구 압박, 쌀 부족, 실업사태, 해적 폭력 그리고 정치적 안정을 위한 경제적 안정을 복합적으로 고려한 데에서 잘 드러난다.[38] 결국 청 제국이 사무역을 지지하는 해양 정책과 광동체제를 선택한 것은 청 제국 건설과정에서 어렵게 통합시킨 동남 해안 지역의 정치적 안정을 우선 고려한 결과로 볼 수 있다.

청은 광동체제를 통해 조공과 무역을 분리하고 교역과 안보를 모두 지키는 데 비교적 성공했지만, 초기 근대의 세계경제가 급부상하여 팽창해가는 와중에서도 끝내 광동체제를 수정하거나 확대하지는 못했다. 영국 동인도회사의 중국 진출 시도가 비슷한 시기에

---

37) C. Patterson Giersch, "Commerce and Empire in the Borderlands : How do Merchants and Trade Fit into Qing Frontier History?," *Frontiers of History in China*, 9, 3 (2014), pp.362~369.

38) Zhao, op. cit., pp.177~180 ; Chung-yam Po, *Conceptualizing the Blue Frontier. The Great Qing and the Maritime World in the Long Eighteenth Century.* Dissertation (Heidelberg, Ruprecht-Karls Universität Heidelberg, 2013), p.37.

갈수록 거세져 청 관료들의 경계심도 함께 증가했기 때문이다. 1660년 항해조례와 함께 한층 공격적인 해외 진출을 시작한 영국 동인도회사는 동아시아 무역에서 강력한 라이벌이었던 네덜란드의 무역이 1680년대에 들어와 뚜렷이 쇠퇴하자 중국과의 직접 교역을 위한 거점(factory) 마련을 위하여 한층 적극적인 탐색에 나섰다. 플린트(James Flint)의 지도 하에 1755년에 이어서 1757년까지 영파항에 연이어 예고 없이 출몰한 영국 함선은 복건-절강성 총독으로 하여금 건륭제에게 해양 안보상의 보고서를 올리게 만들었는데, 이는 건륭제가 광동체제로 마음을 굳이는 데 결정적인 영향을 미쳤다. 플린트가 1759년에 거점 설치를 위해 영파를 다시 찾았을 때 광동체제에 근거하여 입항이 거부되자, 그는 회항 대신에 보다 북쪽에 위치한 천진까지 올라가 탐색전을 계속했다. 이로써 청 관료들의 우려가 현실로 나타났는데, 바로 외국의 무장 함선이 베이징 근처까지 접근한 것이었다. 뿐만 아니라 플린트는 영파와 광주에서 받은 부당한 대우에 항의하며 배상을 요구함으로써 청 황실과 조정을 놀라게 했다. 결국 플린트는 광주에서 투옥되었지만, 영국의 끈질긴 시도는 1793년 유명한 맥카트니 경의 건륭제 알현을 비롯하여 아편전쟁 전까지 계속 이어졌다.[39]

그럼에도 청 제국의 안보 우려와 위기의식은 서양 함대의 위력을 제대로 인지하여 해양 변경의 안보에 대한 근본적인 대책을 강구하기보다는 외부 침입의 일차적인 저지선인 해안과 내해를 수비하는 범주를 벗어나지 않았다. 청의 해양 변경에 대한 인식은 강희제의 대만 정복을 전후로 체계화되는데, 청 제국의 주권이 미치는 국가행

---

39) Zheng, *op. cit.*, pp.91~92.

정과 경비의 대상인 내해(혹은 내양)와 주권의 경계 너머의 변덕스런 바다로 인식된 외해(혹은 외양)라는 이분법적 구도가 그것이었다. 이때 내해는 주로 제국 연안의 일곱 개 성을 묶는 다섯 개 연해 영역, 즉 광동 해역, 대만 해협, 절강성 해역, 강소성 해역, 발해만 영역을 가리킨다. 청 제국의 관심은 내해 경비와 방어에 집중되어, 강건성세 동안 이들 내해 보안과 경비를 위해서 해안 경비소 기지를 보강하고 해군 정찰을 강화하는 조치가 취해졌다. 다른 한편 내해와 외해를 나누는 이분구도는 국가 행정과 관리의 경계와 책임을 제한하는 기능도 했다. 건륭제와 가경제는 해안의 성 관료들에게 외해 진입을 감행하지 말라고 명했으며, 그에 따라 청 관료들은 외해에서 일어나는 사건 사고에 대해 제국의 관할권 밖의 일로 선을 긋고 외해 경비를 포기하는 일도 많았다. 이처럼 청 제국의 안보의식은 해안 경비에만 집중되었기 때문에, 영국처럼 중앙해군본부를 설치하거나 선박 장비의 혁신 혹은 기술 개발을 위한 해군전문기지에 투자하는 일도 일어나지 않았다.[40] 19세기에 들어와 급속히 변화하는 해양 세계의 역동성은 유례없는 기회와 위험의 파고를 높이고 있었다. 동남 해안의 청 제국은 이처럼 변화된 해양 역동성을 제대로 이해하거나 적극적으로 대응하는 움직임을 보여주지 않았다.

---

40) Po, *op. cit.*, pp.13, 35, 65, 73~74.

5. 맺음말

퍼듀는 근본적으로 중앙에서의 접근 비용이 커서 중앙의 통제가 쉽지 않고 상인들의 자율성이 클 수밖에 없으며 유동 농민인구가 많고 복수의 종족적 종교적 정체성과 사방팔달의 교통 네트워크를 갖는다는 점에서 북서부 내륙아시아의 변경과 해양 변경의 유사한 성격을 강조했다. 이런 맥락에서 그는 광동체제가 본래 1727년 러시아 국경에서 먼저 개발된 후 준가르와 카자흐 그리고 동남 해안에 적용되었으며, 치외법권을 인정하는 첫 조약 역시 1835년 오늘날 우즈벡 지역의 코칸드 칸과 체결되었다고 덧붙였다.[41] 퍼듀의 지적대로 변경이 중심부 지역과 대비하여 가질 수 있는 이상형적인 공통점들은 분명하다. 그럼에도 중국사에서 해양 변경은 북서부의 내륙아시아 변경과 차별되는 뚜렷한 특징들을 가져왔고, 무엇보다 청말의 세계사적인 격동기 속에서 해양 변경의 성격이 다시 한 번 극적으로 바뀌는 역사적 과정을 거쳤다는 사실에 대해서는 좀 더 주목할 필요가 있다.

본문 2장에서 클락이 지적했듯이 오랜 중국 역사에서 해양 변경은 중원의 권력을 위협할 수 있는 위험한 변경으로 인식되지 못했다. 송대 이래로 탄탄하게 성장한 정크 무역은 중국을 해양 아시아 전역에 확산되어있던 중국인 체류지와 무역망을 통해 남양 세계의 복합적인 네트워크에 통합해 놓았고, 이 네트워크는 전통적인 조공관계를 빠르게 대체해갔다. 북서부 변경에서의 중앙아시아와의 관계와는

---

41) Peter Perdue, "A frontier view of Chineseness," Giovanni Arrighi et al., *The resurgence of East Asia : 500, 150 and 50 year perspectives* (London & New York, Routledge, 2003), p.63.

전혀 다르게, 비교적 안정되고 평화로운 남양 왕국들과의 관계로 인하여 전통적으로 남양과의 관계는 안보 문제로 접근되는 경우가 매우 드물었다. 해양 아시아와의 관계에서 중국은 훨씬 편안했고 수동적이었고, 중국은 남양의 왕국들을 지정학적으로 평화롭고, 멀리 떨어져 있으며 분산되어있다고 인식했다. 분명 영락제의 정화 원정은 남양 왕국들에 대해 더 큰 영향력을 행사하기 위한 원대한 프로젝트로서 바다에 대한 중국 제국의 태도의 뚜렷한 전환을 보여주었고, 명대의 南倭 사태는 해양으로부터의 심각한 위협이었다. 그럼에도 해양 변경과 남양에 대한 인식에서 근본적인 변화는 일어나지 않았다. 남양과의 조공관계가 현실적으로 변경관리적 차원의 의미를 상실했기 때문에 청 제국은 동남 해안의 방비를 강화하는 한편 광동 체제를 통하여 조공과 무역을 분리하는 이중전략을 선택했다. 즉 전략적으로 보다 중요한 내륙아시아에서의 조공관계는 이번원에서 담당케 하여 지속시키는 현실적이고도 합리적인 선택을 했던 것이다.[42]

하지만 이미 광동체제를 전후한 시기부터 해양 변경의 상황은 전대보다 훨씬 위험하게 변화하고 있었는데, 진짜 위험은 청 제국이 해안에 출몰하는 서양인들을 여전히 '해적질하는 장사치' 정도로 간주하여 그 위력을 제대로 파악하지 못한 데 있었다. 물론 명청 제국의 해양 정책은 당, 송, 원대의 개방적이고, 중상주의 지향적인 해양 정책과는 달리, 상업적 이윤 추구에 앞서 국가 안보적 차원을 중시했고, 특히 청 말에 오면 해양 변경 인식도 한층 새로워진다. 즉 아편전쟁 후 魏源과 같은 학자는 해안 경비 수준에 머물러온 청의

42) Leonard, *op. cit.*, p.42.

해양 안보정책의 기조를 전면 수정할 것을 적극적으로 제언하기 시작했던 것이다. 위원은 청 제국에 대한 최대 위협이 해양 조공질서를 파괴하고 남양을 거점으로 중국 연안에 치명적인 타격을 가할 수 있는 유럽 세력에 있음을 깨닫고, 명대 초에 정화 원정을 통해 정립되었던 해양 아시아의 조공질서의 재건을 주장했다. 구체적으로는 남양 지역에서의 유럽 세력의 견제를 위하여 강한 해군력을 겸비한 활발한 외교전과 중국 해안 안보의 강화를 제안했다. 위원의 이 같은 제언은 남양을 더 이상 먼 바다의 평화로운 지역이 아니라 지역정치적 네트워크의 일부로 인식하는 중대한 변화를 의미했다.[43] 이는 무엇보다도 중국의 해양 변경의 수호가 독립적으로 이루어질 수 있는 사안이 아니라 중국 본토와 남양 지역을 지정학적으로 긴밀히 연결하여 수행해야 할 사안으로 인지함에 따른 새로운 변경 안보 인식의 출현을 의미했다. 그러나 1826년부터 시작된 은 역조의 타격으로 청 제국은 이미 위원의 제안을 수용하거나 실행할만한 재정적 조직적 기반을 상실한 상태였고 해양 변경은 이미 되돌릴 수 없을 정도로 심각하게 손상된 후였다.

북서부 변경에서 청 제국은 초기 근대 제국들 가운데 가장 성공적으로 제국의 팽창과 중앙집권적 개혁을 적절히 변주하여 근대에 들어와 소규모 민족국가로 분절화되는 일 없이 제국 규모의 중화인민공화국으로 이행할 수 있는 토대를 마련했다. 그러나 해안 변경을 통해 확인되는 청 제국은 국익을 위하여 근대의 역동성을 전유할만한 체제적 인식적 조건을 갖추고 있지 못했다. 유럽인들이 18세기 동안 세계 전역에서 도서와 해안 지역에 대한 주권을 정의하고 주장하며

---

43) *Ibid.*, p.121 이하.

식민적 수탈체제를 구축하는 동안, 청 제국은 정성공 세력을 정복한 1683년 이후 1839년까지 바다에서 평화시대를 구가했던 만큼, 명말 남왜 사태로 높아졌던 해양의 이웃세계에 대한 관심도 시들해졌다.[44] 북서부 변경의 청 제국은 팽창주의적이고 근대적이었지만, 해안 변경의 청 제국은 해외 팽창 대신에 남명 세력의 진압 기억이 생생한 동남 해안 변경의 안정과 수비를 선택했다. 그러나 이곳이 끝내 제국에 안정적으로 통합되지 못한 징후는 서양 제국주의가 두 차례의 아편전쟁으로 중국을 개방한 이후 해안 변경의 불안정성이 본격화되면서 드러났다. 동중국해 해적들과 연계된 백련교도의 난, 서양 선교사들과 연계된 광동인들이 주도한 태평천국의 난 그리고 궁극적으로 동남아시아와 중국을 오가던 중국인 체류자들이 주도한 신해혁명은 청 제국의 근간을 뒤흔들고 종국에는 제국 전체를 무너뜨렸다.[45] 신청사가들이 북서부 변경에서 발견한 청 제국의 근대적이고 팽창주의적이며 혁신적 면모는 동남 변경의 청 제국과 어떤 식으로든 합산하여 재정의되어야 할 것이다.

---

44) Andrade and Xing, op. cit., p. 21 ; Bejamin A. Elman, "Ming-Qing Border Defence, the Inward Turn of Chinese Cartography, and Qing Expansion in Central Asia in the Eighteenth Century," Diana Lary, ed., *The Chinese State at the Borders* (Toronto, UBC Press, 2007), pp.39~41.

45) Zheng, *op. cit.*, p.93.

참고문헌

1. 연구서

박상수, 『중국 근대 '민족국가(nation-state)'의 창조와 '변강'문제 : 청말-민국시기 '변강'인식의 변천, 중국의 변강 인식과 갈등』, 한신대학교 출판부, 2007.

Barkey, Karen, *Empire of Difference : Ottomans in Comparative Perspective* (Cambridge, Cambridge University Press, 2008).

Bartlett, Robert, *The Making of Europe : Conquest, Colonization, and Cultural Change* (Princeton, Princeton University Press, 1994).

Burbank, Jane, and Frederick Cooper, *Empires in World History : Power and the Politics of Difference* (Princeton, Princeton University Press, 2010).

Giersch, C. Patterson, Asian Borderlands. *The Transformation of Qing China's Yunnan Frontier* (Massachusetts, Harvard University Press, 2006).

Lattimore, Owen, *Inner Asian Frontiers of Asia* (Boston, Beacon Press, 1962).

Leonard, Jane Kate, *Wei Yuan and China's Rediscovery of the Maritime World* (Cambridge, MA and London, Harvard University Press, 1984).

Po, Chung-yam, *Conceptualizing the Blue Frontier. The Great Qing and the Maritime World in the Long Eighteenth Century.* Dissertation (Heidelberg, Ruprecht-Karls Universität Heidelberg, 2013).

Stearns, Peter N., *World History : Patterns of Change and Continuity* (New York, Harper and Row, 1987).

Wong, R. Bin, *China Transformed. Historical Change and the Limits of European Experience* (Ithaca and London, Cornell University Press, 1997).

Zhao, Gang, *The Qing Opening to the Ocean. Chinese Maritime Policies 1684-1757*(Honolulu, University of Hawai'i Press, 2013).

Zheng Yangwen, *China on the Sea. How the Maritime World Shaped Modern China* (Leiden, Brill, 2011).

2. 연구논문

김선민, 「청제국의 변경통치에 관한 연구동향 분석 : 미국학계의 연구 성과를
　　　중심으로」, 『외국학계의 정복왕조 연구 시각과 최근 동향』, 동북아역사
　　　재단, 2010.

김한규, 「전통시대 중국중심의 동아시아 세계질서」, 『역사비평』 50호, 2000.

문명기, 「청말 신강의 건성(1884)과 재정 : 대만 건성(1885)과의 비교를 겸하여」,
　　　『중국학보』 63, 2011.

이영옥, 「청대 번속제도와 그 성격 : 중국고대 번속제도적 완비의 비판적 검토」,
　　　『중국 번속이론과 허상』, 동북아역사재단, 2010.

조영헌, 「'대운하 시대'(1415~1784), 중국의 상업과 변경 정책」, 『사총』 81, 2014.

조영헌, 「명 후기 월항 개항과 임진왜란」, 『사총』 90, 2017.

Andrade, Tonio, and Xing Hang, "Introduction : The East Asian Maritime Realm
　　　in Global History, 1500~1700," idem, eds., *Sea Rovers, Silver, and Samurai.*
　　　Maritime East Asia in Global History 1550~1700 (Honolulu, University
　　　of Hawai'i Press, 2016).

Clark, Hugh R., "Frontier Discourse and China's Maritime Frontier : China's
　　　Frontiers and the Encounter with the Sea through Early Imperial History,"
　　　Journal of World History, 20, 1 (2009).

Dirklik, Arif, 「De-Centering : Worlds and Histories」, 『유럽중심주의를 넘어 지
　　　구사로』, 이화여자대학교 지구사연구소, 2008.

Elliott, Mark, "Frontier Stories : Periphery as Center in Qing History," *Frontiers*
　　　of History in China (2014).

Elman, Bejamin A., "Ming-Qing Border Defence, the Inward Turn of Chinese
　　　Cartography, and Qing Expansion in Central Asia in the Eighteenth
　　　Century," Diana Lary, ed., *The Chinese State at the Borders* (Toronto, UBC
　　　Press, 2007).

Giersch, C. Patterson, "Commerce and Empire in the Borderlands : How do
　　　Merchants and Trade Fit into Qing Frontier History?," *Frontiers of History*
　　　in China, 9, 3 (2014).

Milward, Alan, "The Frontier of National Sovereignty," Sverker Gustavsson and Lief
　　　Lewin, eds., *The Future of the Nation State. Essays on Cultural Pluralism and Political*

Integration (New York and London, Routledge, 1996).

Perdue, Peter, "A frontier view of Chineseness," Giovanni Arrighi et al., *The resurgence of East Asia : 500, 150 and 50 year perspectives* (London & New York, Routledge, 2003).

Perdue, Peter, "Empire and Nation in Comparative Perspective : Frontier Administration in Eighteenth-Century China," *Journal of Early Modern History*, 5, 4 (2001).

Perdue, Peter, "Boundaries, Maps, and Movement : Chinese, Russian, and Mongolian Empires in Early Modern Central Eurasia," *The International History Review*, 20, 2 (1998).

Waley-Cohen, Joanna, "Changing Spaces of Empire in Eighteenth-Century Qing China," Nicola Di Cosmo and Don J. Wyatt, eds., *Political Frontiers, Ethnic Boundaries, and Human Geographies in Chinese History* (London & N. Y., RoutledgeCurzon, 2003).

Wong, R. Bin, "Review Article : The early modern foundations of the modern world : recent works on patterns of economic and political change," *Journal of Global History*, 11, 1 (2016).

元 후기 『經世大典』의 편찬과 六典體制[*]

조 원

1. 머리말

원 文宗 톡테무르는 앞서 제정된 典章제도를 모아 『經世大典』을 편찬하도록 명했다. 이때 편찬된 『경세대전』은 일찍이 편찬되었던 唐·宋會要의 형식을 따라 집필되었고 원의 제도 전반을 담고 있다. 현재 상당 부분이 소실되었고, 『永樂大典』에 수록되어 있는 일부 내용만이 남아 있다. 『경세대전』은 당송대에 편찬된 會要를 답습하여 편찬되었다고 하나, 기존의 政書에서 발견되지 않는 六典體가 체례로 서 활용되고 있다는 점이 특징이다. 그 구성을 살펴보면 통치자와 관련된 君事와 신하들의 직무를 정리한 臣事로 구분되고 있다. 臣事, 즉 臣僚가 담당하는 일로서는 治典, 賦典, 禮典, 政典, 憲典, 工典의 六典으

---

* 이 글은 「元 후기 『經世大典』의 편찬과 六典體制」(『동양사학연구』 141, 2017)를 수정 보완한 것이다.

로 나누고 서술하고 있는데, 이는 각각 吏, 戶, 禮, 兵, 刑, 工의 六部의 章典에 상응하는 것이다. 이러한 육전체제는 원 중기 지방에서 편찬된 공문서 彙集인『大元聖政國朝典章』(이하『元典章』)에서도 발견되고 있다는 점이 주목된다. 이를 통해 六典체제는 원 중후기에 자리잡게 된 政書의 분류체례로서 파악할 수 있겠다. 원 제국에서 政書의 체례로서 출현한 六典의 형식은 원 제국 이후 동아시아 법제의 기본적인 틀로서 자리잡게 되었다. 원의 멸망 이후 명과 청에서 편찬된 政書에서도 吏, 戶, 禮, 兵, 刑, 工의 六部를 綱으로 하고 있을뿐만 아니라 한반도에는 고려말에 전해져 조선 초기 법제의 중요한 형식으로 수용되었다.

『경세대전』에 관한 연구는 일찍이 일본학계에서 이루어졌다.『경세대전』을 元 법제의 맥락에서 고찰한 淺見倫太郞의 연구가 있고,[1]『경세대전』의 站赤편과 당대 郵驛 관련 규정을 담고 있는『金玉新書』의 내용을 비교한 瀧川政次郞의 연구가 있다.[2]『경세대전』에 관한 본격적인 연구는 蘇振申에 의해 이루어졌다.[3] 그는 경세대전 찬수 과정과 체례를 검토하고 관련 사료를 검토하여 유실된 경세대전의 원형을 복원하고자 하였다. 이 과정에서『경세대전』의 史源을 밝혀내고자 하였고,『원전장』과의 비교 연구를 통해 그 영향 관계를 파악하고자 하여 주목된다. 蘇振申은『경세대전』에 관한 종합적인 연구를 시도하였으나,『경세대전』의 육전 구성이 갖는 특수성에 관해서 크게 주목하지 않았다. 다만 六典 구성에 관한『經世大典』서문의 기록이 따라 그것이『周禮』의 六官체례를 따른 것으로 보았으며, 구체적인 편목은

---

1) 淺見倫太郞,「論說元の經世大典並に元律」,『法學協會雜誌』41-7,8, 1923.
2) 瀧川政次郞,「元の經世大典と金玉新書」,『西香』124, 1940.
3) 蘇振申,『元政書經世大典之研究』(臺北：中國文化大學出版社), 1984.

唐宋 政書의 영향을 받은 것으로 보고 있다. 이러한 맥락에서 그는 『경세대전』의 목차와 『周禮』, 『唐六典』, 『宋會要』의 편목 구성을 비교하기도 하였다. 이외에 『元史』 「刑法志」의 史源인 『經世大典』 「憲典」의 佚文에 주목한 연구[4], 『경세대전』의 사료 출처에 대한 규명을 시도한 연구[5], 『元史』의 각 志에 반영된 『경세대전』의 내용에 관한 개별적인 연구[6]들이 진행되었다. 이러한 다양한 연구들이 발표되었지만, 기존의 政書에서는 취하지 않았던 六典體制의 형식이 왜 원 후기에 출현하게 되었는가에 관한 의문은 해소되지 않았다.

동아시아 법전에서 육전체제의 출현에 주목한 것은 末松保和이다. 그는 원의 육전체제가 조선초에 편찬된 『조선경국전』으로 계승되었다고 보았다.[7] 이를 바탕으로 고려의 원 법제 수용의 측면에서 고려말 육전체제의 계승에 주목한 연구들이 발표되었다. 김인호는 원의 육전체제가 조선의 최초 법전인 『經濟六典』에 수용되었다고 보았으며, 『元典章』의 六典체제에 주목하면서 그것이 원대 이전 법전 편찬에서 활용되던 체제가 아니었다고 지적하고 있다.[8] 김인호는 여말선초에 자리잡게 된 육전체제의 성립에 관해 고찰한 연구에서 원 제국의 육전체제 도입에는 조정에서 활약한 儒者들의 역할이 컸으며, 그들과 교류하였던 고려의 儒者들을 통해 육전의 형식이 도입되었을 것이라고 보았다. 또한 그들이 육전체제를 도입하는 과정에서 주목

---

4) 劉曉, 「再論『元史・刑法志』的史源：從『經世大典・憲典』一篇佚文談起」, 『北大史學』 10, 北京：北京大學出版社, 2004.

5) 魏訓田, 「元代政書『經世大典・憲典』的史料來源」, 『史學史研究』 137, 2010.

6) 王愼榮, 「『元史』諸志與『經世大典』」, 『社會科學輯刊』 1990-2.

7) 末松保和, 「朝鮮經國大典再考」, 『和田博士還曆記念東洋史論叢』, 大日本雄辯會・講談社, 1951.

8) 金仁昊, 「고려의 元律 수용과 高麗律의 변화」, 『한국사론』 33, 국사편찬위원회, 2002.

한 것은 『주례』와 원의 법전이었다고 보았다. 고려후기 국가체제 정비와 개혁이라는 문제에 직면한 유가들이 주자학적 사유에 입각하여 군주와 신료의 상보적인 관계를 바탕으로 한 중앙집권체제를 구성하기 위해 이를 도입하였다는 것이다.[9] 이외에도, 『경세대전』과 『조선경국전』의 체례와 편목을 비교하여 양자의 상관관계를 규명한 연구도 발표되었다.[10] 이렇듯 조선 법제의 중국 법제 수용의 문제에 주목한 연구들에서는 조선의 법제가 원 후기에 편찬된 『경세대전』의 육전체제를 계승하였다는 관점을 바탕으로 그 영향관계를 규명하고자 하였다.

그런데, 기존의 연구에서는 『경세대전』이 『주례』의 六官制를 따랐다고만 언급하고 있고, 14세기 政書에서 육전체제가 출현했다는 사실에 대해서는 크게 주목하지 않고 있다. 원 제국 법전에서 육전체제를 도입하면서 『주례』의 레토릭을 활용하고 있지만, 실상 이는 원 제국의 산물로서 파악되어야 할 것이다. 그러한 점에서 원 후기 政書인 『경세대전』이 편찬되었고, 육전의 틀에 맞추어 법규와 제도를 정리하였다는 사실이 반영하고 있는 것이 무엇인지 면밀히 살펴보아야 할 것이다. 원 후기 政書에 나타난 체례가 이후 명과 조선의 법전에까지 수용되었다는 사실은 육전체제가 갖는 중앙집권적 관료행정에서의 편의성과 실용성을 생각해보게 한다.

이러한 점에 착안하여 본 연구에서는 원 후기에 나타난 六典體制의 도입과 그 특징을 살펴보고자 한다. 이를 위해 먼저 원 제국 후기에 편찬된 『경세대전』 편찬의 목적과 그 과정을 검토하겠다. 두 번째로 원 제국 후기 법제에 나타난 六典의 형식에 관해 살펴보겠다. 『經世大

---

9) 金仁昊, 「여말선초 육전체제의 성립과 전개」, 『東方學志』 118, 2002, 35~36쪽.
10) 鄭肯植, 「『朝鮮經國典』과 朝鮮初期 法制整備」, 『서울대학교 法學』 56, 2015.

典』과『周禮』, 唐宋會要 및『唐六典』의 체례를 비교 검토하여 그 상관관계를 검토해보고, 원 후기에 대두된 육전체제의 특징을 파악하고자 한다. 다음으로 원에서의 육부 기구의 운용과 그 특징에 관해 검토할 것이다. 이를 통해 원 제국의 법전에 나타난 육부체제가 원 후기 제국의 정치적인 토양에서 출현한 것임을 밝혀보고자 한다. 이상의 내용을 바탕으로 원 후기의 육부체제가 14세기 이후 동아시아에서 수용이 갖는 의미를 고찰해보고자 한다.

2. 文宗 톡테무르시기 『經世大典』의 편찬

1) 『經世大典』의 편찬과 奎章閣學士院

天曆 2년(1329) 겨울 문종 톡테무르는 翰林國事院 관료들과 奎章閣學士들에게 명하여 원 제국에서 반포되었던 역대 제도와 법을 모아 『경세대전』을 편찬하게 하였다.[11] 톡테무르는 집필을 奎章閣大學士 趙世延과 御史中丞 趙世安에게 위임하였으나, 작업이 더디게 진행되자 至順 원년(1330) 2월에 편찬을 전담하는 기구를 중심으로 조직을 개편하였다. 톡테무르는 규장각 학사들에게 그 屬官들을 이끌고 편찬 작업을 추진하도록 명하였고, 국가의 제도를 잘 파악하고 있는 翰林國事院 阿鄰帖木兒, 奎章閣大學士였던 忽都魯都兒迷失, 趙世延, 撒迪, 阿榮과 奎章閣承制學士 槊來와 명망있는 근신들이 주도적인 역할을 담당하게 하였으며, 엘테무르에게 감수를 위임했다.[12]

---

11) 蘇天爵, 『元文類』 卷40 「經世大典序錄」, 北京 : 商務印書館, 1958, 527쪽.
12) 『元文類』 卷40 「經世大典序錄」, 527쪽.

그해 4월에 정식으로 편찬국이 출범하였는데, 이는 奎章閣學士院을 주축으로 한 것이었다. 「經世大典序錄」에 따르면, 『경세대전』의 구성은 『주례』의 六官인 "天, 地, 春, 夏, 秋, 冬의 구별에 따라 나누고 國史의 규정대로 (편찬)하였고 蒙古局을 그 위에 따로 두어 나라의 일을 받들게 하였다"[13]고 기술되어 있다. 이로 미루어 奎章閣學士院에서는 治典, 賦典, 禮典, 政典, 憲典, 工典 6편의 臣事에 해당하는 부분을 전담하였고 그 상위에 '蒙古局'을 두어 帝號, 帝訓, 帝制, 帝系로 구성된 君事의 기술을 담당하게 하였던 것으로 보인다.[14] 蒙古局에 소속되었던 이들은 阿鄰帖木兒과 忽都魯都兒迷失과 같이 몽골어와 한어가 가능한 자들로서 몽골 톱치얀에 기록된 역대 대칸들의 사적과 典章제도를 한어로 번역하는 일을 담당했다.[15] 奎章閣學士院 소속의 趙世延과 虞集이 편찬을 전담했다. 몽문 사료와 한문 사료들이 폭넓게 수집되면서 政書편찬 사업은 원활히 진행되었고,[16] 至順 2년(1331) 5월에 『皇朝經世大典』이 완성되었다.[17]

　『경세대전』이 단기간에 편찬될 수 있었던 것은 조정의 각 행정 관부가 동원되어 방대한 자료를 수집하여 이를 奎章閣에 전달하였고, 이를 바탕으로 집필과 교정이 나뉘어 진행되는 등 일사불란하게 작업이 추진되었기 때문이었다. 이는 재위에 막 오른 대칸 톡테무르의 적극적인 후원이 있었기에 가능한 것이었다. 『경세대전』의 편찬이 시작된 해인 天曆 2년(1329)에 세워진 奎章閣學士院은 편찬사업을

13) 『元文類』 卷16 「進經世大典表」, 527쪽.
14) 『元文類』 卷40 「經世大典序錄」, 527쪽.
15) 원 제국의 몽문 실록에 관해서는 김호동, 「元代의 漢文實錄과 蒙文實錄-『元史』, 「本紀」의 中國中心的 一面性의 解明을 위하여-」, 『東洋史學硏究』 109, 2009 참조.
16) 『元史』 卷34 「文宗紀三」, 北京 : 中華書局, 1975, 751쪽.
17) 『元史』 卷35 「文宗紀四」, 785쪽.

주관하였다. 奎章閣은 大學士 4인과 侍書學士 2인, 承制學士 1인으로 구성되었는데, 설립 당시 忽都魯都兒迷失, 趙世延, 撒迪가 奎章閣大學士에 임명되었고 侍書學士에 虞集이 임명되었으며 이들은 모두 『경세대전』 편찬에 투입되었다. 中書左丞 張友諒과 御史中丞 趙世安 등은 자료수집을 전담하였다. 中書省과 御史臺를 필두로 각 관부에서 문서들을 갖추어 奎章閣學士院으로 보냈고 이와 함께 번역된 몽문 사료들을 바탕으로 趙世延과 虞集이 편찬 사업을 진행했던 것이다. 실제적인 집필은 奎章閣學士院 藝文監 관원들이 분담했다. 마지막으로 禮部尙書 巎巎가 선발한 30명의 文學儒士들이 집필된 원고에 대한 교감 작업을 진행했다. 이렇듯 앞서 편찬되었던 政書의 형식을 모본으로 삼아 편찬사업의 업무를 조직적으로 분담하였기 때문에 작업이 일사천리로 진행될 수 있었다.

그렇다면 『경세대전』의 편찬에 참여한 자들은 어떠한 자들이었을까? 먼저 편찬을 주도했던 규장각학사원과 그 구성원을 중심으로 편찬에 참여한 자들의 성격을 파악할 수 있을 것이다. 규장각학사원은 톡테무르가 조정 안팎의 인재들을 모아 선대의 가르침을 배우고 과거의 治亂得失, 즉 治道를 배우고자 하는 목적에서 설립되었고,[18] 經筵, 書籍出版 등의 업무를 담당하였다. 특히 奎章閣 아래에 藝文監이라는 기구를 두어 다양한 漢文 경전을 몽골어로 번역하게 하거나, 漢文 경전을 刊刻했다. 奎章閣의 주도로 『경세대전』이 편찬되었을 뿐만 아니라 『貞觀政要』가 파스파문으로 번역되었고, 蒙文實錄인 '蒙古脫卜赤顔'이 續纂되었다.[19] 이러한 기능을 통해 奎章閣學士院이 중국적 文治를 위한 학술기구로 파악되기도 한다.

---

18) 『元史』 卷34 「文宗紀三」, 751쪽.
19) 『元史』 卷36 「文宗紀五」, 803쪽.

그런데 大學士로 임명된 자들을 살펴보면, 그 성격을 단순히 중국적인 학술기구로 보기 어려운 면이 있다.[20] 설립 초기에 대학사에 임명되었던 忽都魯都兒迷失, 趙世延, 撒迪, 阿榮은 모두 비한족 近臣들이었다. 忽都魯都兒迷失은 몽골어와 한어에 능통한 색목인이고, 趙世延은 웅구트부 출신으로 조부대부터 전공을 세워 관직에 임명되었던 功臣 가문 출신이었다. 그는 어릴적부터 경전을 탐독하였고 학문에 조예가 깊어 여러 책을 저술하여 인종에게 발탁되었다.[21] 阿榮은 키리예트부 출신의 몽골인으로 케식출신으로 吏部尙書, 中書參知政事를 역임하였다. 潛邸시기의 톡테무르를 곁에서 모셨던 撒迪는 문종이 즉위하고 治書侍御史가 되었고, 天曆 2년(1329)에 中書右丞직에 올랐다. 톡테무르는 그의 형 코실라를 맞이하기 위해 그를 몽골초원으로 파견하였다. 寧宗이 즉위하고 그는 中書平章政事에 임명되었으며, 順帝 至元 원년(1335)에 御史大夫에 오르는 등 삼대에 걸쳐 중용될 정도로 몽골 통치자들의 신임이 두터웠던 인물이었다.[22] 이렇듯 奎章閣學士院을 장악하고 있었던 핵심적인 인물들은 문치행정 능력을 갖춘 몽골, 색목인 근신들이었다.

이들과 더불어 奎章閣侍書學士 虞集, 揭傒斯, 歐陽玄 등의 한인 儒士들이 실제적으로 집필에 참여했다.[23] 虞集은 학문에 조예가 깊었던

---

20) 邱江寧은 奎章閣學士院을 정치적 색체가 농후한 학술기구로 파악하고 있다. 그는 권신 엘테무르에 의해 옹립된 文宗 톡테무르가 본인 중심의 지배질서를 구축하기 위해 奎章閣學士院을 설립한 것으로 파악하였다. 邱江寧, 『元代奎章閣學士院與元代文壇』, 北京 : 中國社會科學出版社, 2013, 222쪽.

21) 『元史』 卷180 「趙世延傳」, 4163~4164쪽.

22) 余大鈞 編著, 『元代人名大辭典史』, 呼和浩特 : 內蒙古人民出版社, 2016, 757쪽.

23) 蘇振申은 虞集의 추천으로 馬祖常, 謝端, 蘇天爵, 陳旅, 宋褧, 王士點 등도 참여하였다고 보았으나, 『元史』 「虞集傳」의 기록에 따르면 虞集의 천거에 대하여 톡테무르가 "당시 遼, 金, 宋史 편찬이 완료되지 않았으므로 『경세대전』 편찬은 규장각학사들이 그 속관을 인솔하여 편찬하게 하라"(『元史』 卷181

인물로 톡테무르는 潛邸시기에 이미 그의 명성을 들었고 즉위 직후 그를 經筵官에 발탁하였다. 이후 그는 奎章閣 侍書學士직에 임명되어, 趙世延을 도와 『경세대전』의 집필을 담당하였다.[24] 앞서 언급했듯이 奎章閣學士院 산하의 藝文監 소속의 儒士 30명이 교감작업을 담당하였는데, 대표적으로 揭傒斯와 歐陽玄이 있다. 揭傒斯는 程鉅夫의 천거로 관직에 진출하여 翰林國史院編修官을 역임하였고, 奎章閣經郎으로 훈신귀족들의 자제들을 가르쳤으며, 『경세대전』 편찬에 참여하였는데 奎章閣學士院 산하의 藝文監丞에 제수되어 편찬된 서적의 교감작업을 담당했다.[25] 歐陽玄은 延祐연간에 진사급제하여 관직에 진출하였고, 톡테무르시기 藝文少監에 임명되어 『경세대전』 편찬에 참여하여 교감작업을 담당했다.[26] 이상에서 살펴보았듯이 권신 엘테무르의 총괄하에 몽골인, 색목인 대신들이 편찬을 주관하였고, 한인 관료들이 집필과 교감의 실무를 담당하였던 것으로 파악된다. 당시 奎章閣學士院을 구성하고 있던 몽골인, 색목인, 한인 관원들의 공조하에 집필될 수 있었던 것이다. 그렇다면 『경세대전』이 편찬된 목적은 무엇이었을까?

2) 『經世大典』 편찬의 배경과 목적

天曆 원년(1328), 泰定帝 예순테무르 사후, 제위를 둘러싸고 발발한 兩都內戰의 과정에서 권신 엘테무르의 추대를 받아 옹립된 톡테무르

「虞集傳」, 4178쪽)고 하였다는 기술로 미루어, 이들은 참여하지 않았다고 보는 것이 적합하겠다.

24) 『元史』 卷181 「虞集傳」, 4178쪽.
25) 『元史』 卷181 「揭傒斯傳」, 4185쪽.
26) 『元史』 卷182 「歐陽玄傳」, 4197쪽.

는 上都에서 추대된 황태자 아라지박을 제거하였다.[27] 이어서 그는
근신 핫산과 사디를 몽골초원에 보내 자신의 형인 周王 코실라를
모셔오게 하였다. 마침 몽골 초원의 제왕들도 코실라에게 大都로
돌아갈 것을 권하자,[28] 天曆 2년(1329) 正月 코실라는 카라코롬에서
제위에 올랐다. 그러나 그해 여름 코실라가 갑작스레 독살 당해
죽고 톡테무르는 다시 대칸의 자리에 오르게 된다.[29] 재위에 오른
해 겨울에 톡테무르는 대신들에게『경세대전』의 집필을 명하였다.

虞集은「經世大典序錄」에서 먼저 "文宗 톡테무르가 재위에 올라 大統
을 계승하였고 거듭 보위에 오른 것[重登大寶]은 천명이 응한 것"이라
고 기술함으로써 톡테무르 권력의 정통성을 밝히고 있다. 이어서
"조종의 기업을 살피고, 서적의 기록에 전해지는 바를 참조하여 법령
제도[典章]의 성과를 편찬하여 성세의 영원한 준거로 삼고자 한다."[30]
라고 함으로써『경세대전』편찬의 실제적인 필요를 밝히고 있다.
또한 歐陽玄은「進經世大典序表」에서 "원대 법도가 조정에서 나왔으나
문서로 통합되어 정리되지 않았다. 이에, 천통을 계승한 톡테무르가
백성을 돌보고 정무를 맡아 다스리게 되었으니 대신들에게 경세대전
을 편찬하게 하였다"고 기술하고 있다.[31] 虞集과 歐陽玄의 기술을
통해 兩都內戰과 明宗의 죽음으로 정적들을 제거한 뒤 재위에 올랐던
톡테무르 정권의 정당성을 천명하기 위함이『經世大典』편찬의 첫

---

27) 兩都內戰에 관해서는 張金銑,「元兩都之戰及其社會影響」,『安徽大學學報哲學社
　　會科學版』30(5), 2006 참조.
28)『元史』卷31「明宗紀」, 695쪽.
29)『元史』卷33「文宗紀二」, 737쪽. 天曆之變의 경과는 권용철,「大元제국 말기
　　權臣 바얀의 정치적 行蹟」,『동양사학연구』120, 2012, 233~239쪽 참조.
30)『元文類』卷40「經世大典序錄」, 527쪽.
31) 歐陽玄,『元文類』卷16「進經世大典序表」, 208쪽.

번째 목적이었고, 다음으로 혼란스러운 정국을 안정시키고 통치를 위한 자료로서 이를 편찬했던 것이 두 번째의 실제적 목적이었던 것으로 파악된다. 이와 관련하여 歐陽玄은 원 제국에서 시행되었던 각양의 제도가 하나의 문서로 정리되지 않고 있다는 점을 지적하였다.

당대 혹은 역대 典章제도의 연혁을 망라하여 정리한 政書는 관료제도의 발달에 수반하여 唐에서 출현하고 宋代에 계승되었던 중원왕조의 산물이다. 이는 통치자들이 제도의 변화를 파악하여 治道를 펼치도록 하기 위한 목적에서 출현한 것이다. 톡테무르가 『經世大典』의 편찬을 명한 것은 중원적 政書 편찬의 방식을 통해 자신의 권력을 정당화하고자 한 것이었다. 그렇다면, 그가 중원적 文治의 방식을 통치권 확립의 수단으로 삼은 이유가 무엇이었을까?

톡테무르에게 있어서 통치권 확립은 권력자가 제위에 오르면서 취하는 의례적인 수순의 차원이 아니라 보다 절박한 것이었다. 원 중후기 발생했던 빈번한 제위 계승 쟁탈전의 과정에서 권신들이 대두하였고 그들은 대칸의 배후에서 실권을 행사하였다. 그 가운데에서도 文宗과 엘테무르의 관계는 가장 특수했다. 문종은 정적들을 제거해주고 두 번이나 자신을 대칸의 자리에 올려주었던 엘테무르에게 전무후무한 권력을 안겨주고, 그를 '獨相'의 지위에 올려주었다.[32] 이러한 측면에서 볼 때 톡테무르가 즉위 직후 『경세대전』의 편찬을 서둘러 추진했던 데에는 재상이었던 엘테무르와의 권력 관계를 명확

---

32) 원 중후기 원 조정내에서 權臣들의 활약과 영향력에 관한 상세한 연구로 권용철, 「元代 중·후기 權臣 정치 연구」(고려대학교 박사학위논문, 2017)가 있다. 톡테무르시기 엘테무르의 권력에 관해서는 같은 논문, 164~209쪽 참조.

히 하고자했던 숨은 뜻이 있었던 것은 아닐까?

톡테무르의 규장각학사원 설립 또한 특별한 목적을 띠고 있었다. 그는 奎章閣大學士들로 하여금 知經筵事를 겸하게 하였고, 侍書學士, 承制學士, 供奉學士는 經筵官에 임명하였다.[33] 톡테무르시기 奎章閣을 통한 經筵의 정치는 단순한 학술적인 차원으로 그치지 않고 정치적인 목적을 지니고 있었다. 經筵은 황제를 위해 經史를 낭독하며 治道를 논의하는 제도로 송대에 정식으로 시작되었다. 원대 들어와 泰定帝시 기부터 經筵제도가 시작되었고 文宗 톡테무르를 거쳐 順帝에 이르기까 지 존속되었다. 그런데 태정제가 經筵이라는 제도를 시작한 것은 한문화에 대한 숭상이라기보다는 당시 儒臣들의 정치적 불신을 해소 하기 위한 실리적 목적이 있었다고 분석되고 있다.[34] 당시 回回인 재상인 다울라트 샤가 권력을 장악하게 되면서 한인들 간의 갈등이 격화되었고, 이는 원 조정의 실무행정을 담당하고 있던 한인 관료들 의 불안과 정치권력에 대한 불신으로 이어졌다. 泰定帝시기 무슬림 관원들의 득세로 정치적으로 소외되었던 한인 관료들은 兩都內戰에 서 톡테무르를 후원하던 엘테무르측을 지지하였다.[35] 톡테무르는 이들 가운데 자신의 지지기반으로 삼을 자들이 필요했던 것이다. 奎章閣의 설립과 운영은 결국 몽골, 색목인 측근들과 한인 관원들을 포섭하여 자신의 지지 기반을 공고히 하기 위한 정치적인 목적에서 비롯된 것이다. 이러한 의도에서 설립된 奎章閣學士院이 처음으로 추진했던 사업이 『경세대전』의 편찬이었던 것이다.[36]

---

33) 楊瑀, 『山居新語』, 北京: 中華書局, 2006.
34) 張帆, 「元代經筵述論」, 『元史論叢』 5, 1993, 152쪽.
35) 권용철, 「大元제국 말기 權臣 바얀의 정치적 行蹟」, 231쪽.
36) 톡테무르시기 奎章閣 대신들을 주축으로 진행되었던 『경세대전』 편찬에 관하여 Yuan-Chu Lam과 邱江寧의 연구가 있다. Yuan-Chu Lam은 톡테무르와

한편, 歐陽玄이 「進經世大典序表」에서 제도와 관련된 문서들이 일원화되어 정리되지 않았다는 점을 지적하고 있듯이 원 후기 政書『經世大典』편찬에는 관료행정을 위한 실제적인 목적이 있었다. 앞서 仁宗 아유르바르와다 재위기간 원 제국의 행정적 지배를 정돈하는 일련의 규정을 반포하였다. 皇慶 원년에 六部를 중심으로 한 중앙 부처의 문서행정상의 번잡함이 논의되면서, 左右司와 六部의 官員과 서리들로 하여금 문서들을 잘 분류하고, 형식을 갖추어 올릴 것을 명하였다.[37] 이는 원대 六部를 중심으로 전개되는 관료행정의 복잡다단함을 드러내고 있다. 蘇天爵은 後至元 연간에 올린 주에서 당시 법규정의 번잡함을 지적하고 있다.

"세월이 이미 오래되어 條例가 점차 많아졌습니다. 英宗황제대에 비로소 中書에 명하여『通制』를 편찬하여 각지에 반포하여 관리들이 따르게 하였습니다. 그러나 延祐 연간에서부터 지금에 이르기까지 20년이 지났습니다. 무릇 사람의 사정이 만상인데, 어찌 하나의 법으로 모든 것을 처리할 수 있겠습니까? 더하여 한때에 임관하는 관리들은 재능과 식견이 달라 죄인의 심판하는데 경중의 다름이 있습니다. 조목이 번잡하고, 나날이 더하여지고 있습니다."[38]

奎章閣의 특수한 관계에 주목하였고,『경세대전』의 편찬이 통치의 정당성을 천명하고, 새로운 시대의 도래를 선포하기 위한 것으로 파악하였다. 그러한 맥락에서 대칸이 직접 선발한 이들을 주축으로『경세대전』이 편찬된 점에 주목하였다(Yuan-Chu Lam, "A Study of the Compilers of the Yüan Ching-Shih ta-tien" T'oung Pao, Second Series, Vol. 78, Livr. 1/3, 1992, 80쪽).

37) 『元典章』卷4「朝綱一·政紀」"省部減繁格例"條, 陳高華等点校本, 北京：中華書局, 2011, 131~132쪽.

38) 蘇天爵, 「乞續篇通制」, 『元代奏議集錄』, 杭州：浙江古籍出版社, 1998, 311쪽.

원 제국의 법제는 條例와 斷例를 중심으로 구성되어 있었다. 蘇天爵은 이러한 법제적 특징으로 말미암아 야기되었던 법치행정의 어려움을 호소하고,『大元通制』를 잇는 새로운 법전을 편찬할 것을 청하였다. 법제에 한하여 논의된 내용이지만, 이러한 상황은 관료행정에서도 유사한 양상이었을 것이다.[39] 원 중기 이후 대칸의 詔令과 조칙이 쌓이면서 실무관료들은 행정업무 처리에 어려움이 있었고, 방대한 원의 관료행정체제를 구성하고 있는 각 행정기구들의 업무와 연혁에 대한 파악의 필요성이 대두되었을 것이다. 이러한 실제적 필요는 『經世大典』 편찬의 또 다른 목적이 되었다. 원 제국의 실무행정을 담당하는 六部의 행정업무를 중심으로 제도적 변화와 관련 규정을 파악하는 것은 원 제국의 방대한 관료 행정 업무를 파악하는데 요긴하였을 것이다.

3. 『經世大典』의 구성과 六典體制

『경세대전』은 총 880권으로 구성되어 있고, 외에 목록 12권, 公牘 1권, 纂修通議 1권이 있다.[40] 본문의 내용은 총 10편으로 구성되어 있는데, 帝號, 帝訓, 帝制, 帝系 4편의 君事와 治典, 賦典, 禮典, 政典, 憲典, 工典 6편의 臣事로 구성되어 있다. 앞의 4편은 蒙古局에서 편찬을 담당했고, 후자의 6편의 편찬을 虞集 등에게 담당하게 했다. 현재 상당 부분 소실되어 있으나『元文類』에 經世大典序錄과 일부 편목의

---

39) 원 제국 법제의 연혁과 특징에 관해서는, 조원,「大元帝國 法制와 高麗의 수용 양상」,『이화사학연구』54, 2017 참조.
40)『元文類』卷16「進經世大典表」, 208쪽.

내용이 수록되어 있고, 『永樂大典』에 『경세대전』「政典·驛傳」의 '站赤', 「賦典·漕運」의 '海運', 「憲典·倉庫」가 보존되어 있다. 이외에 민국 초기에 편찬된 『廣倉學窘叢書』에 「大元馬政記」, 「大元倉庫記」, 「大元氈罽工物記」, 「元代畵塑記」, 「元高麗紀事」, 「大元官制雜記」의 6편이 수록되어 있다. 이외에도 『경세대전』의 내용을 바탕으로 집필된 『元史』의 각 志를 통해서도 대강의 내용을 파악할 수 있다.[41] 『경세대전』의 편목은 〈표 1〉에 나온 바와 같다.

君事의 앞 네 편에서는 역대 대칸들의 칭호, 사적, 詔令, 가계에 관해 서술하고 있다. 臣下의 職務로 분류되는 六典의 각 내용을 살펴보면, 治典에서는 設官用人에 관해 기술하고 있고, 賦典에서는 貢賦의 각종 항목 등에 관한 내용을 담고 있으며 禮典은 郊祀와 廟祭를 비롯한 각종 의례에 관해 서술하고 있다. 政典에서는 군사활동을 비롯한 軍政에 관해 다루고 있고, 憲典은 刑政의 내용을 담고 있다. 이렇듯 六典은 행정 실무를 담당하는 六部 기구의 직무를 분류하여 정리한 것이다.

『경세대전서문』에서 『경세대전』은 "唐·宋會要의 체례를 참고하고 國朝의 전장제도를 모두 모아서 편찬되었다."[42]고 기술함으로써 앞서 중원왕조에서 편찬되었던 政書의 형식을 취하여 그 계통을 이었다는 점을 밝히고 있다. 『唐會要』는 총100권 514目으로 구성되어 있고, 『宋會要』는 帝系, 后妃, 樂, 禮, 輿服, 儀制, 瑞異, 運歷, 崇儒, 職官, 選擧, 食貨, 刑法, 兵, 方域, 蕃夷, 道釋 등의 17편으로 구성되어 있고 각 기구나 제도의 연혁을 편년체의 형식으로 기술하고 있다. 『경세대전』에서도

---

41) 蘇振申은 그의 연구에서 『經世大典』의 유실된 목록과 내용의 복원을 시도하였다. 『元政書經世大典之研究』, 33~50쪽 참조.
42) 『元文類』 卷40 「經世大典序錄」, 527쪽.

帝號	帝訓	帝制	帝系	治典	賦典	禮典	政典	憲典	工典
				官制	都邑	朝會	征伐	名例	宮苑
				三公	附錄(安南)	燕饗	招捕	衛禁	官府
				宰臣年表	版籍	行幸	軍制	祭令	倉庫
				各行省	經理	符寶	軍器	學規	城郭
				入官	農桑	輿服	教習	軍律	橋梁
				補吏	賦稅(稅粮)	樂	整點	戶婚	河渠
				儒學教官	賦稅(夏稅)	曆	功賞	食貨	郊廟
				軍官	賦稅(科差)	進講	責罰	大惡	僧寺
				錢穀官	海運	御書	宿衛	姦非	道宮
				投下	鈔法	學校	屯戍	盜賊	盧帳
				封贈	附錄(錢法)	藝文	工役	詐偽	兵器
				承蔭	金銀珠玉銅鐵鉛錫礬礦竹木等課	貢舉	存恤	訴訟	鹵簿
				臣事	鹽法	舉遺逸	兵雜錄	鬪毆	玉工
					茶法	求言	馬政	殺傷	金工
					酒醋	進書	屯田	禁令	木工
					商稅	遣使	驛傳	雜犯	摶埴之工
					市舶	朝貢	弓手	捕亡	石工
					宗親歲賜	瑞異	急遞鋪	恤刑	絲枲之工
					俸秩	郊祀	祇從	平反	氈罽
					公用錢	宗廟	鷹房捕獵	赦宥	畫塑
					常平義倉	社稷		獄空	諸匠
					惠民藥局	嶽鎮海瀆		附錄	
					市糴粮草	三皇			
					蠲免(恩免差稅)	先農			
					蠲免(災傷免差稅)	宣聖廟			
					賑貸(京師賑糶粮紅帖粮)	諸神祀典			
					賑貸(各處災傷賑濟)	功臣祠廟			
						謚			
						賜碑			
						旌表			
						釋			
						道			

각 항목의 내용을 서술하는 방식에서 『송회요』의 형식을 따르고 있다. 이외에도, 중원왕조에서 편찬된 政書 가운데 六典의 명칭을 취한 『唐六典』이 있다. 『당육전』은 『周禮』의 六典에서 명칭을 취하고

있지만, 편목 구성에 있어서 육전의 체례가 드러나지 않는다. 그 구성을 살펴보면, 먼저 三師, 三公, 尚書省에 관해 기술하고 있고, 이어서 尚書省에 예속되어 있던 吏部, 戶部, 禮部, 兵部, 刑部, 工部의 六部에 관해 기술하였다. 다음으로 門下省, 中書省, 秘書省, 殿中省, 內官侍中省, 御史臺의 중앙행정기구와 三府督護州의 지방행정기구에 관하여 소개하고 있다. 『당육전』은 『周禮』에 나오는 관제의 명칭을 따랐지만, 실제적으로는 당의 각급 행정기구를 망라하여 체례를 구성하고 있음을 알 수 있다. 내용은 각 기구의 職制 규정을 중심으로 기술되어 있다.

이상의 내용을 미루어 볼 때, 六典 중심의 10門의 구성은 원 제국 중후반에 출현한 것으로 파악할 수 있겠다. 목차를 간소화함으로써 기존 政書의 목차가 갖는 번잡함을 없애고 제도의 연혁을 보다 간명하게 접할 수 있게 되었다. 그렇다면 이러한 六典의 형식은 어떠한 경위로 원 후기에 출현하게 된 것일까?

六典의 형식은 『경세대전』보다 조금 앞선 시기에 원대 지방에서 편찬되었던 『元典章』에서도 발견된다. 『원전장』은 지방 관부에 있는 胥吏들의 행정적 편의를 위해 쿠빌라이 이래로 반포된 詔令, 條格, 斷例들을 모아 편찬한 공문서 彙集이다. 여기에는 쿠빌라이가 재위에 오른 中統 원년(1260)에서부터 至治 원년(1321)까지의 조령과 판례들이 망라되어 있고, 별도로 편찬된 新集에는 至治 2년(1322)까지의 법조문이 수록되어 있다. 『원전장』에 나와있는 문서들 가운데 다수가 江浙, 江西, 湖廣 등의 行省의 사례들인 점이 주목된다. 실제로 『元典章』의 가장 이른 판본이 福建 建陽坊刻本인 것으로 알려져 있다. 이로 미루어 『원전장』이 강남지역 관리들의 요구에 따라 편찬되었고 주로 강남지역에서 유통되었던 것으로 추정된다.[43] 원 중기까지도 일원화된 법제 정비가 이루어지지 않았던 상황에서 지방 관부의 관리와 실무행정을 담당했던 胥吏들의 필요가『원전장』의 편찬 및 유통으로 이어졌던 것이다.

그 구성은 크게 詔令, 聖政, 朝綱, 台綱, 吏部, 戶部, 禮部, 兵部, 刑部, 工部의 10편 총 60권으로 구성되어 있다. 대칸이 반포한 詔令과 중앙 부처의 행정적 지침을 규정한 내용을 제외하고, 제반 법령은 吏, 戶, 禮, 兵, 刑, 工의 6부로 나뉘어져 정리되었다. 이러한 사실을 종합해 볼 때, 六典體制는 원 중후기 중앙과 지방에서 편찬되었던 政書와 법령 彙集에서 출현한 형식이라고 볼 수 있겠다. 『경세대전』과 『원전장』에는 모두 원의 행정제도가 망라되어 있으며 다수의 독자가 원 제국의 행정을 담당하고 있던 중앙 및 지방의 관료와 서리들이었던 것으로 파악된다. 그리고 그들 다수를 구성하는 것이 한인이었기 때문에 이를 염두에 두고『경세대전』서문에서 체례와 관련하여 『周禮』를 언급한 것이라 생각된다.『경세대전』을 중원왕조의 政書의 계통에 위치 지으려고 했던 것이다.

톡테무르시기에 편찬된 藥膳書인『飮膳正要』에서도 유사한 양상이 나타난다. 책의 저자인 忽思慧는 伏羲, 神農, 黃帝로 시작되는 중국적 의학 전통에 관한 서술로 시작하고 있는데, 이러한 서사방식을 통해 원 제국의 음식문화를 중국의 의학 전통 속에 편입시킴으로써 다수의 중국 독자들이『음선정요』에 주목하고 이를 받아들이도록 하기 위한 것이라는 견해가 있다.44) 그런데『飮膳正要』의 실제적인 내용에서는

---

43)『元典章』, 1~3쪽.『元典章』과 관련된 연구성과들은 船田善之,「關于解讀《元典章》- 健談有關工具書, 研究文獻」,『蒙古學信息』2000-3 ; 張金銑,「《元典章》研究綜述」,『古籍整理研究學刊』2010-4 참조.

44) Paul, Buell, *A Soup for the Qan : Chinese dietary medicine of the Mongol era as seen in Hu Szu-hui's Yin-shan Cheng-yao* (New York, Kegan Paul International, 2000),

중국뿐 아니라 몽골, 투르크, 이슬람 등지의 음식문화가 함께 녹아 있어 원 제국 문화의 다원성을 엿볼 수 있게 해준다.[45] 마찬가지로 『경세대전』의 서문에서 『周禮』의 체례를 따라 六典의 형식을 취한다고 기술하고 있지만, 그 앞에 君事의 네 편을 둠으로써 몽골인들이 지배하는 원 제국의 정치구조적인 특징을 가시적으로 드러낸 것으로 파악된다. 아울러 六典의 구성을 비롯한 10門의 체례를 따른 것은 실제적인 원 제국의 행정구조와 더불어 편찬 당시 원 제국의 정치적 상황을 반영하고 있는 것으로 볼 수 있겠다.

4. 『經世大典』의 구성에 반영된 정치적 의도

『經世大典』의 구성에 반영된 臣事의 六典체제는 재상이 六部를 총괄하는 원 제국의 특수한 정치구조를 반영하고 있다. 쿠빌라이는 중국에 기반한 몽골제국으로의 통치체제를 개편하는 과정에서 관료 행정체제를 정비하였다. 이에 따라 中統 원년(1260) 4월 中書省을 설립하였고, 다해 左右部를 설립하였다.[46] 각 기구에는 尙書, 侍郎, 員外郎을 두어 조직을 갖추게 하였는데, 초기에 사이드 아잘 샴스 앗딘(賽典赤瞻思丁)과 劉肅을 左部尙書에 임명하고, 宋子貞을 右部尙書에 임명했다.[47] 左部는 吏, 戶, 禮 3部를 합하여 일컫는 것이고, 右部는 兵, 刑, 工 3部를

---

p.131.

45) 『飮膳正要』에 반영된 원 제국 문화의 다양성과 융합의 특징에 관해서는 조원, 「『飮膳正要』와 大元제국 음식문화의 동아시아 전파」, 『역사학보』 233, 2017 참조.

46) 『元史』 卷157 「張文謙傳」, 3696쪽.

47) 『元史』 卷159 「宋子貞傳」, 3736쪽 ; 『元史』 卷160 「劉肅傳」, 3764쪽.

합친 것으로 이것이 六部의 초기적인 형태였다.

至元 연간에 左右部는 四部, 六部의 형태로 분할되었다가 합병되기를 반복하였다. 至元 2년(1265) 2월, 좌우부는 吏禮, 戶, 兵刑, 工의 四部로 나뉘었고, 그 다음해는 다시 左三部와 右三部로 합쳐졌다가 至元 5년(1268)에 다시 四部로 나뉘었다. 至元 7년(1270)에 中書省이 尙書省으로 바뀌면서 中書省四部의 중앙정부기구가 尙書省六部制로 바뀐다. 그 다음해 다시 尙書省四部로 바뀌었다가 至元 13년(1276)에 가서야 吏, 禮, 戶, 兵, 刑, 工의 六部 형태로 자리잡게 된다. 六部 관원의 수는 여러 차례 增減을 거치다가 文宗 톡테무르 시기에 인원과 官品이 재정비되었다. 이때 六部의 장관인 尙書를 3명으로 하여 正三品의 품계를 정하였고, 侍郞은 2명으로 正四品, 郞中 2명은 從五品, 員外郞 2명은 從六品을 제수하였다.[48)]

당대에 출현하였지만, 당송대 三省六部二十四司의 체제로 운영되었던 것과는 달리 원대에는 中書省과 六部의 一省六部의 형태가 출현하였다.[49)] 중앙관부가 一省 중심제로 유지되었을 뿐만 아니라, 六部하에 二十四司의 기구를 갖추어 두지 않았다. 이러한 간소화된 중앙정부의 형태는 북방민족이 관료 행정체제를 건립하는 과정에서 나타난 것으로서 元이 金의 제도적 영향을 받은 것으로 파악되고 있다.[50)] 쿠빌라

---

48) 원 제국 六部 각 기구의 구성과 연혁에 관해서는 陳高華, 『中國政治制度通史』 8, 北京 : 人民出版社, 1993, 81~93쪽 참조.

49) 북송시기에는 三省의 틀은 유지되어 있었고, 南宋代에 이르러 삼성이 일원화되고 中書省, 門下省의 관료들이 尙書省에 흡수되지만, 그 외의 속관들은 그대로 유지되었던 점을 미루어 일원화가 철저히 이루어지지 않은 것으로 파악된다. 반면에 金元代에는 一省 중심의 일원화된 관료행정체제의 특징이 분명하게 나타나고 있다. 張帆, 「金元六部及相關問題」, 『國學硏究』 6, 1999, 141~142쪽.

50) 張帆, 「金元六部及相關問題」, 141~148쪽.

이 초기 六部의 초기 형태로 나타난 左右二部의 형태는 金에서 시작되었다. 金 초기에 세워진 左右二部는 이후 吏, 戶, 禮 三部로 바뀌었고, 兵, 刑, 工 三部의 직임을 겸하였으며, 금 후기에 이르러서야 六部가 출현하였다.51) 『元史』「百官志」에 따르면, 吏部는 "관리의 선발과 임명에 관한 법도를 주관하고", 戶部는 "戶口, 부세, 토지에 관한 법도를 관장했다". 禮部는 "禮樂, 제사, 朝會, 燕享, 貢擧에 관한 법도를 주관하고", 兵部에서는 "郡邑, 郵驛, 屯牧의 법도를 주관하였으며", 刑部는 "형벌과 법률에 관한 법도를 주관하였다. 공부는 "건설과 百工에 관한 정령을 담당했다."52) 이렇듯 원 제국에서 六部는 제국 전반의 행정 실무를 처리하는 기구였다. 六部는 지방의 路府州縣을 직접 관할하며 행정적 업무를 맡아 처리하였고,53) 위로는 재상과 직접적인 예속관계에 있었다. 공무 처리에 있어서 六部관들 사이에 이견이 있을 경우, 中書省에 이 案을 올려 결정하게 하였고, 재상은 六部 관원에 대한 임면과 감찰로서 통솔권을 발휘하였다.54)

원대 권신들의 권력이 막강했던 정치적 구조하에서 육부 관원들은 재상 권력의 통제를 강하게 받았다. 쿠빌라이시기 尚書右丞相 상게(桑哥)는 당시 兵部尚書 후두데르(忽都答兒)가 직무에 태만하다는 이유로 그를 구타하여 파면되고 난 이후에 (대칸에게) 주를 올렸다.55) 재상의 六部 관원에 대한 통제가 어느 정도였는지 가늠할 수 있는 사건이다.

---

51) 『金史』 卷55 「百官志一」, 北京 : 中華書局, 1975, 1219쪽.
52) 『元史』 卷85 「百官志一」, 2123쪽.
53) 『元典章』 卷4 「朝綱一·政紀」 "省部減繁格例"條, 131쪽.
54) 『元典章』 卷13 「吏部七·公規一·公事」 "公事從正與決"條, 510쪽. 원 제국의 宰相과 六部의 관계에 관하여 張帆, 『元代宰相制度研究』, 北京 : 北京大學出版社, 1997, 190~192쪽 참조.
55) 『元史』 卷205 「桑哥傳」, 4573쪽.

원 중기 이후 재상의 六部 관원에 대한 간섭이 더욱 심화되는 양상이 나타났다. 武宗 카이산 시기 左丞相 三寶奴가 주를 올려 省部 관원들의 불성실을 지적하자 육부의 기강을 바로잡기 위해 관원들이 새벽에 출근하여 저녁에 퇴근하도록 하라는 칙이 내려졌고 여전히 태만할 경우 죄를 엄중히 다스리도록 하였다.[56)

皇慶 원년(1312) 테무데르(鐵木迭兒)는 六部官들의 태만과 불성실을 지적하며 (발각된) 직후에는 대화로 시시비비를 가릴 것이나, 개선하지 않으면 파면시킬 것을 청하였고 仁宗 아유르바르와다는 이를 허락하였다. 또한 같은 해 조정에서는 六部官이 中書省을 거치지 않고 주를 올리는 일을 금하도록 명하였다.[57) 물론 이러한 조치는 仁宗의 적극적인 한인 관료 기용에 위기를 느꼈던 테무데르의 견제책이었을 수도 있을 것이다. 분명한 것은 中書省을 중심으로 하는 재상의 권력을 공고히 하고, 六部에 대한 통제를 강화하고자 한 조치였던 것으로 파악된다. 文宗 톡테무르 재위기간 六部 관원의 임면에 관한 규정이 마련되었다. 天曆 2년(1329) 5월, 톡테무르는 中書省의 대신이 六部 관원을 선발하게 하고, 대칸에게 裁可를 받도록 명하였는데,[58) 이는 中書省 宰臣들에게 六部에 대한 통제를 공고히 해주는 조치였다.

원 제국에서의 六部는 一省六部의 체제하에서 재상에게 예속되어 있는 점을 발견할 수 있다. 특히 원 중후기 中書省 宰臣들이 막강한 권력을 향유했던 배경 속에서 재상의 六部에 대한 통제권이 더욱 강화되는 양상이 나타났다. 원 중후기 권신들이 원 제국의 六部행정을 장악함으로써 국정에 대한 全權을 행사했던 것으로 파악될 수 있다.

---

56) 『元史』 卷23 「武宗紀」, 528쪽.
57) 『元史』 卷24 「仁宗紀」, 550쪽.
58) 『元史』 卷33 「文宗紀」, 734쪽.

몽골 통치자들이 중국을 통치하는 과정에서 행정 제반에 대한 권력이 재상에게 위임되었다. 재상은 실제로 右丞相, 左丞相, 平章政事, 右丞, 左丞으로 구성된 宰相府로 구성되어 있었는데, 이때 독단적인 권력을 향유했던 이들은 몽골, 색목인 세가 출신의 右丞相이었으며, 대칸은 자신이 위임했던 이들에 대한 신임을 쉽게 저버리지 않았다. 이에 원 제국에서 대칸으로부터 막대한 권력을 위임받았던 재상들에 의해 국정이 좌지우지되는 일들이 빈번하게 발생하였다.[59]

『경세대전』편찬 당시의 재상이었던 엘테무르는 공전에 없던 권력을 누렸다. 정변을 일으켜 톡테무르를 재위에 앉힌 엘테무르는 泰定帝와 明宗의 잔당을 일소함으로써 톡테무르에게 절대적인 권력을 선사했다. "천하는 우리 일가의 천하이다."[60]라는 말을 아들인 唐基勢가 남길 정도로 그 일가는 원 제국에서 막대한 권력을 누렸다. 이는 君權에 대한 위협이 되었을 것이다. 『경세대전』의 구성에 君事를 六典중심의 臣事의 상위에 둔 것은 국정 전반을 총괄하는 재상과 소속 관료들에게 그들 상위에 黃金家族의 정통을 계승한 대칸 톡테무르 자신이 있다는 사실을 보여주고자 했던 것은 아닐까? 이는 결국 당시 대칸의 권력이 엘테무르의 臣權에 가려져 얼마나 취약했는가를 반증하고 있는 것으로도 볼 수 있겠다. 대칸의 취약한 권력과 權臣의 발호를 특징으로 하는 원 후기의 시대적 산물이 『경세대전』인 것이다.

---

59) 張帆, 『元代宰相制度硏究』, 203~209쪽.
60) 『元史』卷138「燕鐵木兒傳」, 3334쪽.

5. 맺음말

文宗 톡테무르시기에 편찬된『경세대전』은 원 제국에서 최초로 편찬된 政書로서 원 제국시기에 시행되었던 제도의 연혁을 망라하고 있다. 톡테무르는 규장각학사원에게 편찬을 위임하여 趙世延과 虞集이 편찬을 주도하게 하였다. 별개로 蒙古局을 두어 몽골 톱치얀을 비롯한 몽골어 자료들을 반영한 君事를 집필하게 하였다. 톡테무르는 『경세대전』 편찬에 앞서 규장각학사원을 설립하였는데, 이는 톡테무르가 자신의 지지기반으로 삼고자 했던 문인관료로 구성되어 있었다. 대칸의 측근이었던 몽골, 색목인 대신들이 주축이 되었으며, 한인 관원들이 소속되어 있었다. 이들에게 먼저 위임했던 것이『경세대전』의 편찬이었던 것이다.

『경세대전』의 편찬에는 톡테무르 정권의 정통성 확립이라는 정치적 목적과 당시 통치의 지침이 될 수 있는 선대 제도 전반의 정리라는 실용적 목적이 내포되어 있었다. 兩都內戰을 비롯하여 선왕의 독살로 대칸의 지위에 올랐던 톡테무르는 조정내에서 권력의 정당성을 확립할 필요성이 있었던 것이다. 그는 자신의 정적들을 제거해주고 두 번이나 자신을 대칸의 자리에 올려주었던 權臣 엘테무르에게 막강한 권력을 쥐어주었지만, 엄연히 대칸의 지위에 오른 자신의 정통성과 대칸으로서의 절대적 권력을 천명할 필요가 있었다. 이러한 정치적인 의도는『경세대전』의 구조에 반영되어 있다.

『경세대전』의 체례는 帝號, 帝訓, 帝制, 帝系, 治典, 賦典, 禮典, 政典, 憲典, 工典의 총 10문으로 구성되어 있는데, 이러한 형식은 이에 앞서 至治 연간에 편찬된『元典章』에도 나타나고 있다.『원전장』은 詔令, 聖政, 朝綱, 台綱, 吏部, 戶部, 禮部, 兵部, 刑部, 工部의 편목 구성을 하고 있는데『경세대전』과 마찬가지로 六典十門의 형식을 취하고 있다. 원 제국의 六典체례는 앞선 중국왕조에서 편찬했던 政事에서는 발견되지 않는 형식으로서 원 중후기에 시작된 체례로 파악될 수 있겠다. 『경세대전서록』에서는 六典의 구성이『주례』를 따른 것이라고 하였다. 그런데『주례』의 六典 구성을 살펴보면『경세대전』과 다른 면이 발견된다.『주례』에서 첫 편이 冢宰로 시작되고 있는 반면,『경세대전』에서는 吏部가 관할하는 내용의 治典으로 시작되고 있다. 또한 『경세대전』이 원 제국의 제도에 관한 내용을 담고 있는 것과는 달리, 『주례』의 각 항목은 관직을 중심으로 구성되어 있다. 따라서 실제적으로『주례』의 체례를 따른 것이라고 보기 어렵다.

그보다 六典을 포함한 臣事와 君事의 10문 구성은 원 제국의 정치적 산물로서 파악되어야 할 것이다.『경세대전』의 六典은 재상이 총괄하였던 六部행정 전반을 아우르고 있다. 원의 중앙정부는 一省六部의 조직으로 운영되었고, 이러한 구조하에서 육부행정은 재상에게 직접적으로 통제를 받았다. 특히 대원 제국시기 相權이 비대한 구조 속에서 육부행정 전반이 재상의 영향하에 있었다. 六典의 臣事는 결국 재상이 총괄하는 국정 전반의 내용을 담고 있는 것이다.『경세대전』의 편찬자는 몽골 통치자들의 기사인 君事 4편을 그 상위에 둠으로써 몽골 대칸의 권력이 재상을 비롯한 대신들의 臣權의 우위에 있음을 명확히 하였다. 이는 원 후기 빈번한 내전과 몽골 대칸들의 사망으로 몽골 대칸 권력이 약화되고 權臣들이 득세했던 시대적 상황을 반영하고 있는 것이다. 그러한 양상이 절정에 달했던 것이 文宗 톡테무르 재위시기였다. 그는『경세대전』의 편찬을 통해 대칸 상위의 권력을 천명하고자 하였던 것이고, 그 과정에서 政書라는 중원왕조의 제도사 편찬의 전통을 채택한 것이었다.

『경세대전』에 나타난 六典의 형식은 동시대에 민간에서 편찬된 공문서 휘집인 『원전장』에도 나타난다. 이는 이후 명과 조선 법제의 주요한 체례로 자리잡게 된다. 원 후기 政書와 공문서 휘집에 六典의 형식이 나타난 것은 원 제국에서 나타난 六部 중심의 관료행정을 반영한 것이다. 아울러 원 제국의 방대한 제도를 담고 있는 공문서와 법령을 육부로 나누어 정리한 데에는 원 제국 관료행정의 실용성이 담겨 있다. 당시 대칸의 詔勅과 조칙이 누적되면서 발생한 관료행정상의 어려움을 개선하기 위해 제반 제도의 연혁을 당시 六部를 중심으로 운영되던 관료 행정의 업무를 중심으로 六典의 체례를 취한 것이다. 육전체례는 중앙과 지방의 실무관료들이 문서체계의 번잡함을 없애고 방대한 제도를 파악하는데 유용한 틀이었던 것이다.

참고문헌

1. 사료

『金史』, 北京 : 中華書局, 1975.

『元史』, 北京 : 中華書局, 1976.

『元典章』, 陳高華, 張帆 等 點校, 中華書局·天津古籍出版社, 2011.

蘇天爵, 『元代奏議集錄』, 杭州 : 浙江古籍出版社, 1998.

蘇天爵, 『元文類』, 北京 : 商務印書館, 1958.

楊瑀, 『山居新語』, 北京 : 中華書局, 2006.

2. 연구서

邱江寧, 『元代奎章閣學士院與元代文壇』, 北京 : 中國社會科學出版社, 2013.

蘇振申, 『元政書經世大典之硏究』, 臺北 : 中國文化大學出版社, 1984.

余大鈞 編著, 『元代人名大辭典』, 呼和浩特 : 內蒙古人民出版社, 2016.

張帆, 『元代宰相制度硏究』, 北京 : 北京大學出版社, 1997.

陳高華, 『中國政治制度通史』 8, 北京 : 人民出版社, 1993.

姜一涵, 『元代奎章閣及奎章人物』, 臺北 : 聯經出版事業公司, 1981.

3. 연구논문

권용철, 「大元제국 말기 權臣 바얀의 정치적 行蹟」, 『동양사학연구』 120, 2012.

권용철, 「元代 중·후기 權臣 정치 연구」, 고려대학교 박사학위논문, 2017.

김호동, 「元代의 漢文實錄과 蒙文實錄 -『元史』「本紀」의 中國中心的 一面性의
    解明을 위하여-」, 『東洋史學硏究』 109, 2009.

조원, 「『飮膳正要』와 大元제국 음식문화의 동아시아 전파」, 『역사학보』 233,
    2017.

조원, 「大元帝國 法制와 高麗의 수용 양상」, 『이화사학연구』 54, 2017.

劉曉,「再論『元史・刑法志』的史源：從『經世大典・憲典』一篇佚文談起」,『北大史學』10, 北京大學出版社, 2004.

船田善之,「關於解讀『元典章』－健談有關工具書研究文獻」,『蒙古學信息』, 2000-3.

魏訓田,「元代政書『經世大典・憲典』的史料來源」,『史學史研究』137, 2010.

張金銑,「元兩都之戰及其社會影響」,『安徽大學學報哲學社會科學版』30(5), 2006.

張金銑,「『元典章』研究綜述」,『古籍整理研究學刊』2010-4.

張帆,「金元六部及相關問題」,『國學研究』6, 1999.

張帆,「元代經筵述論」,『元史論叢』5, 1993.

淺見倫太郎,「論說元の經世大典並に元律」,『法學協會雜誌』41-7,8, 1923.

瀧川政次郎,「元の經世大典と金玉新書」,『西香』124, 1940.

Yuan-Chu Lam, "A Study of the Compilers of the Yüan Ching-Shih ta-tien" *T'oung Pao*, Second Series, Vol. 78, Livr. 1/3, 1992.

2부

자타인식의 심층

고려전기 탐라에 대한 지배방식과 인식의 변화[*]

김보광

1. 머리말

지금은 흔히 제주라고 하는 탐라는, 고려시대에 삼별초의 최후 항전 장소로 많이 기억된다.[1] 그리고는 몽골이 탐라에 목마장을 세웠다는 기억으로 이어진다. 이런 역사적 사건이 아니어도 고려시대 탐라는 섬이면서 동시에 수도 개경에서 가장 먼 곳에 위치한 만큼 지배나 지방 제도의 측면에서 다른 지역과는 다른 독특한 역사와 특징을 지니고 있어 주목해 살필 만한 의의가 있다.

---

[*] 이 글은 「고려전기 탐라에 대한 지배방식과 인식의 변화」(『역사와 담론』 85, 2018)를 수정 보완한 것이다.
[1] 현재는 일반적으로 제주라고 불리지만, 고려전기에는 乇羅 또는 耽羅가 정식 명칭이었고 고려후기인 고종대에 가서야 濟州라는 명칭이 사용되었다. 그러므로 고려전기를 주된 시기로 다루는 이 글에서는 탐라를 사용할 것이다.

이제까지 고려 정부와 탐라의 관계를 놓고는 크게 두 가지 부분에 초점이 맞춰져 왔다. 하나는 탐라의 고려 편입 시기이다. 탐라는 925년에 고려에 사신을 보내 공물을 바치고 938년에는 태자 말로가 조회하면서 고려와의 관계가 시작되었다. 이에 '탐라국'이 아닌 '탐라'라는 고려의 한 지방으로 언제 편입되었는가 하는 시기를 놓고 여러 논의가 있다. 탐라가 고려의 속국 내지 번국으로 간접 지배를 받다가 1105년(숙종 10)에 耽羅郡으로 개편되면서 행정적 지배를 받는 지방으로 편제되었다는 설이 가장 먼저 제시되었다.[2] 또 외관이 전제되지 않은 탐라군 편제에 큰 의미를 부여하지 않거나 혹은 半獨立的인 상태를 벗어나 현령관을 보내기 시작했다는 의종대로 그 편제 시기를 파악하기도 한다.[3] 탐라의 고려 편입 시기를 12세기 전후로 파악하는 것과는 다르게 후삼국 이래 호족들의 영역에 대한 '자율적'인 지배를 용인한 고려 정부의 현실에 따라 탐라도 태조대에 토착적 지배질서를 인정받으면서 고려로 편입되었다고도 한다.[4] 다른 하나는 고려에서 탐라의 위상 문제이다. 무엇보다 팔관회라는 국가적 행사에 탐라가 여진, 일본 등과 함께 위치한다. 탐라의 존재가 '황제국체제' 또는

---

2) 高昌錫,「耽羅의 郡縣設置에 대한 考察－高麗前期를 중심으로」,『제주대논문집』14, 1982 ; 부영주,「高麗時代 '耽羅郡' 설치에 관한 小考」,『제주향토무크』2, 1992. 다만 부영주는 탐라군 설치 이전에 이미 탐라는 고려에 편입된 상태였으며, 숙종대 탐라군으로의 개편은 토착 지배층의 욕구와 여진정벌을 위한 중앙정부의 지향이 맞물린 결과로 보았다.

3) 秦榮一,「高麗前期 耽羅國 硏究」,『耽羅文化』16, 1996 ; 김창현,「高麗의 耽羅에 대한 정책과 탐라의 동향」,『韓國史學報』5, 1998. 이 견해는 지방관을 통한 실질적 지배를 강조한 것인데, 두 가지 점에서 한계가 있다. 하나는 인종대 縣令, 縣尉라는 지방관의 존재를 감안하지 못했다는 점이며, 다른 하나는 고려의 지방제도에서 지방관이 설치되지 않은 屬郡, 屬縣이 광범위하게 존재한다는 점이다.

4) 김일우,「고려시대 耽羅의 地方編制 시기와 그 單位의 형태」,『韓國史學報』5, 1998.

110   2부 자타인식의 심층

'外王內帝'라는 고려의 천하를 보여주는 증거로 보고 고려의 천하관 속에 있으면서 '외국' 대우를 받는 지역으로 언급되는 것이다.

이 글에서는 탐라가 고려에 어떻게 편입되어 한 지방으로 자리하였으며, 그에 따라 탐라에 대한 인식이나 대우가 어떻게 변화되었는지를 살피는 데에 목적이 있다. 이를 위해 지방제도의 개편 과정, 탐라에 대한 제도 변화를 따라가면서 재검토하겠다.[5]

2. 탐라의 고려 來附와 편입 : '外國'에서 '蕃土'로

탐라는 476년에 백제로 사신을 보내 방물을 바치면서 역사 속에 등장한다.[6] 이후 백제에 종종 공물을 바치면서 관계를 이어나갔다. 그러다가 백제가 멸망하고 난 후에는 신라와 관계를 맺어 662년에 신라에 항복하여 속국이 되었다.[7] 이후 801년 탐라가 신라에 조공을 하는 등 지속적으로 관계를 유지하고 있었다.[8] 탐라와 신라의 상황은 『조선왕조실록』에 조금 더 자세히 보인다. 곧 객성이 남쪽 하늘에 나타나자 외국이 조회할 징조로 이해하였는데, 마침 탐라의 고후, 고청 등 세 형제가 탐진으로 건너 신라로 입조한 것이다. 이에 움직인 별을 상징하여 장자에게는 星主, 신라의 왕이 자기 아들처럼 사랑하였다고 해서 둘째를 王子, 막내에게는 都內, 고을의 이름으로 탐진으로 들어왔다고 하여 耽羅라고 내려주었다고 한다.[9] 이는 후대 고씨,

---

5) 몽골이 삼별초를 좇아 탐라를 토벌한 1273년 이전을 주된 대상 시기로 삼을 것이다.
6) 『三國史記』 26 百濟本紀 4 文周王 2년(476) 4월.
7) 『三國史記』 6 新羅本紀 6 文武王 2년(662) 춘2월.
8) 『三國史記』 10 新羅本紀 10 哀莊王 2년(801) 10월.

양씨, 부씨로 정리된 탐라의 세 세력 중심의 정치질서 현실을 인정해 준 것으로 이해된다. 더 나아가 이러한 관계들은 모두 '탐라국'으로 나타나서, 탐라가 백제나 신라와는 다른 개별 국가, '탐라국'으로 존재하였다고 하겠다.

이런 관계는 고려가 들어선 뒤에도 마찬가지였다.

1-1) (925년) 11월 기축일, 耽羅에서 토산물을 바쳤다.[10]

1-2) (938년) 겨울 12월, 耽羅國의 태자 末老가 來朝하자 星主, 王子의 작을 내려주었다.[11]

탐라가 고려에 방물을 바치거나 조회하였다는 두 기록이다. 1-1)은 925년에 탐라가 고려에 토산물을 바쳤다는 것으로, 고려에 탐라가 보낸 최초의 사행이다. 이어 938년에는 2)에서처럼 탐라국의 태자 말로가 고려에 조회하니 성주, 왕자의 작을 내려주었다는 것이다. 이 같은 탐라가 고려와 처음 관계를 맺게 된 양상은 앞서 백제나 신라와 공물을 통해 관계를 맺던 양상 그대로라고 생각한다. 다시 말해 탐라는 방물, 공물이라는 형태로 고려와 관계를 맺으면서도 성주, 왕자의 지위를 인정받으면서 자신들의 독립적 정치 질서를 존속하려 한 것으로 이해된다. 특히 1-2)에서 938년에 고려가 탐라에 내려준 성주 등의 명칭이 신라가 탐라가 내려준 명칭과 동일하다. 이는 기존 명칭으로 대표되는 탐라의 정치질서를 재확인 내지 공인이란 의미로 이해된다.[12] 외국인 '탐라국'이 고려와 관계를 맺기 시작한

---

9) 『世宗實錄』 151 地理志 全羅道 濟州牧.

10) 『高麗史』 1 世家 1 태조 8년(925) 11월 기축.

11) 『高麗史』 2 世家 2 태조 21년(938) 12월.

셈이다.13)

탐라는 고유의 지배질서가 삼국시대 이래 작동하고 있었다. 고씨, 양씨, 부씨의 삼성설화를 가지고 있는 탐라 지역은 설화대로 세 집단이 주도적인 지배집단을 구성했다. 이들은 신라로부터 각기 星主(고씨), 王子(양씨), 徒上(부씨)이라는 명칭을 하사받았고, 이후 신라나 고려와의 교류 기록에서 성주가 주로 등장하고 있다. 성주가 대표하여 사신을 보내거나 공물을 바치는 것으로 보아 성주가 정치적 지배를, 왕자가 종교적 지도자로 자리매김한 것으로 추정되며, 대체로 고씨와 양씨가 탐라를 반분하면서도 고씨가 주도적인 위치에 있었다. 부씨의 경우, 상대적으로 도상이나 도내의 활동이 덜 나타나고 고씨나 양씨에 비해 낮은 무산계를 받고 있어서 이른 시기부터 세력이 약화되었다고 보인다.14) 그런데 이들의 존재 양상은 고려에서 지방 지배의 일선을 담당한 향리들과는 달랐다. 향리들은 국초의 호족과 연결되는 한편으로 실질적인 지방지배를 한 이들로, 당대등 등의 명칭을 사용하다가 성종대를 전후하여 호장, 부호장 등의 향리로 개편되었다.15) 1018년에 州府郡縣의 향리들은 공복을 입도록 규정

---

12) 김창현, 앞의 논문, 1998, 312~313쪽.

13) 이 시기 탐라의 행동을 고려에 대한 편입으로 평가하기에는 다소 어렵다. 일단 '貢方物'이라는 표현을 항복하였다는 '歸附'와 동일한 의미로 해석하기 어렵기 때문이다. 또 귀부하였다 하더라도 고려의 정치질서 내에 들어오지 않은 여진 등의 사례로 보아서도 그렇다.

14) 文暻鉉, 「耽羅國 星主·王子考」, 『龍巖車文燮博士華甲紀念 史學論叢』, 1989, 282~284쪽 ; 김창현, 앞의 논문, 1998, 326~335쪽.

15) 향리제의 정비 과정에 대해서도 많은 연구가 있다. 호족의 향리화가 이루어진 시기에 대해서는 다소간의 차이가 있으나 성종대를 전후하여 이루어졌음에는 큰 차이가 없다. 다음의 연구들이 참고된다.
朴敬子, 「高麗 鄕吏制度의 成立」, 『歷史學報』 63, 1974 ; 金光洙, 「羅末麗의 豪族과 官班」, 『韓國史研究』 23, 1979 ; 李純根, 「高麗初 鄕吏制의 成立과 實施」, 『(金哲埈博士華甲紀念) 史學論叢』, 同論叢刊行委員會, 1983 ; 하일식, 「고려초기 지방사

되는16) 등 고려의 관료 체계 속에 자리하였다. 반면, 탐라는 성주 등의 명칭을 그대로 인정받으면서 존재하였기 때문에 고려의 관료 체계와는 거리가 있었다. 이렇게 지배의 측면에서 보면 탐라는 삼국시대 이래 고유의 정치질서를 지닌 정치체였다.

한 걸음 더 나아가 '탐라국'이란 명칭도 여럿 찾아볼 수 있다. 938년에 탐라가 고려에 사신을 보냈다는 기록[1-2)]은 '탐라국'이 등장하는 최초의 사례이다. 탐라국의 용례는 꽤나 여럿 나타나서, 1034, 1043, 1049, 1052, 1053, 1077년에도 탐라국이 고려에 방물, 토산물 등을 바친 기록을 찾을 수 있다.17) 그리고 1077년을 마지막으로 '탐라국'이란 사례는 적어도 현재 기록상 더이상 보이지 않는다. 어찌되었든 적어도 1077년 무렵까지는 '탐라국'이라는 이름의 정치체로 고려와 관계를 맺어왔다고 하겠다. 물론 탐라'국'으로 직접 드러내지 않고 1-1)의 경우처럼 '탐라'만으로도 '탐라국'을 의미하는 사례도 있다. 여진의 유력 세력인 철리에 대해서 철리국 때로는 철리국주라는 표현을 사용하기도 하였다.18) 이런 사례를 참고한다면, '國'이라는 접미사가 없어도 외국을 의미하는 경우가 있음을 알 수 있다. 따라서 '탐라'의 용례에도 국가명과 지역명의 두 가지의 의미가 담겨 있어 주의를 요하기는 하나, 고려 초부터 대략 1070년대 무렵까지는 '탐라'라고 보여도 '탐라국'을 의미한다고 생각된다.

'탐라국'이 고려초기에 별개의 정치체로 존재하였음은 국가의례를 통해서도 볼 수 있다. 대표적으로 매년 11월에 개최되는 국가적

회의 주관과 관반-금석문 자료 분석을 통한 시론적 해석-」, 『역사와 현실』 34, 1999.
16) 『高麗史』 72 志 26 輿服 官服 長吏公服.
17) 『高麗史』 6 世家 6 靖宗 9년(1043) 12월 경신(27).
18) 『高麗史』 4 世家 4 顯宗 5년(1014) 2월 갑자(8).

행사인 팔관회가 있다.

1-3) (1034년 11월) 경자 八關會를 열고 (왕이) 神鳳樓에 거둥하여 백관에게 술과 음식[酺]을 하사하였으며, 저녁에 法王寺에 행차하였다. 다음날 大會에서 또 술과 음식을 하사하고 음악 공연을 관람하였으며, 東京과 西京, 東路와 北路의 兵馬使, 4都護, 8牧이 각각 表文을 올려 축하하였다. 宋의 상인, 東蕃, 西蕃, 耽羅國이 또한 토산물을 바쳤으므로, 의례를 관람할 수 있는 자리를 하사하였는데 후에는 이것이 상례가 되었다.[19]

1-4) 11월 신해일, (왕이) 八關會를 열고 神鳳樓에 나아가 풍악을 관람하였다. 다음 날 연등대회에서 大宋·黑水·耽羅·일본 등 여러 나라 사람들이 각각 예물과 명마를 바쳤다.[20]

1034년과 1073년 11월에 개최된 팔관회의 기록이다. 1034년 11월 팔관회에서 국왕이 신봉루에 납시어 법왕사에 행차하였다가 다음날에 大會에서 東京과 西京, 東路와 北路의 兵馬使, 4都護, 8牧이 국왕에게 올리는 축하의 표문을 받았다. 이어서 송의 상인, 동서번의 여진, 탐라가 토산물을 바치고 있다. 그리고 이러한 의식은 이후의 상례가 되었다고 한다. 1073년의 경우를 보면, 국왕이 신봉루에 나아가고, 다음날 대회에서 송, 흑수, 탐라, 일본 등이 예물을 바쳤다. 이때에는 동서번이란 표현 대신 흑수가 들어 있지만, 이들은 모두 여진의 부류를 의미한다는 점에서 맥락상 큰 차이가 없다.

팔관회는 매년 11월에 개최되는 불교 계통의 행사이다. 이 행사는

---

19)『高麗史』6 世家 6 靖宗 즉위년(1034) 11월 경자(14).
20)『高麗史』9 世家 9 문종 27년(1073) 11월 신해(12).

이틀에 걸쳐 개최되는데, 첫째 날에 국왕이 행차하여 행사를 선언하고, 둘째 날에 지방을 비롯한 축하의 절차가 있다. 이때 東京과 西京을 필두로 상급행정단위인 양계, 4도호, 8목의 순으로 왕에게 하례를 한다. 이들 동경과 서경, 병마사, 도호, 牧 등은 고려의 각 지역을 대표하여 국왕에게 축하의 표문을 올리고 있다. 이는 중앙에게 각 지방을 대표한다는 의미를 지닌 것으로, 당시 계수관의 주요 업무 중 하나였다.[21] 그리고 나서 宋商을 비롯해 여진, 일본 등 외국의 하례가 이어진다. 여기에서 송, 여진, 일본 등은 모두 고려 밖의 외국이다. 그래서 팔관회에서 송, 여진, 일본 등 외국이 예물을 바치는 절차는 조공-책봉의 형식을 빌린 것으로, 고려의 천하관을 드러낸다고 이해된다.[22] 특히 來朝, 來獻 등으로 표현되는 여진과의 관계는 꼭 팔관회가 아니어도 조공-책봉 형식을 차용하고 있었다. 팔관회는 불교 행사인 동시에, 바로 이러한 배경에 기초하여 조공 형식이 가미된 국가의례로 확대, 형식화한 것이라 하겠다.[23] 이런 팔관회 의례에서 탐라가 송, 여진, 일본과 함께 하고 있다는 부분에 주목할 필요가 있다. 탐라가 외국과 함께 예물을 바친다는 점은 탐라가

---

21) 계수관의 역할에 대해서는 연구자마다 다소 차이가 있으나, 팔관회에서 계수관이 '界內를 대표'하는 역할임은 모두 공통된다.
具山祐, 「고려시기 界首官의 지방행정 기능과 위상」, 『역사와 현실』 41, 2002 ; 윤경진, 「고려전기 界首官의 운영체계와 기능」, 『東方學志』 126, 2004 ; 박종진, 「고려시기 계수관의 기능과 위상」, 『역사와 현실』 56, 2005.

22) 奧村周司, 「八關會儀禮に於ける外國人朝賀－高麗初期外交の一面－」, 『早稻田實業學校研究紀要』 11 1976 ; 奧村周司, 「高麗における八關會的秩序と國際環境」, 『朝鮮史研究會論文集』 16, 1979 ; 盧明鎬, 「高麗時代의 多元的 天下觀과 海東天子」, 『韓國史研究』 105, 1999 ; 秋明燁, 「高麗時期 海東 인식과 海東天下」, 『韓國史研究』 129, 2005.

23) 추명엽, 「고려전기 '번(蕃)' 인식과 '동·서번'의 형성」, 『역사와 현실』 43, 2002, 35쪽.

고려의 지방 단위인 서경, 도호부, 목들과 구별되어 저들 외국과 동일한 성격의 부류, 곧 외국으로 분류되고 있음을 의미한다.

　결국 지배층의 측면, 탐라국이라는 명칭의 사용, 팔관회 의례에서의 위치 등을 놓고 볼 때, 고려 초부터 탐라는 '탐라국'이라는 외국으로 존재하면서 고려와 종종 사신을 보내 공물을 바치는 정도로 관계를 유지하여 왔다고 하겠다.

　그러다가 朱記 賜與를 계기로 탐라는 고려의 영향권 안으로 보다 더 들어가게 되었다. 곧 현종대인 1011년에 탐라는 고려에 "州郡의 예에 따라 朱記를 내려줄 것"을 요청하여 허락받은 것이다.[24] 탐라가 '州郡의 예'에 따라 요청하였다는 점은, 탐라를 고려의 여타 '州郡'과 같거나 그만큼의 대우를 기대하였기 때문일 것이다. 이 사실은 두 가지로 해석할 수 있다. 하나는 탐라가 여타의 주군과 동등한데 차별대우를 받고 있으니 이의 시정을 위해 동등하게 주기를 달라는 것이며, 다른 하나는 탐라가 여타의 주군과 다른데, 동등한 대우를 받기 위해서 주기를 내려주어 다른 주군과 동등한 위상으로 만들어 달라는 것이다. 결론부터 말해서 필자는 두 번째 경우라고 생각한다. 주기 사여 문제를 해명하는 데에는 여진의 사례가 도움이 된다.

　1-5) 무인일, 東北面兵馬使가 아뢰기를, "三山·大蘭·支櫛 등 9개 村과, 所乙浦村 蕃長 鹽漢, 小支櫛前里 번장 阿反伊, 大支櫛과 羅其那·烏安·撫夷州·骨阿伊 번장 所隱豆 등 1,238戶가 와서 附籍하기를 요청합니다. 대지즐로부터 小支櫛 裏應浦 바닷가 長城에 이르기까지 무릇 700리입니다. 지금 여러 번인이 끊이지 않고 귀순하는데, 그들을

---

24)『高麗史』4 世家 4 현종 2년(1011) 9월 을유(15).

막기 위하여 關防을 설치하는 것은 불가합니다. 마땅히 有司에게
州號를 아뢰어 정하게 하고, 또 朱記를 하사하십시오.”라고 하자,
왕이 이를 받아들였다.25)

1-6) 9월 갑진일, 翰林院에서 아뢰기를, “동여진의 大蘭 등 11개 촌의
內附者들이 濱州·利州·福州·恒州·舒州·濕州·閶州·戴州·敬州·付州
·宛州 등 11개 州가 되기를 요청합니다. 각각 朱記를 하사하고
歸順州에 소속시키십시오.”라고 하자, 이를 받아들였다.26)

1-5)는 1073년 6월에 여진의 삼산 등의 9개 촌을 비롯한 여러 무리가
와서 고려에 '附籍'되기를 요청하자, 동북면병마사가 그 대응책을
말한 기록이다. 이를 보면, 여진이 고려에 와서 '부적'해줄 것을 끊임없
이 요청하고 있는데, 고려가 국경을 강화한다고 해서 이를 막을
수 없으므로 주호를 정하고 주기를 내려주자는 것이다. 또 1-6)은
같은 해 9월에 동여진의 11개 촌이 고려의 주가 될 것을 요청한
데에 따른 처리를 논한 기록이다. 여기에서도 翰林院은 11개의 촌을
11개의 州로 삼아 朱記를 내려주고는 이들을 歸順州로 예속시킬 것을
건의하였고, 이 내용이 받아들여졌다.

이로 보아, 이 시기에 여진이 고려의 주군으로 편입해 줄 것을
요청하면 고려 정부는 먼저 해당 지역에 대한 주군의 이름, 곧 州號를
정하여 주고, 다음으로 朱記를 내려주었으며, 마지막으로 해당 주를
일반 州縣과는 달리 歸順州로 규정하는 과정을 거친 것으로 정리된다.
한 걸음 더 나아가 귀순주는 기본적으로 풍습의 유지를 인정받아
일종의 자치를 하면서 고려에 예속된 일종의 '기미주'로 이해된다.27)

---

25)『高麗史』 9 世家 9 문종 27년(1073) 6월 무인(6).
26)『高麗史』 9 世家 9 문종 27년(1073) 9월 갑진(4).

그렇다고 해서 이때의 귀순주가 고려의 지배력이 직접적으로 미치는 영토는 아니었다.

> 1-7) 정묘일, 都兵馬使가 아뢰기를, "東蕃酋長 阿兜幹이 歸附해온 이후 오랫동안 혜택을 받았는데, 우리나라를 배반하고 거란으로 투항하였으니 죄가 아주 큽니다. 그 일당의 수령 高之問 등이 지금 蕃境에 있으니, 비밀리에 군사를 보내 체포하여 關內로 들여와서 그 연유를 심문한 뒤에 법에 따라 죄를 내려 주시기를 바랍니다." 라고 하였다. 왕이 그 청을 따랐다.[28]

위의 사례는 고려에 귀부하였던 여진 추장 아도간이 배반하였는데, 그 무리의 수령이 고려로 와서 '변경'에 있으니 '關' 안으로 잡아들여 처벌하자는 도병마사의 건의이다. 이를 보면, 고려에 귀부한 여진 아도간의 무리가 변경이라 하는 '關' 밖에 있고 이들을 '관' 안으로 데려 오려 하고 있다. 이때 '관'은 고려의 지배력이 직접 미치는 영역의 경계가 아닌가 한다. 다시 말해 고려에 귀부한 여진 부족이라 해도 고려 밖에 있는 것이다.[29]

이러한 고려와 귀부한 여진에 대한 주기 사여, 귀순주로의 편입

---

27) 宋容德, 「高麗前期 國境地域의 主鎭城編制」, 『韓國史論』 51, 서울대국사학과, 2005, 131~143쪽 ; 宋容德, 「고려의 一字名 羈縻州 편제와 尹瓘 축성」, 『한국중세사연구』 32, 2012, 79~81쪽.
28) 『高麗史』 7 世家 7 文宗 원년(1047) 2월 정묘(22).
29) 고려 밖에 있던 송, 여진인들이 고려로 들어올 때, 국경지역의 군현 등에서 일종의 신고 절차를 거쳤다. '關'이 바로 그러한 장소를 가리키는 것으로 생각한다. 외국인의 입국, 입경 절차에 대해서는 다음의 연구가 참고된다. 이진한, 「高麗時代 外國人의 居留와 投化」, 『한국중세사연구』 42, 2015 ; 이미지, 「고려 전기 異國人 入境의 유형과 실상」, 『한국중세사연구』 43, 2015.

문제나 위치에 대한 문제를 탐라에도 충분히 적용할 수 있다. 일단 탐라는 1011년에 주기를 요청하여 하사받은 바 있다. 다음 편적의 경우, 탐라에 대한 編籍 기록을 확인하기는 어렵다. 이와는 다르지만 세공액을 정한 기록을 찾을 수는 있다. 1052년에 고려는 탐라가 바치는 공물의 양을 귤 100포자로 정한 바 있다.[30] 공물의 양을 정한다는 것은, 稅收, 곧 조세 수입을 위한 기초 자료를 파악, 정리한 결과이다. 그 품목 적절성이나 양의 다소 여부를 떠나 탐라의 생산품과 생산량을 어느 정도 파악하고 있기에 나올 수 있는 결정이라 하겠다. 戶口를 파악하는 編籍과는 다른 것이기는 하지만 탐라의 생산력에 대한 파악을 하고 있다면, 인구나 호에 대해서도 고려가 편적을 실시했을 가능성도 높다.[31] 읍호 제정의 경우, 이미 938년에 태조가 '탐라국'의 태자 말로가 왔을 때 성주, 왕자의 칭호를 내려주었던 바 있다. 이 일은 고려가 탐라의 기존 정치체를 인정한 것으로 이해되는 바, '탐라'라는 지명 자체도 그대로 인정된 것이라 하겠다. 여진은 여진어로 된 저들의 마을 이름이 한자로 음차되던 것을 雅化하는 과정이 필요하여 '주호'를 내려주는 별도의 과정이 있었다면, 탐라는 이미 '탐라'라는 명칭을 인정받은 바 있어 새삼 '주호'를 내려주지 않고 그대로 읍호화되었다는 해석이 가능하다.

이러한 편적, 읍호, 주기의 상황을 놓고 보면, 탐라는 태조 이래 고려의 입장에서 외국이었으나, 현종대에 주기를 요청하여 허락받으

---

30) 『高麗史』 7 世家 7 靖宗 6년(1052) 3월 임신(27).
31) 문종대인 1058년에 송과의 통교를 위한 배를 건조하려는 과정에서 탐라에서 벌채를 하려다 그만둔 일이 있다. 중지 이유는 '탐라는 땅이 척박하고 백성이 빈곤하여, 오직 해산물과 배 타는 것으로 집안을 경영하고 생계를 도모'하고 있기 때문이다『高麗史』 8 世家 8 문종 12년(1058) 8월 을사(7)]. 이것도 당시 고려정부가 탐라의 경제생활을 파악하고 있다는 증거일 것이다.

면서 탐라는 이제 고려의 영향력을 한층 더 받게 되었다.[32] 고려의 직접 지배 영역 밖에 있으면서도 고려의 영향을 받는 상태에 있던 여진이 스스로를 '번토'라 하였다.

> 1-8) 신유일, 行營兵馬別監·承宣 崔弘正과 兵馬使·吏部尚書 文冠이 여진 추장 居熨伊 등에게 타일러 말하기를, "너희가 9성의 반환을 요청 했으니 마땅히 이전에 했던 약속처럼 하늘에 대해 맹세하라."라고 하였다. 추장 등은 咸州 성문 밖에 제단을 설치하고 하늘에, "지금 이후 대대손손(九父之世)까지 악한 마음을 품지 않고 해마다 조공 을 바칠 것입니다. 이 맹세에 변함이 있으면 우리나라[蕃土]는 망하여 없어질 것입니다."라고 맹세하였다. 맹세를 마치고 물러 갔다. 최홍정 등은 吉州부터 시작하여 차례로 9성의 전투 장비와 군량을 內地로 거두어 들였다. (이에) 여진이 기꺼이 그들의 소와 말을 내어 우리 백성 가운데 남아 있던 남녀노소를 실어 보냈는데, 죽거나 다친 사람이 하나도 없었다.[33]

1109년에 윤관의 9성을 돌려달라고 하면서 盟誓한 여진인들이 고려 를 섬기며 조공할 자신들을 '번토'라고 지칭한 바 있다. 여기에서 '蕃土'는 고려의 영향력 내에 있으면서 직접지배를 받지 않는, 기미주 와 같은 지역을 일컫는 말이다. 탐라도 이와 마찬가지로 주기를

---

32) 다만, 1011년의 시점에서 탐라가 고려에 '주기'를 요청한 직접적인 이유를 찾기 어렵다. 1011년 초에 고려는 거란과의 2차 전쟁을 끝냈다. 이런 대외 환경의 변화가 영향을 주었을 수도 있고, 고려의 탐라에 대한 차별 조치의 해소를 위해 요청하였을 수도 있다(김일우, 「고려의 건국과 탐라의 정치·사 회적 위상」, 『高麗時代 耽羅史 硏究』, 신서원, 2000, 49쪽).
33) 『高麗史』 13 世家 13 睿宗 4년(1109) 7월 신유(18).

사여받은 현종대 이후에 고려의 '번토'로 자리하였다고 하겠다.

탐라는 고려의 지배질서에 직접 지배를 받는 것은 아니라 성주, 왕자 등에 의한 고유 정치질서를 확인받고 유지해 나갔지만, 점차로 완전한 '외국'에서 주기를 받은 형식적 기미주인 '번토'로, 그리고 1052년에는 세공액이 정해지는 것과 같은 조금 더 강한 기미지배를 받는 수준으로 고려의 영향력이 점점 강해지고 있었다. 이렇게 되자 고려의 영향력은 탐라의 정치질서에 영향을 끼쳤다. 대표적으로 탐라국 후계자인 태자의 명칭이 세자로 강등된 것을 들 수 있다.[34] 또 성주나 왕자에 변동이 생기면 즉각 그 후임자의 임명을 요청하였으니, 이는 탐라 지배층 변동에 대한 고려의 추인이 요구된 셈이다. 예를 들어 1043년(정종 9)에 星主·游擊將軍 加利는 王子 豆羅가 최근에 사망하였음을 알리면서 號仍을 王子로 임명해달라고 요청하고 있다.[35] 이처럼 탐라의 고유의 지배질서를 인정받는 가운데, 탐라 내부에 변화가 생기면 이를 보고하여 추인받는 방식으로 고려와의 관계가 이루어졌다고 하겠다.

정리해 보면 팔관회 행사에서 탐라는 송, 여진, 일본과 함께 들어 있고 '탐라국'이란 사례도 여럿 찾을 수 있어 '탐라국' 사례가 마지막으로 등장하는 1077년 무렵까지는 외국으로 존재하며 고려와 관계하였다. 하지만 탐라 고유의 정치질서가 유지되는 가운데 1011년에는 주기를 하사받으면서 고려의 기미주인 '蕃土'로 편입되었고, 고려의 영향력이 점차 강하게 투사되면서 太子가 世子로 바뀌는 등의 변화를 겪게 되었다.

---

34) 『高麗史』 5 世家 5 顯宗 20년(1029) 6월 계축(26).
35) 『高麗史節要』 4 靖宗 9년(1043) 12월.

3. 문종대 이후의 탐라에 대한 지배방식 : '蕃土'에서 郡縣으로

'외국'에서 '번토'가 된 탐라는 문종대 후반 이후에는 고려의 보다 직접적인 지배 영역으로 한 걸음 더 들어오게 되었다. 그 시작은 勾當使의 파견이었다. 일단 1079년(문종 33)에 耽羅勾當使 尹應均이 큰 진주를 바치는 것으로[36] 탐라구당사의 존재가 확인된다. 또 인종대 중반 오인정 사례도 찾을 수 있어서,[37] 1079년 무렵부터 인종대 중반까지 구당사가 탐라에 있었음을 알 수 있다.

구당사는 994년(성종 13)에 처음으로 鴨綠渡, 즉 압록강 지역에 설치된 이후 渡, 島 등 특수한 행정 단위에 설치되었다.[38] 압록도구당 사가 된 하공진이 낮에는 압록강을 감시하고 밤에는 內城에서 숙직하였다는 언급으로 보아,[39] 압록강의 나루를 감시, 관리하는 것 같이 구당사는 특정 지역에 파견되어 그 지역의 행정 보다는 특정한 목적(나루 감시 등)을 수행하는 목적성 외관으로 생각된다. 이 점에서 구당사는 고을의 행정 등 영역 지배 중심 민정관은 아니라 하겠다. 행정적 기능이나 역할은 약할지언정 구당사는 엄연히 고려의 관료이다. 그러므로 구당사가 파견되었다면, 그 지역은 고려의 지배 체계에 속한다고 해석할 수 있다.

탐라구당사의 등장은 탐라가 고려의 '번토'에서 고려 내의 한 지역으로 편입되었음을 뜻한다. 그렇다면 그 시점은 언제일까. 늦어도 1079년 윤응균의 사례 이전에 설치하였을 것임은 분명하다. 구당사가

---

36) 『高麗史』 9 世家 9 문종 33년(1079) 11월 임신(8).
37) 김용선 편, 「吳仁正墓誌銘」, 『(제5판)高麗墓誌銘集成』, 2012. 이하에서 인용하는 묘지명도 이 책을 이용하였다.
38) 『高麗史』 77 志 31 百官 2 外職 勾當.
39) 『高麗史』 10 世家 10 宣宗 5년(1088) 9월.

탐라에 상주하면서도 민정, 즉 수령으로서의 역할을 했다기 보다는 아래 2-1)에서 보듯이 탐라 고유의 정치세력의 동태를 살피되 직접 다스리지는 않았을 것으로 생각된다.[40] 그런데 '탐라국'의 용례는 1077년이 마지막이다. 고려가 탐라에 구당사를 설치하는 등 외관을 보내려면, '국'의 소멸 시점 보다 같거나 늦어야 한다. 그럼 구당사의 탐라 임명은 탐라국의 마지막 사례인 1077년 이후가 된다. 결국 고려가 탐라를 '國'에서 '지방'으로 재편하고 구당사를 임명하기 시작한 시점은 1077~1079년 사이라고 하겠다.[41]

이제 탐라에는 고려의 관료인 구당사가 파견되는 일개 '지역'이 되었지만, 여전히 탐라의 성주, 왕자 중심의 정치질서는 유지되고 있었다. 다만 자치의 정도는 약화되고, 거꾸로 고려의 지배력이 한층 강해졌다.

2-1) 기축일, 禮賓省에서 乇羅勾當使의 보고에 따라 아뢰기를, "星主인 游擊將軍 加良仍이 죽었습니다. (그러니) 同母弟인 陪戎副尉 高福令 으로 그 뒤를 잇게 하고, 賻儀하는 물품은 예전의 사례에 따라 지급하여 보내는 것이 마땅하겠습니다."라고 하였다. 왕이 이를 허락하였다.[42]

---

40) 김창현, 앞의 논문, 1998, 316쪽. 그러나 이 시기의 탐라구당사는 상주하지 않았다고 보는 견해도 있다(김일우, 앞의 논문, 1998).

41) 한편으로 靖宗에서 文宗 시기에 고려는 여진 등에 대한 기미지배를 강화해 나갔다고 하며, 1073년은 동여진에 대한 대규모 귀순주 설정 등 기미주로의 재편이 크게 이루어진 해였다(송용덕, 앞의 논문, 2012 참고). 이런 맥락에서 보면 탐라도 직접적인 증거는 없으나 고려의 지배력이 강화되는 추세나 영향 속에 '탐라국'의 소멸과 구당사의 설치 등이 이루어졌다고 볼 수도 있을 것이다.

42) 『高麗史』 10 世家 10 宣宗 7년(1090) 1월 기축(23).

이것은 1090년 1월에 예빈성에서 탐라의 성주 계승과 관련하여 왕명을 요청한 기록이다. 이를 보면 성주이던 가량잉이 죽자 동모제인 고복령에게 성주를 계승시키고 부의물품의 하사를 요청하는 내용이다. 그리고 그 요청은 탐라구당사의 보고에 의거하고 있다.

이와 비슷한 상황은 이전에도 있었다. 1043년에 가리가 王子의 계승 문제를 요청한 일이었다.[43] 당시에는 고려의 '번토'인 탐라의 지배 집단이 자신들의 승계 문제를 정하여서 고려에 승인을 요청하던 방식이었다. 그와 비교하면 1090년의 이번 상황은, 구당사의 보고와 그에 따른 예빈성의 요청이라는 절차로 바뀌고, 더구나 후계자를 예빈성에서 논의하여 정하고 있다. 이 과정에 탐라의 의견은 보이지 않는다. 물론 탐라의 의사나 여론은 구당사의 보고에 포함되어 있었을 것이다. 어찌하든 구당사를 통해 지역 동태를 파악하여 탐라 지배층의 움직임을 읽고 지역의 문제를 고려 중앙이 결정하는 방식이다. 탐라의 자체적인 결정이나 정치질서를 추인하던 방식에 비해 고려가 탐라에 행사하는 지배의 강도가 강해졌음을 보여준다.

다른 한편으로 흥미로운 점은 예빈성이 탐라와 고려 조정 사이에 등장한다는 사실이다. 일반적인 지방 행정의 과정에서 향리의 교체 문제라면, 문서행정상의 수수 관계인 尙書省이 등장했어야 한다.[44] 하지만 외국인 또는 귀화인에 대한 응대와 관리 등을 담당한 예빈성이[45] 안건의 주체로 등장하고 있다. 탐라가 州府郡縣과 같은 일반 행정 단위가 아니라 구당사가 파견된 일종의 특수 행정 단위였으며,

---

43) 앞의 주35)와 같음

44) 강은경, 「기록의 전달과 행정운영」, 『고려시대 기록과 국가운영』, 혜안, 2007, 244쪽.

45) 『高麗史』 76 志 30 百官 1 禮賓寺 ; 박용운, 『『高麗史』 百官志 譯註』, 신서원, 2009, 294~295쪽.

탐라의 지배세력도 아직 호장층으로 개편되지 못하였기 때문이 아닌가 한다. 이전까지 탐라는 사신을 보내는 형태로 고려와 교류하였으나, 구당사가 파견되면서 사신을 파견할 주체가 되지 못하였기에 이제 문서를 통해 연결되어야 했다. 고려에서 호장으로 대표되는 호장층은 印信을 부여받아 중앙과의 공문을 주고받을 수 있는 권한을 갖고 있었다.[46] 하지만 탐라의 토착 지배층은 1090년 당시에 여전히 성주 등으로 불리면서 신라 이래의 성주, 왕자 등의 체제에서 아직 호장층으로 개편되지 못한 상태였다. 그래서 중앙과 지방 사이의 공문을 수수하는 것은 불가능하였을 것이다. 여기에 더해 외국 또는 기미주일 때의 관습이 남아 있던 것도 영향을 주지 않았나 싶다.

한편으로 『高麗史』 地理志에 따르면 1105년에 탐라가 耽羅郡으로 개편되고, 의종대에 다시 탐라현으로 바뀐다.[47] 이와는 달리, 『고려사』 식화지의 녹봉조에는 인종대에 탐라현령, 탐라현위가 각각 26석 10두, 20석을 지급받는 대상으로 규정되어,[48] 탐라군이 탐라현으로 의종대가 아닌 늦어도 인종대에 개편되었다고 볼 수도 있다. 『고려사』의 지리지와 식화지의 기록 사이에 연혁상 차이가 있는 것이다.

일단 인종대 탐라구당사인 오인정의 사례가 갖는 의미에 대해 살펴보자. 「오인정묘지명」에 따르면 자신의 문생인 오인정이 가난하게 사는 것을 안타깝게 여긴 김부식이 그에게 탐라구당사를 내려주었다고 한다. 그런데 이때 김부식을 '相'이라 지칭하고 있다.[49] 相은

---

46) 강은경, 「호족층의 지위변화」, 『고려시대 호장층 연구』, 혜안, 2002, 166~175쪽 ; 강은경, 앞의 책, 2007, 123~126쪽.
47) 『高麗史』 57 志 11 地理 2 全羅道 耽羅縣. 다만, 의종대 탐라현으로의 개편 시점은 알 수 없다.
48) 『高麗史』 75 志 29 食貨 3 祿俸 外官祿.
49) 「吳仁正墓誌銘」.

재상을 가리키는 말로, 김부식은 1130년 12월에 政堂文學·修國史가 되면서[50] 재신의 반열에 오른다. 그리고 1142년에 문하시중으로 치사할 때까지[51] 재신으로 머물렀다. 따라서 오인정이 탐라구당사가 되었던 것은 1130~1142년 사이의 일로, 인종대 중반이라 하겠다. 보다 정확하게 시기를 집어 이야기할 수는 없지만, 적어도 인종대 중반까지 구당사가 탐라에 운용되고 있었다. 지리지의 기록처럼 숙종대에 탐라군으로 개편되었다고 하더라도 지군사의 사례가 보이지 않는다. 또 主郡에 지방관을 파견하여 주변 속군을 거느리게 하는 고려의 일반적인 지방 지배체제인 주·속현 체계에 입각하여 탐라를 보더라도 탐라를 속군으로 둘 만한 고을이 주변에 없다. 숙종대에 탐라군이라는 일반 군현으로 개편되었다 하더라도 구당사가 존속하고 있었다. 따라서 여전히 知郡事에 의한 직접적인 지방 지배는 관철되지 못한 상태로 구당사의 간섭, 감독 아래 탐라 고유의 질서에 따른 지배가 이어지고 있던 것이다.

다음으로 탐라현이 인종대에 등장하는 식화지와 의종대에 등장하는 지리지 사이의 연혁상 차이는 어떻게 이해할 수 있을까. 일단 관료에 대한 경제적 대우를 규정한 전시과와 녹봉제의 규정은 해당 관직을 나열하는 방식으로 되어 있다. 따라서 이 규정에 탐라의 현령과 현위가 있다는 것은, 이들 관직이 실제 설치, 운영되고 있음을 의미한다. 이때 탐라의 현령이나 현위 모두 53석 5두 이하라는 점에서 叅下官이었다.[52] 이로 보면 탐라가 현령이라는 지방관에 의한 지배가

---

50) 『高麗史』 16 世家 16 인종 8년(1130) 12월 병신(28).

51) 『高麗史節要』 10 인종 2 20년(1142) 3월.

52) 李鎭漢, 「高麗時代 參上·參外職의 區分과 祿俸」, 『韓國史研究』 99·100, 1997 ; 『고려전기 官職과 祿俸의 관계 연구』, 一志社, 1999, 180~183쪽.

이루어졌다고 볼 수 있다. 이렇게 되면 고씨, 양씨 등 탐라 고유의 정치세력을 대신하여 고려의 지배력이 직접적으로 행사되는 상황으로 바뀐다. 여기에서 주의할 부분은 식화지 녹봉조에 언급된 지역들의 기준 시점이다. 탐라현의 경우 비록 인종대에 개정된 녹봉조에 열거되어 있지만, 녹봉조 작성의 자료가 된 탐라현의 기술 부분은 명종대의 것으로 보정해야 한다고 한다.53) 이에 따르면 식화지 외관록 규정과 지리지 규정은 명종 2~8년 사이의 기록을 토대로 작성하면서, 식화지는 신종대의 기록까지, 지리지는 고종대의 기록까지도 참고하여 작성하였기 때문에 양자 사이의 차이가 있다는 것이다. 그렇다면 지리지의 기록대로 의종대에 탐라현으로 개편되고 그 사실이 명종대의 지리 관련 기록으로 정리된 후, 다시『고려사』식화지의 편찬 과정에서 인종록제 내용으로 산입되었을 가능성이 높은 것이다.54)

관원을 임명하고 그가 직사를 수행하기 때문에 국가가 녹봉을 지급한다. 그리고 녹봉조는 지급 대상을 나열하는 방식으로 기술되어 있다. 이제 의종대 이후에 탐라현령, 현위가 임명되었음을 식화지를 통해서 확인할 수 있으므로, 해당 현령 등은 실제로 임명되었으며, 탐라는 이제 현령이라는 지방관에 의해 지배가 이루어졌다고 하겠다. 실제로 1160년대에 최척경을 탐라현령으로 파견하는 등의 사례가

---

53) 윤경진,「『고려사』식화지(食貨志) 외관록(外官祿) 규정의 기준 시점과 성립 배경」,『역사와 현실』78, 2010, 234쪽. 동시에 氏는 문종록제에 나오는 탐진현은 탐라현의 오류라는 추정도 하였다(같은 글, 228~229쪽). 그러나 문종대 녹봉제가 정비되는 1076년 시점까지 탐라는 '탐라국'이었으며, 郡縣으로의 개편은 숙종대에 가서야 이루어졌다. 이렇게 보면, 탐라현이 문종록제에 들어가기에는 어렵다고 생각한다.

54) 윤경진,「외관 설치 및 영속관계 기사의 분석」,『高麗史 地理志의 分析과 補正』, 여유당, 2012, 437~438쪽.

있다.55)

한편으로 숙종대 이후에 탐라가 탐라군, 의종대에는 탐라현으로 개편되면서 고려의 군현이 되었음에도 불구하고 탐라가 여전히 외국처럼 행동하는 사례 또는 의례상 탐라를 외국으로 대하는 양상이 여전히 나타난다.

2-2) (1100년 11월) 무인일, 宋 상인과 毛羅 및 女眞 등이 와서 토산물을 바쳤다.56)

2-3) 宋의 상인과 耽羅 및 東北蕃의 酋長 등이 와서 토산물을 바쳤다.57)

탁라 또는 탐라가 송상, 여진 등과 고려에 토산물을 바쳤다는 기록이다. 이 일이 있은 1100년 11월 병자일(14)과 1101년 11월 신미일(14)에 팔관회를 개최했다는 사실을58) 고려하면, 탐라가 송상과 여진과 함께 토산물을 바쳤다는 위의 사실은 팔관회에서의 의례 과정의 한 단계로 이루어진 것이다.

애초 팔관회에서 국왕에 대한 진헌 절차는 국내의 군현과 송, 일본 등의 외국으로 구별되어 있었다. 덕종, 정종대의 탐라는 '외국'이었기 때문에 송, 일본, 여진 등과 함께 고려국왕에게 조하하고 있었다. 하지만 고려의 군현이 된 1100, 1101년에도 여전히 정종, 문종대 이래의 관습이 이어지고 있는 것이다.59) 구당사의 설치나 탐라군으

---

55) 뒤의 주85), 86) 참고.

56) 『高麗史』 11 世家 11 숙종 5년(1100) 11월 무인(16).

57) 『高麗史』 11 世家 11 숙종 6년(1101) 11월 신미(14).

58) 『高麗史』 11 世家 11 숙종 5년(1100) 11월 병자(14) 및 6년(1101) 11월 신미(14).

59) 1153년(의종 7) 11월에 탐라현이 방물을 바친 것이 기록되어 있는데『高麗史』 18 世家 18 毅宗 7년(1153) 11월 경자(15)], 이것은 縣으로서의 행위로, 이전

로의 개편 조치는 고려의 영토에 편입된다는 擬制的 의미가 강한 조치일 뿐 지군사 등 지방관에 의한 직접 지배가 관철된 것은 아니어서 여전히 외국으로 인식되기도 하였던 것이[60] 아닌가 한다. 이 때문인지 아예 의례상으로는 여전히 탐라가 외국으로 나타나기도 한다.

> 2-4) 大會日 坐殿. 국왕이 먼저 宣仁殿에 임어하면 承制 이하 近侍官 및 後殿官이 문안 인사[起居]하고, 이를 마치고 大觀殿에 나와 임어하면 시신이 문안 인사를 한다. 국왕이 儀鳳樓 위에 올라 향을 피우고 酌獻하고 나면 근시관 이하가 계단을 오르고 태자 이하 공·후·백, 재신·추밀·시신·문무 백관이 순서대로 선다. …… 이를 마치면 閤門이 宋의 綱首 등을 인도하여 聞辭位에 자리하여 정렬해 서게 한다. …… 다음으로 東西蕃子를 인도하며 이어 좌집례관이 耽羅人을 차례로 인도해 조하 및 傳宣하는 의례는 모두 송 綱首에게 행하는 의례와 같다. 다음으로 사방의 貢物과 여러 蕃의 공물을 인도하여 동쪽 仁德門으로 들어오게 해서 빠르게 전정을 통과해 서쪽 義昌門으로 나가기를 마친다.[61]

11월에 개최되는 팔관회는 소회일, 대회일의 순으로 진행되고, 「중동팔관회의」로 정리되었다. 이것은 대회일의 의례 중 일부이다. 국왕이 일단 선인전에 납시어 근시관 등의 문안을 받고나서 대관전으

송상 등과 함께 '국'으로 행하던 공물과는 맥락이 다른 것이다. 다만 탐라의 공물 행위를 반복적으로 기록하는 과정에서 더 이상 외국으로서의 행위가 아님에도 포함되어 기록된 것으로 판단된다.

60) 김창현, 앞의 논문, 1998, 321~322쪽.
61) 『高麗史』 69 志 23 禮 11 嘉禮雜儀 仲冬八關會儀.

로 납시어 시신의 문안을 받는다. 그리고 나서 의봉루에 납시어 향을 피우고 술잔을 올리고 나면 공후백 등의 종실과 재신, 추밀 이하 고려의 모든 관료들이 도열한다. 이후 송의 강수, 동서번, 탐라의 순으로 입장하여 국왕에게 하례를 한다. 앞 장에서도 보았듯이 애초 '탐라국'이었던 탐라가 송, 일본 등과 같은 그룹으로 엮여 의례로 정리된 것은 일견 당연해 보인다.

하지만 이 의례의 성립 시기에 문제가 있다. 위의 의례 중 국왕이 문안을 받는 전각으로 나오는 大觀殿은 1138년(인종 16)에 여러 殿閣과 宮門을 개칭할 때 乾德殿에서 바뀐 이름이다.[62] 곧 이 의례는 1138년 이후의 내용을 담고 있다. 아마 『高麗史』 예지에 실린 상당수의 의례와 마찬가지로 의종대에 詳定된 것이 수록되었다고 생각된다.

의종대에 탐라현으로 개편되었던 탐라는 고종대에 가서는 다시 제주로 개칭되고 그 수령으로 副使를 두었다. 1229년에 제주 출신의 표류민을 송상인이 데려온 일도 있어,[63] 늦어도 1229년 이전에 탐라현에서 제주로 읍호가 개정되었음을 알 수 있다.[64] 그리고 1244년에는 前濟州副使 노효정이 유배를 갔다.[65] 이로 보아 탐라라는 현령관에서 제주로 바뀌면서 副使로 지방관의 관직도 바뀌었다고 하겠다.

요컨대 탐라는 1077~1079년 사이에 마침내 외국이자 '번토'의 단계에서 구당사라는 고려의 관직이 임명되는 고려의 영역 내로 들어왔

---

62) 『高麗史』 16 世家 16 인종 16년(1138) 5월 경술(26).
63) 『高麗史』 22 世家 22 고종 16년(1229) 2월 을축(26).
64) 『高麗史』 地理志에 따르면 충렬왕대인 1295년에 '제주'로 고쳤다고 한다. 하지만 본문의 서술과 같이 제주나 濟州副使 등의 사례를 고종대인 1229년부터 여럿 찾을 수 있어, 제주로의 개편은 지리지의 기록보다 빨랐음이 분명하다.
65) 『高麗史』 23 世家 23 고종 31년(1244) 2월 계유(2).

다. 그렇게 되면서 고려는 구당사의 보고에 의해 이전까지 탐라의 지배층인 고씨의 계승 문제에 적극적으로 개입할 수 있었다. 이어 숙종대에는 耽羅郡으로 재편되어 마침내 일반 군현으로 자리하게 되었다. 그럼에도 인종대까지도 구당사가 존재하여 군현의 개편이 지방관에 의한 직접 지배로 이어지지는 않았다. 마침내 의종대에는 耽羅縣으로 개편되고 현령, 현위가 설치되어 실제 행정이 집행되기에 이르렀다. 이후 고종대에는 濟州로 개칭되고 외관도 副使, 判官이 설치되는 등 한층 일반 군현화되었다.

4. 지배방식에 따른 탐라 인식의 변화

'탐라국'으로 고려와의 교류를 시작한 탐라는, 현종대에 주기를 받으면서 고려의 '번토'로 자리하였다. 그리고 문종대 이후에 구당사, 현령 등 지방관이 임명되기 시작하면서 탐라군, 탐라현 등 고려의 일개 군현으로 개편되었다. 고려 밖의 존재에서 고려 안의 지역으로 제도상으로 변화된 셈인데, 그렇다면 탐라나 탐라의 고려 내지화 되는 과정에 따른 인식이나 대우는 어떠하였을까.

먼저 '탐라국' 시기나 '번토'로 존재하던 시절의 탐라에 대해서 고려가 외국으로 인식하고 있었을 것임은 어느 정도 분명하다. 앞서 몇 차례 언급한 바와 같이 팔관회에서 탐라가 송이나 일본 등과 함께 의례상의 위치를 받은 사실에서 이 점은 확인된다. 게다가 '번토'로 편입된 이후에도 탐라는 고려의 직접 지배 영역 밖에 놓인 채 독자적인 정치체로 남아 있었기 때문에 사절을 보내거나 객관 등에서 다른 외국과 비슷한 대우를 받았다.

3-1) 耽羅國에서 사자를 보내어 태자의 冊立을 축하하므로, 사신 13인에게 관직을 주고 뱃사공과 수행원에게는 물품을 차등 있게 하사하였다.[66]

3-2) 무신일, 寒食이므로 宋商 葉德寵 등 87인은 娛賓館에서, 黃拯 등 105인은 迎賓館에서, 黃助 등 48인은 淸河館에서, 耽羅國 首領 高漢 등 158인은 朝宗館에서 음식을 대접하였다.[67]

3-1)은 1054년(문종 8) 2월에 있었던 태자 책봉에 대한 축하 사신이다.[68] 여기에서 탐라는 사신을 보내어 축하하고 있다. 고려의 여느 지방이라면 계수관을 중심으로 하여 태자 책봉을 축하는 표문을 올려야 하는 것과 비교하면 사신을 보내 축하한 탐라의 행동은 분명 외국의 입장으로 행한 것이다. 고려도 이 일행에 대해 사신에게는 관직을, 뱃사공과 수행원에게는 선물을 주어 외국의 사신을 대하듯이 대접하고 있다. 다음 3-2)는 1055년에 寒食을 맞이하여 당시 개경에 있던 외국인들을 대상으로 음식을 대접한 기록인데, 송상과 함께 탐라국의 고한 등이 언급되고 있다. 게다가 이들은 '조종관'이라는 객관에서 머물고 있다. 이 또한 탐라를 국내의 일개 지방단위가 아니라 외국으로 대우하고 있는 사례라 하겠다.

다음으로 고유, 고조기의 두 사람의 사례를 통해 탐라인에 대한 인식 내지 대우에 대해서도 일부 살필 수 있다. 먼저 시기적으로 이른 高維를 보자.

---

66) 『高麗史』 7 世家 7 문종 8년(1054) 5월 기묘(16).
67) 『高麗史』 7 世家 7 문종 9년(1055) 2월 무신(20).
68) 『高麗史』 7 世家 7 문종 8년(1054) 2월 계묘(9).

3-3) 高維가 처음으로 賓貢에 합격하여 靖王 을유년(1045)에 南省試에 수석으로 합격하였고, 이듬해인 병술년(1046)에 李作梃의 牓에서 제3인으로 합격하여 벼슬이 右僕射에 이르렀다.[69]

3-4) 기축일, 高維를 右拾遺로 삼았다. 中書省에서 아뢰기를, "고유는 탐라 출신이므로 諫省에는 합당하지 않습니다. 만일 그의 재주를 아깝게 여긴다면 다른 관직을 제수하시기를 바랍니다."라고 하자, 이를 받아들였다.[70]

3-3)에서 고유는 1045년(정종 11) 이전에 빈공에 합격하여서 과거에 응시할 자격을 획득하고는 1045년에 과거의 예비시험인 남성시에 합격하고 이어서 1046년에 급제하였다. 이때 고유가 賓貢을 거친 사실을 놓고 외국인이라서가 아니라 탐라가 島라는 특수한 위상을 지닌 지방 단위여서 향, 소, 부곡과 함께 신분상 제술과의 응시자격이 없어서 특별한 조처에 따른 것이라고 이해하기도 한다.[71] 하지만 애초 응시 자격이 없는 외국인과 같은 이를 위한 것이 빈공임을 생각할 필요가 있다.

3-5) 진사의 명칭은 하나가 아니어서, 王城 안에서는 土貢이라 하고, 郡邑에서는 鄕貢이라 한다. 國子監에 모이게 하여, 合試에서 약 400명을 선발한다. 그리고 나서 왕이 詩·賦·論 세 부문[題]을 직접 시험[親試]하여 합격한 이를 관료로 삼는다.[72]

---

69) 『東文選』 101 傳 「星主高氏家傳[鄭以吾]」. 한편, 1046년의 과거에서 이인정 등이 합격하였다고 하여(『高麗史』 73 志 27 選擧 1 科目 1 選場 靖宗 12년(1046) 3월), 이작정은 이인정의 오기임이 확인된다.

70) 『高麗史』 8 世家 8 문종 11년(1057) 1월 기축(12).

71) 金日宇, 앞의 책, 2000, 66~68쪽.

3-6) 貢士에는 3종류가 있는데, 王城은 土貢, 郡邑은 鄕貢, 他國人은 賓貢
　　이라고 한다. 해를 건너[間歲] 속한 곳에서 시험을 치르고, 다시
　　太學에서 시험을 보이는데, 선발된 사람은 30~40명을 넘지 않는
　　다. 이런 뒤에 왕이 직접 詩, 賦, 論의 세 과목으로 시험보는데,
　　이를 簾前重試라 한다.73)

　이것은 고려의 과거제도를 설명하고 있는『고려도경』과『송사』의
부분이다. 擧人과 관련하여 비슷한 내용을 전하고 있는데, 주지하다
시피『고려도경』은 1125년에 고려로 사행을 온 서긍의 견문이다.
따라서『고려도경』의 내용을 비롯한 송대의 기록이『송사』로 정리되
었을 것이다.74) 특히『송사』에 他國, 곧 외국인을 대상으로 한 빈공이
있다는 언급이 눈에 띈다.

　여기에 더해 부거권의 측면에서도 살펴볼 여지가 있다. 원래 製述科
와 明經科로의 赴擧權은 향리의 자제, 곧 호장, 부호장의 孫, 호정,
부호정의 子까지 허락되어 있었고,75) 탐라에는 이 시점까지 호장
등의 향리직제가 시행되지 않은, 그야말로 과거에 응시할 수 없는
별개의 지역이었다. 고려와 비슷하게, 또는 보다 발달되었다고 할
송 출신 인물을 등용하는 데에도 시험과 같은 절차가 있었다. 1061년
에 송의 진사 진위 등을 비서교서랑 등으로 임명하는 과정에서,
대상이 된 이들이 문예나 음률 등의 능력이 있음을 밝히고 있다.76)

---

72)『高麗圖經』19 民庶 進士.
73)『宋史』487 列傳 246 外國 3 高麗.
74)『文獻通考』에도 거의 같은 기록이 있는데, 다만 土貢을 王貢이라 하고 있다(『文
　　獻通考』326 四裔考 3 高句麗).
75) 朴龍雲,「高麗時代의 科擧－製述科의 應試資格－」,『高麗時代 蔭敍制와 科擧制
　　研究』, 一志社, 1990, 234~235쪽.

더 나아가서는 송의 진사를 대상으로 詩賦를 시험하기까지 하였다.[77] 이 시험에서 불합격하면 송으로 돌려보내기까지 하였다.[78] 이렇게 놓고 보면, 고유가 1045년에 '빈공' 출신으로 과거에 응시하게 된 것은 그가 외국인이었음을 말해준다. 이는 곧 탐라가 1045년이라는 시점에서 사실상 '외국'임을 다시 한 번 확인할 수 있다.

이후 관력을 이어가던 고유는 3-2)에서처럼 1057년(문종 11)에 右拾遺라는 諫官에 제수되었다. 그러자 그가 탐라 출신이라는 이유로 서경 과정에서 문제가 되어 끝내 다른 관직으로 바꾸어 제수하였다. 우습유는 중서문하성의 관직으로, 고려시기 간관의 역할을 하여 淸要職으로 불릴 만큼 중요시되었다. 청요직에 취임할 수 없는 부류는 양계 지역 출신, 소, 부곡 등 특수행정구역 출신 및 그 후손들이다.[79] 그런데 고유는 '탐라'라는 출신이 문제가 되고 있다. 이때의 상황을 놓고 당시 탐라는 '국'이라는 외국(일종의 번국)으로 파악하여 청요직에 임명될 수 없었다고 설명하기도 한다.[80] 이보다 조금 뒤이기는 하지만 1174년 조위총의 난 당시 공을 세운 연주사람 玄德秀를 이부낭중에 제수하는 과정에서 邊城의 사람에게는 해당 관직을 제수할 수 없다는 반대에 부딪힌 일이 있다.[81] 양계 출신의 경우에 인사권과

---

76) 『高麗史節要』 5 문종 15년(1061) 6월.

77) 『高麗史節要』 5 문종 22년(1068) 8월.

78) 『高麗史』 9 世家 9 문종 35년(1081) 4월 임오(25).

79) 박용운, 「고려시대 淸要職에 대한 고찰」, 『高麗時代 官階·官職 硏究』, 고려대출판부, 1997, 233~234쪽.

80) 김창현, 앞의 논문, 1998 ; 金昌賢, 「고려~조선초 탐라고씨의 동향」, 『한국중세사연구』 7, 1999 ; 김창현, 「고려시대 限職 제도」, 『國史館論叢』 95, 2001, 140쪽. 다만, 박용운은 위의 논문, 1997, 233쪽에서 고유의 사례를 지역적 차별에 따른 신분제가 적용된 사례로 보았다.

81) 『高麗史』 99 列傳 12 玄德秀.

관계된 이부로의 승진에 제한이 되고 있는데, 그보다 거리가 멀고 고려의 직접 지배 영역 밖의 '번토' 탐라 출신의 고유가 청요직에 제한된다는 것은 어찌 보면 당연하다.[82] 어찌되었든 고유는 자신의 출신지가 문제가 되고 있어서, 1057년 당시 탐라는 법제적으로 차별을 받는 지역임은 분명하다.

탐라가 고려의 영역 안으로 들어온 이후에는 인식이나 대우에 변화가 생겼다. 이는 고유의 아들 고조기를 통해 엿볼 수 있다.

> 3-7) 高兆基는 처음 이름이 高唐愈이고, 耽羅 사람이다. 아버지는 高維로 右僕射를 지냈다. …… 仁宗 때에 侍御史로 임명되자 …… 고조기가 上疏하여 두세 번 論駁하기에 이르니, 왕의 뜻에 거슬려 工部員外郎으로 좌천되었다가 나중에 다시 臺官이 되었다.[83]

고조기는 앞서 문종대에 등장하였던 탐라 출신 고유의 아들이다. 그의 관력에서 주의 깊게 살필 부분은 그가 1130년(인종 8)에 시어사로 임명된 부분이다. 시어사는 어사대의 관직으로 臺官이라 불리며, 흔히 간관과 함께 '臺諫'으로 합칭된다. 이 또한 청요직에 해당한다.

---

82) 섬이라는 지리적 조건에 따라 '島'라는 특수행정구역으로 파악하여 限職 조항에 걸렸다고 파악하기도 한다(채웅석, 「고려 문종대 관료의 사회적 위상과 정치운영」, 『역사와 현실』 27, 1998, 126쪽). 이와 달리 '島'는 큰 죄를 지은 이들의 유배지로 활용되는 곳으로, 이곳 출신들은 限7品의 제한에 적용되었다(김창현, 위의 논문, 2001, 140쪽). 한직, 한품의 대상이라는 점은 공통이지만 그 이유를 달리 파악하는 것이다. 그런데 이 시기의 탐라는 유배지가 아닌 '번토'에 불과하였기에 특수행정구역으로 이해하기에는 어렵다고 생각한다. 島와 流配의 관계에 대해서는 다음의 글 참고. 한용근, 「高麗律과 唐律의 비교」, 『高麗律』, 서경문화사, 1999, 131쪽 ; 김난옥, 「高麗前期의 流配刑」, 『韓國史研究』 121, 2003, 57~58쪽.

83) 『高麗史』 98 列傳 11 高兆基.

고조기는 당시 시어사로 별 다른 문제없이 임명되어 활동을 하다가
왕의 눈 밖에 나서 좌천되었다고 한다. 다시 말해 시어사 임명 당시
그에게는, 출신이 문제되어 '간성'에 임명되지 못한 아버지 고유와는
달리, 탐라라는 출신이 문제되지 않았다. 아마도 숙종대에 탐라군으
로 개편된 사실이 두 사건 사이의 가장 큰 차이로 보인다. 이로
보아 탐라군으로의 개편 이후 탐라 출신들은 별다른 관직 생활에
제한 없이, 즉 일반 군현 출신과 관직상 대우를 받았을 것으로 추정해
볼 수 있다. 이제 탐라는 일반 군현의 위치가 되어, 관제상의 차별이
없어진 것이라 하겠다.[84]

문종대 구당사가 파견되기 시작하고 의종대에는 현령이 임명되면
서 수령이 탐라에 직접 가야 했다. 하지만 탐라가 바다 멀리 있는
섬이라는 자연지리적 조건은 관료들에게 부임을 꺼리게 만드는 요인
이 되었다. 인종대에 김부식이 오인정을 탐라구당사로 임명하자
정작 오인정은 부임하기를 꺼리면서 京官을 원하였는데[뒤의 3-10)
참고], 그 요인도 탐라의 자연지리적 조건이었을 것이다. 다음의
최척경의 경우도 마찬가지였다.

> 3-8) 判吏部事 崔允儀가 그의 청렴·정직함을 듣고 耽羅令으로 임명하려
> 고 하니, 최척경은 (그렇게 되면) 두 번씩이나 外職에 제수되는
> 것이고, 게다가 (임지가) 너무 멀고 僻地라 하며 한사코 사양하였

---

84) 한편으로 무신정권시기의 문인 崔滋는 「續破閑集序」에서 최량, 최사제, 金富
軾, 김부일, 김부철 등과 함께 고조기를 당대의 명문장가로 거론하고 있다
(『東文選』 84 「續破閑集序」). 이제 고조기는 시대를 풍미한 사람으로 평가를
받은 것인데, 여기에 그가 탐라라는 출신은 문제되지 않고 있다. 어찌 보면
멀고 먼 시골 출신 여부를 감안하지 않고 오로지 '文才'만을 평가한 글이지만,
여타 유명한 관료들과 동등하게 거론된다는 점 자체가 '탐라'는 관료 생활에
더 이상 문제가 되지 않게 된 것이 아닌가 한다.

다. 최윤의가 이르기를, "耽羅는 먼 곳인데다 풍속도 흉악하여 다스리기 참으로 어렵기 때문에 자네를 임명하고자 하는 것이네. 다행히 자네가 꺼리지 않고 가서 먼 곳의 민을 어루만져, 나라에 근심이 없게 해준다면, 마땅히 좋은 벼슬로 보답하겠네."라고 하였다. 최척경이 어쩔 수 없이 령으로 취임하였다.[85]

이것은 최척경을 耽羅令으로 보내려는 최윤의가 그를 설득하는 과정에서 나온 내용이다. '탐라령'이라 하지만 탐라에는 현령이나 현위가 임명되므로, '탐라령'은 탐라현령을 뜻한다. 최윤의는 판이부사로 辛巳年(1161)에 임명되고 다음해에 사망하기 때문에,[86] 최윤의와 최척경 사이에 대화가 있는 때는 1161, 1162년이다. 당시 최윤의는 탐라현령을 선발, 임명하는 데에 어려움이 있었던 듯 최척경에게 탐라에 다녀오면 '좋은 벼슬로 보답하겠다'라는 약속을 할 정도였다. 또 최윤의는 탐라를 가리켜 '먼 곳인데다 풍속도 흉악하여 다스리기 참으로 어렵다'라고 평하면서 그런 환경을 극복할 만한 이가 최척경밖에 없다고 칭찬하고 있다. 최윤의의 탐라에 대한 평가가 당시 관료 일반의 탐라에 대한 인식일 것이다.

특히 '풍속이 흉악하여 다스리기 어렵다'라는 부분에 주목하자. 탐라는 불과 얼마 전인 숙종대까지도 독립적인 정치질서가 유지되던 곳이었다. 고려에 공식적으로 사신을 보내고 그 영향권에 편입되어 기미주로 존재한 것은 비록 국초 이래 지속되었지만, 인종대에 현령관이 파견되기 전까지 탐라 고유의 정치질서가 작동하였다. 곧 고려의 정치질서와 다른 정치, 사회문화를 지니고 있는 지역이었다. 따라

---

85) 『高麗史』 99 列傳 12 崔陟卿.
86) 「崔允儀墓誌銘」; 『高麗史』 18 世家 18 의종 16년(1162) 8월 임진(28).

서 고려의 법제에 익숙한 현령관이 탐라의 풍습에 이질감을 느끼고, 반대로 탐라의 사회 분위기는 고려의 지배에 적대적 내지 비우호적이었을 것임은 충분히 예상 가능하다.

이런 탐라의 분위기가 고려 정부의 입장에서 흉악한 풍속으로 표현되었다고 생각한다.

> 3-9) 탐라현은 바다 한가운데에 있어, 예전부터 아주 멀리 있는 이상한 땅이라 불렸다. 비록 王化가 미치는 가장자리에 있지만 자주 교화와 법을 어긴다. 조정의 여론이 능력 있는 관리를 선발하여 다스려야 한다고 하였다. (이에) 공을 제수하여 大府注簿로 縣令으로 삼아 탐라의 백성을 다스리게 하였다.[87]

이것은 1186년에 탐라에서 반란이 일어났다는 소문이 돌아 그 사태를 진정시키기 위해서 장윤문을 탐라현령으로 보낸 사건으로,[88] 그의 묘지명에 있는 기록이다. 여기에서도 탐라를 王化가 미치는 지역에 포함시키면서도 條敎를 자주 어긴다고 지적하고 있다. 이는 탐라의 사회 분위기, 풍습 등이 법규와 교화, 곧 고려의 정치질서에 어긋나는 부분이 많다는 뜻이라 하겠으며, 앞서 나온 '풍속이 흉악하다'라는 언급과도 통한다고 생각한다.

고려는 자신의 외부에 존재하는 여진 등을 정치적, 사회적, 문화적으로 덜 발달되었다고 여기면서 '蕃'으로 인식하는 천하관을 표현하고 있었다. 애초에는 여진을 동번, 서번으로 구별하여 인식하였다. 그러다가 12세기 들어 금을 건국하는 등 현실적으로 여진의 세력이 강해지

---

87) 「張允文墓誌銘」.
88) 『高麗史』 20 世家 20 명종 16년(1186) 7월 갑신(9).

자, 고려 밖의 존재를 표현하던 '번' 인식이 고려 내부의 양계 지역을 가리키는 방향으로 축소, 변화하였다.[89] 탐라에 대해서도 마찬가지였다. 고려는 탐라를 '남만', 곧 남쪽의 오랑캐라고 여긴 것이다. 이는 탐라가 외국으로 있을 때뿐만 아니라 고려로 편입된 문종대 이후에도 비슷하였다. 고려시대의 속악인 「풍입송」에 "南蠻과 北狄이 스스로 來朝하여"라는 구절이 있는데,[90] 여기의 남만과 북적이 바로 고려의 천하관을 보여주는 대상이다.[91] 북적이 바로 동번, 서번의 여진을 가리키는 것으로, 남만은 탐라를 가리키는 것으로 이해된다. 또 이규보가 지은 「又樓上觀潮 贈同寮金君」이라는 시 속에서 '南蠻'을 언급하고 있는데,[92] 이때의 '남만'도 탐라를 가리킨다.[93] 이규보가 13세기 중반 고려를 대표하는 文人이었다는 점에서, 탐라가 예전에 별개의 나라였으며, 그 나라가 '남쪽의 오랑캐'로 표현되는 바와 같은 인식은 그만의 것이 아니었을 것이다. 탐라가 외국일 때뿐만 아니라 고려의 군현으로 편제되고 시간이 어느 정도 지난 13세기에도 여전히 탐라를 '남만'이라 하면서 고려의 천하를 넓히는 대상화하고 있음을 알 수 있다.

이렇게 자연지리적으로 거리가 멀고, 섬이며, 풍속이 익숙하지 않아 때로는 흉악하다고까지 느껴지는 '남쪽의 오랑캐' 탐라이었기에 현령으로 그곳에 부임하는 일은 관료들에게 기꺼운 것이 아니었다.

---

89) 추명엽, 앞의 논문, 2002.
90) 『高麗史』 71 志 25 樂 2 俗樂 風入松.
91) 고려의 천하관 및 「풍입송」에 대한 설명은 노명호, 앞의 논문, 1999에서 자세히 다루어졌다.
92) 『東國李相國集』 16 古律詩 「又樓上觀潮 贈同寮金君」. 이 시는 1223년에 지은 것이다(김용선, 『이규보연보』, 일조각, 2015, 151쪽).
93) 李鎭漢, 『高麗時代 宋商往來 研究』, 경인문화사, 2011.

이 때문에 최윤의가 최척경에게 '좋은 벼슬'을 약속하였듯이 탐라로 임명된 관원에게 무언가의 대가, 인센티브를 제공해야 했다.

그 하나는 지방관에 의한 어느 정도의 경제적 수탈, 침탈을 용인하는 것이었다.

3-10) 이에 (김부식이 오인정에게) 乇羅道句當使를 제수해 주었다. 공이 京官으로 바꾸어줄 것을 원하자 상국(김부식)이 말하기를 "내가 하고자 하는 것은 (결락) 그대는 집이 가난하고 뜻을 얻지 못하였으나, 그 곳은 가히 의식에 도움을 받을 수 있는 곳이오. 그 때문에 또한 (결락) 가히 바랄 수 있는 것이다."라고 하였다. 공이 이에 행장을 꾸리고 명에 따라 바다를 건너 (결락) 3년이 되자 (결락) 判官이 되었다.[94]

3-11) 金之錫은 그 世係가 잘 알려져 있지 않다. 高宗 말에 濟州副使가 되었다. 고을 풍속에 남자 나이 15세 이상이면 해마다 콩 한 섬(斛)을 바치고 관아의 서리 수백 인은 해마다 말 1필씩을 바치며, 副使·判官이 이를 나누어 가졌다. 이런 까닭에 수령들은 가난한 자라도 모두 부를 쌓았다. 井奇·李著 두 사람은 일찍이 제주의 수령으로 있다가 모두 뇌물을 받고 파면되기도 했다. 김지석이 제주에 부임하자 곧 콩·말의 공납을 면제시키고 청렴한 관리 10인을 뽑아 관아의 서리로 임명하니, 정사가 물처럼 깨끗해져서 서리와 민이 진심으로 감복하였다.[95]

인종대에 김부식의 문생이었던 오인정이 10여 년 동안 관직을

---

94) 「吳仁正墓誌銘」.
95) 『高麗史』 121 列傳 34 金之錫.

얻지 못해 경제적으로 궁핍하자 김부식이 마련한 자리가 탁라도구당사, 곧 탐라구당사였다. 이때 김부식은 오인정에게 가난한 이에게 경제적으로 도움이 되는 곳이라는 점을 상기시키며 탐라로 갈 것을 권유했다. 고종대의 김지석도 비슷하다. 탐라의 풍속에 사람들은 콩 한 섬을, 관아의 아전들은 말 한 필을 해마다 부사, 판관에게 바쳤다는 것이다. 그리고 이를 통해 수령으로 온 이들은 부를 축적하였다고 한다. 이때 관료에게 해마다 바치던 품목과 수량은 정식 세금은 아니었다고 보인다. 고종대라면 의종대로부터 대략 100년 정도 흐른 뒤로, 의종대에 현령이 배치되면서 나타난 새로운 풍습이 아니었나 싶다.

애초 탐라는 독립국이었고, 고려의 藩土, 기미주가 된 뒤로는 귤 100상자가 정해진 공물이었다. 하지만 의종대 현령이 임명되어 고려의 직접 지배가 시작되면서, 탐라는 일반 군현과 마찬가지로 세금 등을 부담하였을 것이다. 그런데 이는 문종대 정해진 귤 100상자보다는 수량 측면에서 이전보다 많은 부담이 되었을 것이다. 게다가 현령 등 지방관에 의한 경제적 수탈이 이루어졌으며, 어느 정도는 관습화 내지 관례화되었다. 이런 점은 모두 이전보다 탐라의 경제적 부담을 가중시키는 것이었음은 분명하다.

3-12) 정축일, 耽羅安撫使 趙冬曦가 들어와 조회하였다. 耽羅까지는 험준하고 멀어 攻戰이 미치지 않는 곳인데다 토지가 기름져서 나라의 재정에 충당되었다. 이보다 앞서서는 貢賦가 煩多하지 않아 백성들이 생업에 즐거워하였는데 근자에 들어와 관리가 불법을 행하고 도적의 우두머리 良守 등이 모반하여 수령을 쫓아내기까지 하였다. 왕이 조동희에게 명하여 持節로 宣諭하게 하자 적이

스스로 항복하였다.[96]

이것은 1168년에 탐라에서 양수 등이 모반하자 조동희를 탐라안무사로 삼아 진압하였다는 기록이다. 여기에서 탐라는 애초 공부, 즉 세금이 많지 않아 백성의 생업에 문제가 없었는데, 최근 관리들의 불법이 반란을 초래하였다고 한다. 앞서 오인정이 가난을 극복할 수 있고, 김지석이 경험한 내용이 여기서 언급된 '관리들의 불법'이라 생각한다. 이것이 용인되는 程度를 넘어서자 이때 양수의 반란으로 탐라민이 결국 폭발하였던 셈이다.

1161~1162년 사이에 탐라현령으로 나갔던 최척경이 임기를 마치고 돌아오니 최윤의가 이미 죽은 후여서, 그에게 '약속된' 좋은 관직을 받을 수 없었다. 그런데 곧 탐라에서 반란이 일어났는데, 최척경을 수령으로 원한다는 소식이 들려오면서 최척경이 다시 탐라의 수령으로 임명되었다. 이때 최척경은 국왕에게 가족과 함께 부임할 것을 요청하여 허락받았고, 이것이 이후 관례로 자리잡게 되었다.[97] 고려시대 지방관의 임기가 3년이므로, 최척경이 다시 오기를 바란 반란은 1165년 이후에 일어난 것으로 생각된다. 최척경의 離任 즉시 백성의 불만이 폭발하였다고 보기는 어려우므로, 혹 1168년 양수의 반란이었을 수 있다.[98] 어찌 되었든 가족과 함께 부임할 수 있는 권한이 탐라현령에게 부여되었다고 하겠다.

한편으로 1168년 양수의 반란은 고려 조정에 꽤나 큰 충격을 준

96) 『高麗史』 18 世家 18 의종 22년(1162) 11월 정축(20).
97) 『高麗史』 99 列傳 12 崔陟卿.
98) 『東史綱目』 9上 毅宗 22년(1186) 11월 ; 李貞信, 「忠淸 全羅 地域 農民·賤民의 蜂起」, 『高麗 武臣政權期 農民·賤民抗爭 硏究』, 高麗大 民族文化硏究所, 1991, 143쪽.

사건이었다. 1170년에 무신정변이 발발했을 당시, 조동희는 정변의 주동자 중 한 명인 정중부에 의해서 살해되지 않고 유배된 바 있다. 조동희가 1168년의 탐라 반란을 진압하였음을 공로로 들어 정중부가 그를 죽이지 않고 유배 보내는 것으로 그쳤기 때문이다.[99]

하지만 탐라에서의 반란은 여기서 끝이 아니었고, 이후 매우 빈번하게 일어났다. 앞서 1186년에 장윤문도 탐라에서 반란이 일어났다는 잘못된 정보 때문에 현령이 되었는데, 이미 탐라에서의 반란 가능성이 높았거나 자주 일어났기 때문에 나온 반응이었다. 1202년에는 탐라에서 실제로 반란이 일어나서 이번에는 장윤문이 진압하기 위해 가기도 하였다.[100] 훨씬 뒤의 일로 반란은 아니지만, 1323년에 제주 사람들의 불만을 이기지 못한 제주만호가 임지를 이탈하고, 개경의 정동행성으로 와서 불만을 호소한 일도 있다.[101]

이처럼 탐라의 반란이나 불만, 고려 관료의 탐라 수탈 등은 고려가 탐라를 직접 지배하는 과정에서 이 지역을 불만스럽게 여기고 수탈을 용인하거나 할 수밖에 없는 지역으로 여겼음을 간접적으로 보여주는 방증이다.

5. 맺음말

지금까지의 내용을 정리하면서 글을 맺고자 한다. 탐라는 고유의 정치질서를 유지하며, 신라로부터 성주, 왕자, 도상이라는 칭호를

---

99) 『高麗史』 128 列傳 41 叛逆 鄭仲夫.
100) 『高麗史』 21 世家 21 신종 6년(1202) 10월 및 12월 을해(5).
101) 『高麗史』 35 世家 35 충숙왕 10년(1323) 1월 갑진(12) 및 기유(17).

부여받는 등 자신의 정치질서를 인정받아왔다. 고려가 건국된 이후인 925, 938년에 탐라는 고려에 공물을 바치면서 고려와 관계를 맺었다. 938년에는 고려도 탐라에 성주, 왕자 등을 '부여'하면서 탐라의 정치질서를 인정하였다. 그러다가 1011년에 탐라는 고려에 일반 군현으로 편입시켜 줄 것을 요청하였다. 이 요청을 고려가 수용하면서, 탐라는 고려의 영향력 아래에 있으면서도 영역 바깥에 있는 기미주인 '蕃土'로 자리하였다. 그래서 탐라는 국가의례인 팔관회에서 송, 일본 등과의 동일한 위치에 놓이는 등 고려초부터 '탐라국'이라는 외국으로 존재하여 왔다.

그러다가 1050년대에 고려는 탐라로부터 귤 100상자라는 진헌품의 종류와 양을 책정하고 1077~1079년 사이에는 마침내 구당사라는 관직을 탐라에 설치하였다. 비록 실질적 행정을 담당하지는 않지만 고려가 탐라로 관료를 보냈다는 데에 의의가 있다. 이로써 탐라는 고려의 직접적인 영역 안으로 들어왔다고 평가된다. 이어 1100년을 전후하여 耽羅郡이라는 일반 군현으로 개편되었고, 12세기 중반에는 다시 耽羅縣으로 고쳤다. 이때 탐라에는 현령, 현위가 설치되어 마침내 지방 수령에 의한 행정이 집행되었다. 이후 13세기 중반에는 다시 濟州로 개칭되고 외관도 副使, 判官이 설치되는 등 일반 군현으로의 제도가 한층 더 갖추어졌다.

고려는 처음에 탐라를 외국으로 대우하여, 이곳 출신은 과거시험에 빈공과를 거쳐야 했다. 그래서 고려는 탐라를 남쪽의 오랑캐라는 의미로 '남만'이라고 여겨 고려에 복속한 지역으로 인식하였다. 하지만 11세기 중반 이후 탐라가 고려의 영역으로 들어와 군현으로 바뀌게 되자, 외국이라는 이유로 관직 운영상 차별하던 모습은 더 이상 보이지 않게 되었다. 다만 멀리 떨어진 섬이라는 자연지리적 조건상

관료들은 탐라로의 부임을 꺼려하였으며, 탐라의 풍속이 고려와 달라서 문명화되지 못해 흉악하다고 여겼다. 이에 고려정부는 탐라에서 관리들의 경제적 수탈을 어느 정도 용인하였고, 이는 탐라가 반란을 여러 번 일으키는 빌미가 되었다.

참고문헌

1. 사료

『高麗史』, 『高麗史節要』, 『三國史記』, 『世宗實錄地理志』
李奎報, 『東國李相國集』
김용선 편, 『(제5판)高麗墓誌銘集成』, 한림대출판부, 2012.

2. 연구서

김용선, 『이규보연보』, 일조각, 2015.
李鎭漢, 『高麗時代 宋商往來 硏究』, 경인문화사, 2011.

3. 연구논문

강은경, 「기록의 전달과 행정운영」, 『고려시대 기록과 국가운영』, 혜안, 2007.
高昌錫, 「耽羅의 郡縣設置에 대한 考察－高麗前期를 중심으로」, 『제주대논문집』 14, 1982.
金昌賢, 「고려~조선초 탐라고씨의 동향」, 『한국중세사연구』 7, 1999.
김일우, 「고려시대 耽羅의 地方編制 시기와 그 單位의 형태」, 『韓國史學報』 5, 1998.
김창현, 「고려시대 限職 제도」, 『國史館論叢』 95, 2001.
김창현, 「高麗의 耽羅에 대한 정책과 탐라의 동향」, 『韓國史學報』 5, 1998.
盧明鎬, 「高麗時代의 多元的 天下觀과 海東天子」, 『韓國史硏究』 105, 1999.
文暻鉉, 「耽羅國 星主·王子考」, 『龍巖車文燮博士華甲紀念 史學論叢』, 1989.
朴龍雲, 「高麗時代의 科擧－製述科의 應試資格－」, 『高麗時代 蔭敍制와 科擧制 硏究』, 一志社, 1990.
박용운, 「고려시대 淸要職에 대한 고찰」, 『高麗時代 官階·官職 硏究』, 고려대출판부, 1997.

부영주, 「高麗時代 '耽羅郡' 설치에 관한 小考」, 『제주향토무크』 2, 1992.

宋容德, 「고려의 一字名 羈縻州 편제와 尹瓘 축성」, 『한국중세사연구』 32, 2012.

宋容德, 「高麗前期 國境地域의 主鎭城編制」, 『韓國史論』 51, 서울대 국사학과, 2005.

윤경진, 「외관 설치 및 영속관계 기사의 분석」, 『高麗史 地理志의 分析과 補正』, 여유당, 2012.

윤경진, 「『고려사』 식화지(食貨志) 외관록(外官祿) 규정의 기준 시점과 성립 배경」, 『역사와 현실』 78, 2010.

이미지, 「고려 전기 異國人 入境의 유형과 실상」, 『한국중세사연구』 43, 2015.

李貞信, 「忠淸 全羅 地域 農民·賤民의 蜂起」, 『高麗 武臣政權期 農民·賤民抗爭 硏究』, 高麗大 民族文化硏究所, 1991.

이진한, 「高麗時代 外國人의 居留와 投化」, 『한국중세사연구』 42, 2015.

李鎭漢, 「高麗時代 參上·參外職의 區分과 祿俸」, 『韓國史硏究』 99·100, 1997 ; 『고려전기 官職과 祿俸의 관계 연구』, 一志社, 1999.

秦榮一, 「高麗前期 耽羅國 硏究」, 『耽羅文化』 16, 1996.

秋明燁, 「高麗時期 海東 인식과 海東天下」, 『韓國史硏究』 129, 2005.

추명엽, 「고려전기 '번(蕃)' 인식과 '동·서번'의 형성」, 『역사와 현실』 43, 2002.

변경의 접촉지대 三島, 그리고 巨文島의 탄생[*]

한승훈

1. 머리말

거문도는 한반도 남해안에 위치한 섬이다. 거문도에서 서울까지는
직선거리로만 400여㎞에 이른다. 거문도는 여수에서도 남쪽으로 약
100여㎞에 위치해 있을 뿐만 아니라, 제주도를 제외하고 거문도보다
남쪽에 위치한 사람이 사는 섬은 추자도 정도에 불과하다. 국경만
존재하지 않을 뿐, 거문도는 한반도의 정치·경제적 중심지에서 멀리
떨어진 남쪽의 변경에 위치한 오지라 할 수 있다.

한반도 남해의 오지에 위치한 거문도가 세상의 주목을 받았던
때가 있었다. 영국이 거문도를 점령한 1885년이 이에 해당한다. 점령
직후 서울에서는 두 명의 고위 관료를 거문도로 급파하였다. 그들은

---

* 이 글은 「변경의 접촉지대 삼도(三島), 그리고 거문도(巨文島)의 탄생」(『朝鮮
時代史學報』 83, 2017)을 수정 보완한 것이다.

변경의 접촉지대 三島, 그리고 巨文島의 탄생　**151**

통리교섭통상사무아문(이하 외아문)의 협판 嚴世永과 묄렌도르프 (M. von Möllendorff)였다. 청국에서는 丁汝昌이 북양함대를 이끌고 거문도를 방문하였다. 영국의 점령 소식을 접한 러시아도 함대를 거문도로 파견하였다. 조선의 변경지역 거문도가 세계의 이목이 집중된 공간으로 거듭났던 것이다.

영국의 거문도 점령에 관한 연구는 주로 정치·외교적 관점에서 진행되었다.[1] 구체적으로는 영국이 거문도를 점령하게 된 원인과 점령을 관철시키려는 과정을 밝힌 연구, 그리고 이홍장과 라디젠스키 회담으로 대표되는 영국의 거문도 철수 과정을 서술한 연구가 주를 이루었다. 이들 연구는 세계사적 관점에서 제국주의 열강의 조선 진출이 갖는 의의를 밝혔으나, 정작 논의의 공간을 외교의 중심지인 각국의 수도로 둠으로써 거문도 자체를 소외시키는 한계를 보였다.

거문도 자체에 초점을 둔 연구가 없었던 것은 아니었다. 하지만 연구의 초점은 거문도에 주둔한 영국 해군에 집중되었다.[2] 이들

---

1) 渡邊勝美, 「巨文島外交史」, 『普成學會論集』 1, 1935 ; 李用熙, 「巨文島占領外交綜攷」, 『(李相佰博士)回甲紀念論叢』, 을유문화사, 1964 ; Young-Chung Kim, "Great Britain and Korea 1883~1887", PhD. in Indiana University, 1964 ; 김현수, 「영제국 외교력의 쇠퇴와 '포트 해밀턴'사건의 상관관계」, 『영국연구』 7, 2002 ; 김용구, 『거문도와 블라디보스토크』, 서강대학교 출판부, 2009 ; 김현수, 『대영제국의 동아시아 외교주역 : 해리 S. 파크스』, 단국대 출판부, 2011 ; 최덕규, 「거문도사건(1885~1887)에 대한 두 시각-한국사교과서와 글로벌히스토리」, 『사회과교육』 55(2), 2016 ; 한승훈, 「영국의 거문도 점령 과정에 대한 재검토-갑신정변 직후 영국의 간섭정책을 중심으로-」, 『영국사학』 35, 2016 ; 영국의 거문도 점령이 조선을 배제한 상태에서 이루어졌기에 조선 측 대응을 밝히는 연구는 상대적으로 소략하지만, 영국의 거문도 점령을 반대한 조선 측 대응에도 주목하였거나 조선의 중립화론을 다룬 연구도 있다. 엄찬호, 「巨文島事件과 朝鮮의 中立化論」, 『江原史學』 17·18호, 2002.
2) James, E. Hoare, "The British in Korea : Graves and Monuments", *Korea Journal* 23-3, 1983 ; 김재승, 『近代韓英海洋交涉史』, 인제대학교 출판부, 1997 ; Robert

연구는 거문도에서 영국 해군의 생활을 복원하는데 의미를 부여하였으며, 그 과정에서 영국 해군과 거문도 주민의 관계가 우호적이었다는 사실을 밝히기도 하였다.[3]

그런데 '우호적인 관계'를 새롭게 조망한 연구가 나왔다. 이영호는 영국 해군과 현지 주민의 접촉에 주목하였다.[4] 그 접촉 과정에서 영국 해군은 문명과 야만의 관점에서 현지 주민들을 부정적으로 평가한 반면에, 거문도 주민들은 영국 해군을 통해서 '근대의 세계'를 체험하였다는 사실을 밝혔다. 그의 연구는 상이한 역사적·지리적 경험을 갖고 있었던 영국 해군과 현지 주민의 접촉에 주목함으로써, 제국주의 열강의 팽창이라는 관점에서 볼 수 없었던 다양한 역사상을 제시했다는 점에서 시사하는 바가 크다고 할 수 있다.[5]

필자는 거문도를 상이한 역사적·지리적 경험을 갖고 있었던 사람들의 만남이 진행되었던 '접촉지대(contact zone)'로 규정하고자 한다.[6] 그런데 이와 관련해서 선행 연구에서 주목하지 않은 사실이

Neff, "Life at Port Hamilton during the Preventive Occupation, 1885-87", *Transactions of the Royal Asiatic Society Korea Branch*, Vol.79, 2004.

3) 거문도 주민들의 증언에서도 영국 해군과 거문도 주민의 우호적인 관계를 확인하기란 어렵지 않다. 예를 들어서 1927년 7월 22일자 동아일보 기사에는 "거문도에 들어선 영국 사람과 도민 간의 우의는 퍽이나 두터웠던 듯하다. 지금에도 영국 사람의 말을 한 사람도 나쁘게 말하는 이가 없다. 자기네 친구같이 말한다."라면서 거문도 주민들 대다수가 영국인에 우호적이었다고 설명하고 있다.

4) 이영호, 「거문도가 경험한 제국주의와 근대」, 『도서문화』 48, 2016.

5) 권석하의 칼럼은 영국 측 사료에서 등장하는 영국 해군과 거문도 주민의 접촉과 그 다양한 면을 소개하였기에, 이 글에서 시사받은 바가 컸음을 밝혀두는 바이다(권석하, 「영국 해군의 거문도 점령 2년 130년 전 그곳에서 무슨 일이」, 『주간조선』 2363호, 2015년 6월호).

6) 메리 루이스 프렛은 '접촉'을 상호적이고 즉흥적인 만남의 차원을 의미하는 것으로, 각 주체들의 상호적인 관계 속에서 구성되는 방식으로 정의하였다. 이러한 관점에서 그는 식민자(colonizer)와 피식민자(colonized) 사이의 만남

있다. 조선인과 일본인의 '접촉지대'로서 거문도의 역사성이다.[7] 거문도의 원래 명칭은 三島였다. 삼도는 조선 초기에 왜구의 침략에 시달렸으며, 임진왜란 당시에는 일본 수군의 거점이 되기도 했다. 평시에는 일본 어선이 조업활동을 활발히 전개하는 지역이었다. 일본의 진출은 거문도로 명칭이 바뀐 1887년을 전후한 시기에도 지속되었다. 1892년 朝日通漁章程 개정 협상에서 일본 측은 거문도 등에서 일본 어민의 쇄어권을 확보하고자 했다.[8] 1904년 이후에는 일본인의 이주가 본격적으로 진행되었다.[9] 즉 영국이 점령한 거문도

공간을 접촉지대(contact zone)로 규정하였다. 그가 규정한 접촉지대에서는 양자의 갈등과 협력의 모습이 나타나며, 그 과정에서 식민화가 진행되기도 하며, 오히려 식민주의를 전복하는 가능성이 보이기도 한다. 삼도에서 거문도로 명칭이 변화하는 그 공간은 오랫동안 조선인과 일본인의 접촉 속에서 갈등이 진행되었다. 그런데 동아시아에서 전략적 가치에 주목한 영국은 거문도를 자신들의 지배력이 관철되는 공간으로 만들고자 하였다. 그 과정에서 조선, 영국, 일본은 자신들의 이익을 위해서 상호간의 협력과 배제를 추구하였다. 즉 영국의 점령지로서의 '거문도'가 아니라 '접촉지대'로서의 거문도를 주목할 경우, 영국의 일방적인 점령과 지배가 관철되는 공간이 아니라 조선, 영국, 일본이 직간접적으로 만나는 과정 속에서 나타나는 갈등과 협력의 다양한 측면을 확인할 수 있다. 메리 루이스 프랫, 김남혁 옮김, 『제국의 시선, 여행기와 문화횡단』, 현실문화, 2015(Mary Louise Pratt, *Imperial Eyes : Travel Writing and Transculturation*, 2nd Edition, Routledge, 2007).

7) 곽영보는 그의 책에서 영국의 거문도 점령을 다루고 있지만, 그 전사로서 조선시대 왜구 및 일본의 침략, 그리고 영국의 철수 이후 거문진 설치와 1904년 이후 일본인 이주를 함께 다루었다. 곽영보, 『激動 巨文島風雲史 : 韓末 巨文島事件』, 삼화, 1987 ; 그밖에 三山面誌는 거문도의 과거와 현재를 조망하는 가운데, 일본과의 관련성에 주목한 기존 연구를 정리하고 사료를 일부 수록하였다. 여수지역사회연구소 편, 『三山面誌』, 삼산면지발간추진위원회, 2000 ; 한편 나카무라 히토시(中村 均)는 일제 강점기 거문도에서 일본인의 삶을 분석하기 위한 전사로서 영국의 거문도 점령과 함께 그 이전에 이루어진 일본인의 거문도 진출을 함께 다루었다. 中村 均, 『韓國巨門島にっぽん村』, 中央公論社, 1994.

8) 김희연, 「1892년 朝日 어업관련 조약개정 교섭과 국제관계」, 『한국사연구』 170, 2015.

9) 최길성 편, 『日帝時代 한 漁村의 文化變容』 上, 아세아문화사, 1992 ; 박민정,

는 조선의 주권이 관철되는 지역이자, 조선인과 일본인의 관계가 있어온 변경의 '접촉지대'였던 것이다.

이에 이 글에서는 조선과 일본의 접촉지대(contact zone)였던 '三島'에 새로운 식민자 영국이 등장하면서 또 다른 접촉지대로 변모하는 과정 속에서 '巨文島'가 탄생했음을 밝히고자 한다. 2장에서는 영국의 점령 이전에 삼도에서 진행되었던 조선인과 일본인의 접촉과정을 살펴볼 것이다. 3장에서는 영국이 점령 직전에 진행한 포트 해밀턴(Port Hamilton) 탐사 활동과 그 내용이 점령 이후 삼도 주민과의 협력 관계의 구축으로 이어지는 과정을 서술할 것이다. 그리고 4장에서는 영국이 접촉지대에서 지배력 관철의 한계를 느끼는 과정, 그리고 영국의 철수 이후 조선이 거문진을 설치하는 과정과 그 이후 모습을 살펴볼 것이다.[10]

이 글에서는 '三島'라는 명칭으로 확인이 가능한 거문도 관련 국내 사료와 영국 외무부(FO)와 해군부(ADM) 문서들을 주로 활용하였다. 특히 영국 측 사료에서는 국내 사료에서 확인하기 어려운 '접촉지대'로서 조선, 영국, 일본의 접촉 과정이 담겨 있다. 하지만 영국 측 사료가 당시 영국의 제국주의적 시각이 반영된 만큼, 이에 유의해서 영국 측 사료를 활용하였음을 밝혀두는 바이다.

박순호, 「일제강점기 거문도 근대화 과정」, 『한국지역지리학회지』 22-1, 2016.

10) 이 글에서 '거문도'는 1887년 거문진 설치 이후, 혹은 오늘날 시각에서 설명할 때 사용하였으며, '삼도'는 1887년 거문진 설치 이전을 표현할 때, 그리고 '포트 해밀턴'은 영국의 관점에서 제한적으로 사용하였음을 밝혀 둔다.

2. 조선과 일본의 접촉지대 三島[11]

1885년 7월 7일(음력 5월 25일) 전라좌수사 李熙甲은 승정원에 장계를 올렸다. 장계의 주요 내용은 삼도를 점령한 영국 군함의 정세에 관한 것이었다. 그런데 그 장계에서 이희갑은 "삼도 外洋에 일본어선 100여 척"이 있다고 보고하였다.[12] 7월 16일(음력 6월 5일) 보고에서는 일본어선 대부분이 떠났으며, 단지 한 척만이 고기를 잡고 있다고 기록하였다. 영국 해군의 점령을 확인하기 위해서 진행되었던 조사였지만, 이희갑은 일본어선의 어업 활동을 목격하였던 것이다.

그런데 일본어부들의 출현은 비단 19세기 후반의 일은 아니었다.

---

11) 거문도의 옛 이름으로는 三島 이외에도 三山島, 巨磨島 등이 있다. 다만 巨磨島 는 영국의 거문도 점령 직후 이홍장이 조선 조정에 보낸 서신에는 거문도를 巨磨島로 기록한 데에서 유래한 것으로 보인다.

한편 오사 사츠코(長節子)는 고초도의 위치를 삼도, 즉 오늘날의 거문도로 규정하였다. 즉 거문도의 명칭이 '고초도-삼도-거문도'로 이어졌다는 결론에 도달한 것이다. 이에 대해 주철희는 육지와의 인접성을 고려해서 고초도를 거문도 북단에 인접한 초도 및 손죽도 일대라고 주장하였다. 고초도와 거문도의 관련성을 부정한 것이다. 아울러 주철희는 '삼도-거문도'의 관련성을 논할 때, 1) 일본 왜구의 본거지를 아우르는 三島倭(對馬島·壹岐島·松浦)와 전라도 관할의 三島를 구분할 것, 2) 거문도, 손죽도, 초도를 아우르는 관점에서 三島라는 명칭이 사용된다는 점을 유의해야 한다고 밝히고 있다.

변경 도서의 명칭을 확인하는 작업은 쉽지 않다. 변경 도서 지역을 지도에 정확하게 그리기는 어려웠을 것이다. 그리고 18세기 이후 수군 체제가 육지를 방어하는 관점에서 수군 체제가 개편되면서 변경 도서에 수군을 두어서 선박이 오고가는 길목을 통제하기 보다는 육지로 연결되는 연안을 방어하는 개념으로 바뀌었다. 이러한 시대적 배경 속에서 변경에 위치한 섬의 명칭을 정확하게 파악하는 것은 쉽지 않은 작업임에 분명하다.

이에 이 글에서는 기존 연구성과를 수용하되, 고초도를 거문도, 초도, 손죽도를 아우르는 관점에서 '삼도 일대'로 비정하고자 한다. 長節子, 『中世國境海域 の倭と朝鮮』, 吉川弘文館, 2002 ; 주철희, 「고초도 위치 비정에 대한 재검토」, 『한일관계사연구』 41, 2012.

12) 『全羅左水營啓錄』(奎 15097), 고종 22년 5월 25일, "三島外洋日本漁船百餘隻."

사료상의 부족으로 그 시기를 특정할 수는 없지만, 조선 전기 이전부터 일본인들은 삼도 일대에 출현하였다. 그리고 이와 관련해서 주목할 금약이 있다. 바로 1441년(세종 23)에 조선 정부가 대마도주 소 사다모리(宗貞盛)에게 허락한 '孤草島釣魚禁約'이다.

조선 정부는 고초도조어금약을 통해서 쓰시마인들의 어업 활동을 제한적으로 보장해 주었다. 고초도 일대에서 어업활동을 하는 쓰시마인들에게 어세를 징수함으로써, 그 지역이 조선의 통치권 아래에 있음을 분명히 하였다.[13] 하지만 고초도조어금약은 그리 오래가지 않았다. 금약 이후에도 삼도 일대에서 어업을 둘러싸고 조선인과 쓰시마인들 사이의 갈등이 지속되었기 때문이다. 결국 조선 정부는 1510년에 삼도 일대에서 쓰시마인의 어업활동을 금지하는 조치를 내렸다.

그렇다면 삼도 일대에서 일본 어부들은 자취를 감추었을까? 그렇지는 않아 보인다. 1526년(중종 21) 조선 조정에서는 전라좌수사 方好義의 죄상을 논의하였다. 그의 죄는 삼도에서 왜구의 침략을 방어하지 못했다는 것이었다. 조정 관료들은 현지 관리들의 보고를 인용해서 "三島는 곧 왜적들이 왕래하는 요충",[14] "매년 9월 초승이면 倭賊들이 三島에 와 정박하고 옷과 양식을 약탈해 가니"[15]라고 말하였다.

임진왜란 당시에는 일본군이 삼도에 부두를 설치하고 군사를 주둔시키기도 했다. 삼도를 기지화한 것이다. 그러자 이순신이 삼도로

---

13) 한문종, 「조선전기 조일간 어업분쟁과 해양권의 강화」, 『한일관계사연구』 42, 2012, 138~141쪽.
14) 『中宗實錄』 권56, 중종 21년 1월 19일.
15) 『中宗實錄』 권56, 중종 21년 2월 9일.

출동해서 일본군을 몰아내고 기지를 파괴한 후, 별장 1인과 수군 460명을 삼도에 주둔시켰다.16)

조선 정부의 금지에도 불구하고 일본인들이 삼도를 왕래하고 정박하는 일이 끊이지 않았던 이유는 무엇일까? 이와 관련해서는 임진왜란 후인 1600년에 좌의정 李恒福이 제시한 일본의 침략에 대한 방비책에서 그 해답을 찾을 수 있다. 그는 일본군의 침략로를 세 갈래로 구분하였는데, 그 첫 번째는 일본의 변경에 해당하는 五島 주민들의 노략질과 관련이 있었다.

五島17)는 대마도 오른쪽에 있는데 땅도 작고 토지도 척박하며 人戶는 1천도 못되고 백성들은 恒業이 없어서 販賣로 생활을 하기 때문에 출몰하면서 노략질하는 것이 다른 왜적 보다 더욱 극심하다는 것이었습니다. 평시 우리 변경에서 노략질하는 零賊들의 태반은 이 섬에 사는 자들입니다. 이들이 침구해 오는 길은 둘이 있습니다. 하나는 오도에서 동남풍을 타고 三島에 이르러 留宿한 뒤 仙山島를 지나 곧바로 古今島와 加里浦 등처에 도달되는 길이고, ……18)

이항복은 동남풍에 따른 해류의 영향에 주목하였다. 일본의 五島 열도에서 고금도에 이르는 바닷길이 자연적인 영향으로 생겨났으며, 그 길목에 위치한 삼도가 일본인이 잠시 머물고 가는 거점이 되었다고 보았던 것이다.

---

16) 서병수, 『廬山志』, 1900(규장각, 一簑古 915.142-Se61n) ; 주철희, 앞의 논문, 120쪽에서 재인용.
17) 五島 열도는 다음 섬을 가리킨다. 나카도리 섬(中通島), 와카마쓰 섬(若松島), 나루 섬(奈留島), 히사카 섬(久賀島), 후쿠에 섬(福江島).
18) 『宣祖實錄』 권121, 선조 33년 1월 28일.

그렇다면 18세기 이후 일본의 진출은 어떠하였을까? 고초도금어조약의 사례처럼 정부 차원에서 일본 선박의 진출을 다룬 경우는 거의 없다. 다만 정조 9년(1785) 조익의 상소가 눈에 띈다. 그는 오도에서 출발한 일본 선박이 동남풍을 타고 삼도에 이르러 經宿한다고 말하였다.[19] 그런데 조익의 상소에서 눈에 띄는 것은 삼도 일대의 방어가 아니었다. 그는 "동래로 향할 수 있는 자라면 어찌 기호로 향하지 못하겠습니까?"라면서 경기도 안산, 인천, 강화 지역의 방비를 강화해야 한다고 주장한 것이다. 실제 조선 조정에서는 날씨의 영향을 많이 받는 삼도를 거쳐서 고금도로 가는 항해길 보다는 대규모 병력이 침략할 수 있는 경로인 부산 일대에 주목하였다. 그와 동시에 서울의 길목인 강화 일대의 방비가 강화되었다.

전라도의 경우는 황당선의 출현으로 지역에 대한 방비 필요성이 부각되었다. 섬 지역의 토지가 개간되고 인구가 계속해서 유입됨으로써, 진을 설치하고 운영할 수 있는 재정적 뒷받침도 마련되었다. 이러한 환경 속에서 전라도에는 6개의 수군진이 설치되었다. 하지만 흥양현에서 설치한 진은 주로 육지와 인접한 섬에 설치되었다. 외적이 내륙으로 침략하는 시도를 막기 위함으로 풀이된다.[20]

18~19세기 초로 추정되는 시기에 해상 방어를 위한 군사적 목적으로 嶺南湖南沿海形便圖가 제작되었다.[21] 이 지도는 당시 해안 방어를 목적으로 한 만큼 연안과 부속도서를 비교적 자세히 기록하였다는

---

19) 『承政院日記』, 정조 9년(1785년) 7월 26일, "蓋倭船所由之路, 非止一處, 自五島得東南風, 至三島經宿."
20) 황당선 출현과 수군진 개편에 관해서는 다음 논문을 참조. 송기중, 「朝鮮後期水軍制度의 運營과 變化」, 충남대학교 대학원 국사학과 박사학위 논문, 2016.
21) 嶺南湖南沿海形便圖는 현재 국립중앙도서관에서 소장 중이며, 인터넷을 통해서 지도 전체를 공개하고 있다.

평가를 받고 있다. 이 지도에서는 삼도를 다음과 같이 그리고 있다.

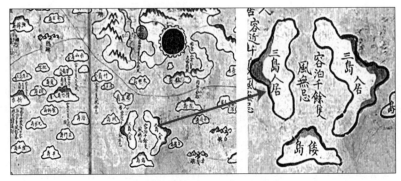

嶺南湖南沿海形便圖와 三島 부분 확대

지도에는 孤島, 古島라고 불리던 섬을 倭島로 표기하고 있다. 일본인들이 고도를 거점으로 삼아서 어업 활동을 전개하였다는 점을 추정할 수 있다. 그리고 삼도의 내해에는 선박 천여 편이 바람을 피해서 머무를 수 있다고 기록되어 있다. 이는 1845년에 삼도를 방문한 영국 군함 사마랑(Samarang)호의 벌처(Edward Belcher) 함장이 그곳을 포트 해밀턴으로 이름을 지으면서, 내세웠던 항구로서의 장점이기도 했다.

그렇다면 삼도 주민들의 삶에서 일본과의 연관성을 찾을 수는 없을까? 1790년에 삼도에 류큐인들이 표류해서 온 일이 있었다.[22] 당시 삼도 주민들이 필담을 통해서 류큐인과 대화를 시도하였다. 그런데 삼도민들이 사용한 언어가 바로 한문과 일본어였다. 당시 독립 왕조를 이루었던 류큐민들에게 일본어로 의사소통을 하기란 불가능하였다. 하지만 중요한 사실은 삼도 주민들이 일본어를 구사

---

22)『正祖實錄』정조 14년(1790) 7월 11일.

하였다는데 있다. 이 사례를 두고 단정지어서 설명할 수는 없지만, 삼도 주민들과 일본인들 간의 교류가 있었음을 짐작하게 하는 대목이라 할 수 있다.

19세기 중반 이후 조선 정부도 서양 선박의 출현에 대비하는 모습을 보이기도 하였다. 1866년(고종 3)에 조정에서는 이조판서 李載元의 제안으로 해양 방어를 위한 방안으로 청산도에 僉使鎭을 두었다. 그리고 청산진의 관할 범위를 흥양현과 영암현의 부속도서로 확장시키는 조치를 취하였다. 그 과정에서 삼도 역시 청산진의 관할 아래 편입되었다.

1878년 초, 조선 정부는 일본 공사 하나부사 요시토모(花房義質)와 개항장 협상을 진행 중이었다. 그런데 조선 정부는 진도를 개항장으로 두자는 제안을 하였다. 그 이유는 진도 일대에 서양 선박의 출현이 잦았던 관계로, 이번 기회에 진도를 개항장으로 두려고 했던 것으로 보여진다. 그런데 협상 과정에서 일본 측은 진도뿐만 아니라 함경도 문천, 그리고 삼도에 임시(1878년 4월~1879년 3월)로 석탄저장소를 두기로 하였다. 이는 일본이 동아시아의 전략적 요충지로 삼도를 선택하였다고 설명이 가능하다.[23] 아울러 이전부터 조일 교류가 잦았던 지역이었기에 삼도를 지정했을 가능성도 있다. 즉 조선의 개항 과정에서 삼도는 점차 어업의 근거지와 더불어 근대적인 목적을 수행하는 공간으로 변화하였던 것이다.

---

23) 이영호, 「거문도가 경험한 제국주의와 근대」, 『도서문화』 48, 2016, 113쪽.

3. 영국의 삼도 탐사와 점령

1) 1875년과 1884년 현지 조사 활동

1845년 영국 군함 사마랑(Samarang)호가 삼도에 출현하였다. 삼도가 서구 사회에 알려지게 된 시작이었다. 그런데 사마랑호는 비단 삼도에만 머물러 있지 않았다. 제주도를 비롯해서 남해의 여러 섬을 탐사하였다. 그리고 벌처(Belcher) 함장은 삼도를 해군부 차관 윌리엄 해밀턴(William Baillie-Hamilton)의 이름을 따서 포트 해밀턴(Port Hamilton)으로 명명하였다.

하지만 사마랑호의 탐사 무렵에는 영국이 포트 해밀턴의 점령을 고려한 것으로 보이지는 않는다. 영국이 포트 해밀턴의 점령을 구체적으로 계획한 시점은 1875년과 1884년이었다.[24] 전자의 경우는 서계문제로 촉발된 조일 갈등의 심화가 원인이 되었다. 당시 주일 영국공사 파크스(Harry Parkes)는 본국 외무부에 일본이 러시아와 연합해서 조선을 침략할 것이며, 러시아의 조선 진출을 억제하기 위해서는 동아시아 요충지인 포트 해밀턴을 점령해야 한다고 제안하였다. 제안과 동시에 파크스는 주일 영국공사관의 서기관 플런켓(F. R. Plunkett)을 포트 해밀턴으로 급파하였다. 현지 사정과 점령 가능성을 확인하기 위함이었다.

---

24) 1875년 7월 파크스의 거문도 점령 제안과 1884년 12월 갑신정변 직후 영국이 거문도 점령을 구체화하는 과정에 대해서는 필자의 다음 두 논문을 참조. 한승훈, 「고립정책과 간섭정책의 이중주-조일수호조규에 대한 영국의 인식과 대응」, 『역사비평』, 114, 2016(1) ; 「영국의 거문도 점령 과정에 대한 재검토-갑신정변 직후 영국의 간섭정책을 중심으로-」, 『영국사학』 35, 2016(2).

후자의 경우도 파크스의 제안에 따른 것이었다. 1884년 12월 갑신정변이 발발하자, 주청 영국공사이자 조선공사로 재직 중이었던 파크스는 외무부로 전보를 보냈다. 그 내용은 서울에서 청일 군대가 충돌했다는 것이었다. 그런데 전보 말미에 파크스는 포트 해밀턴을 경계해야 한다고 건의하였다. 그렇게 건의한 이유는 갑신정변이 동아시아 정세를 불안하게 만들 것이며, 그럴 경우 러시아가 조선으로 진출할 것으로 예상하였기 때문이다. 파크스의 건의를 받은 해군부는 즉각적으로 대응하였다. 상해에 주둔해 있었던 'Melin'호를 포트 해밀턴으로 보낸 것이었다.

1875년의 경우는 외무부의 반대로 실현되지 않았다. 1884년의 경우는 이듬해 아프가니스탄에서 영국과 러시아의 갈등이 고조되면서, 영국의 점령으로 현실화되었다. 그렇기에 두 사례를 함께 다루는 것은 무리일 수도 있다. 하지만 1875년 영국의 포트 해밀턴 점령 관련 보고서는 이후 1885년 점령 계획의 기초자료가 되었다.[25] 그렇기에 양자의 조사보고서를 함께 봄으로써, 영국이 거문도 점령을 구체화한 과정을 확인할 수 있다.

먼저 1875년 조사를 살펴보도록 하자. 1875년 8월 4일 11시에 플런켓을 태운 영국 군함 'Frolic'호가 포트 해밀턴에 도착하였다.[26] 그들이 도착하자, 삼도 주민들이 모여들기 시작하였는데, 플런켓이 추산한 군중의 수는 약 300여 명이었다. 현장에 나타난 삼도 주민들은 플런켓

---

25) 영국외무부는 1875년 파크스의 점령제안의 연장선에서 1885년 거문도 점령을 이해하고 있었다. 1885년 6월 23일에 편집한 거문도 점령 기밀문서집(*Correspondence Respecting the Temporary Occupation of the Port Hamilton by Her Majesty's Government*)의 표지에는 "In Continuation of Confidential Paper No. 2700"이라고 적혀있다. 여기서 "Confidential Paper No. 2700"은 바로 1875년 파크스가 제기하였던 거문도 점령 제안 관련 문서를 편집한 기밀문서집을 의미한다.
26) Parkes to Derby, Yedo, August 24, 1875, Confidential, No.36, FO 881/2700.

일행에게 적대적이지 않았다. 오히려 친절함을 베풀었다.

플런켓 일행들도 삼도 주민들에게 영국 군함을 승선할 수 있는
기회를 주었다. 삼도 주민들의 의료 지원 요청도 외면하지 않았다.
플런켓 일행에 의사로서 동행하였던 해밀턴 박사는 삼도 주민들의
눈병을 치료해 주기도 했다.[27] 플런켓 일행은 현지 주민들과 우호적
인 관계를 맺음으로써, 현지 조사를 수월하게 진행할 수 있었던
것이다.

> 포트 해밀턴은 조선에 속해 있으며, 주민들은 순수한 조선인들입니다.
> 그리고 그들은 육지에 있는 정부 당국자에게 세금을 냅니다. 그들은
> 부산과 매우 가까운 가장 큰 고장인 동래로부터 공급품을 확보합니다.
> 그리고 동래의 재판권 아래 있습니다. 일반적으로 정크가 승객들을
> 동래로 실어 나르는데 3일이 걸립니다. …… 지난 15년 동안 항구에
> 어떠한 군인들도 들어온 적이 없었습니다. 거기에는 러시아인이건
> 어떠한 외국인이건 온 적이 없었습니다. …… 이 섬에는 600여 채의
> 가옥이 있는데, 이는 아마도 3천여 명이 거주하고 있다고 추정됩니다.
> 그들은 주로 항구의 해안에 있는 네 개의 큰 마을에서 살고 있으며,
> 그곳이 유일한 경작지입니다.[28]

---

27) 위의 사료, "Captain Buckle entertained them and showed them all over the
ship, and some of them having inquired whether there was not a doctor on
board, he at once offered the services of Dr. Hamilton to anybody who required
them. This was eagerly jumped at, and several persons with bad eases of opthalmia
received medical treatment."

28) 위의 사료, "The islands belong to Corea, the natives are pure Coreans, and
they pay taxes to the Government authorities on the mainland. They obtain
their supplies from Toria, a large town on the mainland close to Fusanki, and
are under its jurisdiction. A junk usually makes the passage there in three days.
…… No man-of-war had entered the harbour during the last fifteen years. No

플런켓은 포트 해밀턴이 조선 영토이며, 타 국적인들과 잡거하지 않은 지역임을 밝히고 있다. 이어서 지난 15년 동안 어떠한 외국인도 포트 해밀턴에 온 적이 없다는 사실을 기술하였다. 외부 세력의 관심에서 비켜나 있는 지역임을 강조한 것이다. 그러나 플런켓이 얻은 정보는 정확하지 않았다. 삼도는 동래부가 아니라 흥양현의 관할에 있었으며, 인구수도 1,000여 명에 불과하였기 때문이다.

플런켓 일행이 의심한 대목도 있었다. 바로 일본과의 관련성 여부였다. 특히 플런켓 일행이 만난 현지 주민 중에 왜관에서 일본어를 배운 이의 존재는 일본과의 관련성 여부를 의심하기에 충분하였다.

> 본인은 왜관에서 일본어를 배운 그에게 왜관에서의 최신 소식과 최근 왜관에서 어떠한 변화가 발생하였는지 알려줄 것을 요청하였습니다. 그는 왜관을 다녀온 지 오랜 세월이 흘렀기 때문에 전혀 알지 못한다고 대답하였습니다. 이것은 아마도 거짓일 것입니다. 포트 해밀턴에서 물자를 공급받는 동래는 왜관에서 불과 12마일 떨어진 곳에 위치해 있기 때문입니다. 그러나 본인은 그 때 (그 사실을 | 인용자) 알지 못해서 그 문제에 대해서 이야기하는 것을 그만두었습니다.[29]

Russians or other foreigners ever came there. ⋯⋯ The islands contain 600 houses, which would probably mean a population of about 3,000 souls. - They live principally in four large villages on the shores of the harbour, where also is all the cultivation."

29) 위의 사료, "This man having learnt Japanese at Sorio, I asked him what news there was, and whether any change had lately taken place. He replied that it was many years since he had been there, and lie knew nothing. This was probably false, for the town of Torai, whence Port Hamilton draws its supplies, is only about twelve miles from Sorio, but I did not know that at the time and dropped the subject."

플런켓은 삼도가 동래부와 교류를 진행하고 있음에도 불구하고, 현지 주민들이 동래부와 왜관에서 발생한 조선과 일본의 갈등에 대해서 무지했다는 사실을 믿지 않았다. 하지만 그는 더 이상 삼도와 동래, 나아가 일본과의 관계를 확인하지는 않았다. 그의 고백에서처럼 동래와 왜관이 지척에 위치한 사실조차 몰랐기 때문이다.

그럼에도 불구하고 플런켓은 조사활동을 통해서 다음 사실을 추가로 확인할 수 있었다. 첫째, 동네 주민들이 완전히 교육을 받지 않은 사람으로 보이지 않는다는 사실이었다.[30] 둘째, 엄격하게 여성들을 집안에 가두었기 때문에 여성들을 전혀 볼 수가 없었다는 점이었다.[31] 셋째, 무장한 주민들이 없을 뿐만 아니라, 주민들을 통제하기란 어렵지 않다는 사실이었다.

플런켓의 조사 보고에 대해서 파크스는 다음과 같이 평가하기도 하였다.

> 주민들의 품성은 비록 거칠고 불친절하였지만, 그들은 과거 경험에서 예상했던 것보다 훨씬 친절하였습니다. 그리고 1870년에 영국인 몇몇이 동승해 있었던 난파한 러시아 선박의 선원들을 매우 가혹하게 다루었고 생명을 위협하였던 이웃 섬인 퀠파트(Quelpart : 제주도ㅣ인용자)에 사는 주민과 매우 대조적으로 매우 호의적이었습니다.[32]

---

30) 위의 사료, "…… and showed that the natives of Port Hamilton are not completely uneducated."

31) 위의 사료, "…… We saw no women at all. They were kept rigorously shut up in the villages."

32) 위의 사료, "The manners of the inhabitants, though rough and unpleasant, were more friendly than could have been anticipated from past experience, and contrasted very favourably with those of the people of the neighbouring island of Quelpart, who treated with great harshness and threatened the lives

1875년 플런켓의 조사는 영국이 포트 해밀턴을 손쉽게 장악하고 그 지역을 통제할 수 있다는 전망을 심어주기에 충분하였다. 특히 주민들의 호의적인 태도는 우호적인 관계에서 점령을 추진할 수 있다는 가능성을 제시해 주었다. 아울러 대민 접촉과 관련해서 여성과의 접촉을 피해야 한다는 주의를 전하기도 하였다.

그러면 현지 주민들이 '완전히 무지하지 않다(not completely un-educated)'는 관찰 내용은 무엇을 의미할까? 당시 삼도 출신 유학자로 '巨儒文士'라는 칭호를 받은 橘隱 金瀏, 그리고 그가 죽었을 당시 삼도에 그의 문인을 자처한 이가 35명이 있었다는 사실은 플런켓의 보고를 뒷받침해 주기도 한다.[33] 하지만 교육의 기회가 상대적으로 적을 수밖에 없는 변경 도서지역의 특성과는 다른 이미지를 표현한 것일 수도 있다. 육지에서 떨어진 섬이기에 삼도 주민들의 학식 자체가 과장되었을 수도 있다. 실제 정여창도 섬마을에서 한자 필담이 가능한 사람들이 적지 않았다는 점에서 놀라움을 표시하고 섬 이름을 '巨文'으로 명명했다고 알려져 있다.

그런데 현지 주민의 학식에 주목한 또 다른 이가 있었다. 바로 1884년 12월에 포트 해밀턴을 방문한 'Merlin'호의 선장 브렌톤(Reginald Carey-Brenton) 중위였다. 그는 포트 해밀턴에서 조사한 내용을 "Report on Port Hamilton"이란 제목의 보고서로 제출하였다.[34] 그 보고서에서 브렌톤도 삼도 주민들이 생각보다 지적 수준이 높다는 점을 지적하였다. 그 근거는 다음과 같았다.

---

of the shipwrecked crew of a Russian vessel, comprising several Englishmen, which was cast away on that coast in 1870."

33) 귤은 김류와 관련해서는 다음 논문 참조. 이영호, 앞의 논문, 116~122쪽.
34) 브렌톤의 보고서와 관련해서는 다음 논문 참조. 한승훈, 앞의 논문, 2016(2), 78~82쪽.

교육. 이 후자(훈장 | 인용자)는 본인이 묘사하였던 하찮고 고립된 노동의 공동체 사이에서 중요한 역할을 수행하는 것으로 두드러져 보입니다. 그러나 매우 일반적으로 볼 수 있는 어부의 대다수가 책을 읽고 쓸 수 있다는 점은 놀라운 일입니다. 그리고 본인은 그들의 집에서 많은 양의 책들을 소유하고 있는 점에서 놀랐습니다.[35]

브렌튼은 포트 해밀턴에서 일반적으로 볼 수 있는 어부들 중 다수가 글을 읽고 쓸 수 있다는 점에 놀라움을 표시하였다. 아울러 그들의 집에 꽂혀 있는 책의 양이 많다는 사실에 주목하였다. 아마도 육지로부터 고립된 변경 도서지역의 지리적 특수성과 더해져서 현지 주민들이 지적 수준이 높다는 결론에 도달한 것으로 보인다.

그런데 브렌튼은 주민들의 지적 수준이 높다는 사실을 토대로, 그 지역의 점령 가능성을 다음과 같이 서술하였다.

전반적으로 (삼도 | 인용자) 주민들이 갖고 있는 지식이 그들을 참을성 있고, 도덕적이고, 근면하게 이끄는 한 그들은 완전히 고분고분하게 보입니다. 그리고 삼도 주민들은 그들의 상태와 상황으로부터 예상가능한 것보다 지적인 수준이 매우 높습니다. 만약 삼도 주민들이 온순한 기질의 유럽 국민과 접촉하게 된다면, 그들을 다루는 데 주된 약점이라 할 수 있는 섬 주민들이 갖는 배타적인 성향은 아마도 점차 사라지게

---

35) "Report of Port Hamilton," December 26, 1884, Confidential, ADM 116/70, Part
Ⅰ, "*Education.* This latter employment may seem a remarkable one to occupy an important position amongst such a humble and isolated labouring community as that which I am describing. It was, however, wonderful how many of the very commonest-looking fishermen were able to read and write ; and I was surprised at their houses containing so many books."

될 것입니다.[36)]

브렌톤은 영국이 그곳을 점령했을 때, 지적 수준이 높은 주민들이 영국의 지배에 순응적인 모습을 보이게 될 것이라고 전망하였다. 그 근거는 명확하지 않다. 다만 교육 수준이 높은 사람들이 그렇지 않은 사람들에 비해서 상대적으로 체제에 순응적이거나 복종하는 경우가 많으며 그 이유가 개인의 경제적 상황과 연결된다고 본다면,[37)] 브렌톤의 지적은 의미심장한 표현이 아닐 수 없다.

그 밖에 브렌톤은 현지 여성을 겁이 많다고 하면서 "결코 보이지 않습니다. 단지 멀리서 외국인이 보이기라도 한다면, 당황하면서 도망갈 뿐"[38)]이라고 묘사하였다. 십 년 전 플런켓의 설명과 거의 동일하였다. 아울러 브렌톤은 현지인들이 "일본 선박의 국적을 나타내는 기를 잘 알고"[39)] 있으나, 그들은 "일본인들을 좋아하지 않는다"고 설명하기도 했다.[40)] 구체적인 근거를 제시하지는 않았지만, 삼도

---

36) 위의 사료, "On the whole these natives appear to be docile, cleanly, as far as their lights lead them patient, moral, and hardworking, and are of a far higher intellectual stamp than one would expect from their condition and situation ; whilst their insular prejudice, which is the chief drawback in deal with them, would probably fine away if they were brought much in contact with a European nation of a just and temperate disposition.", 한승훈, 앞의 논문, 2016(2), 81쪽에서 재인용.

37) 촘스키, 강주헌 역, 『촘스키, 누가 무엇으로 세상을 지배하는가 : 세상의 진실을 들여다보는 통찰』, 시대의 창, 2016, 70~71쪽.

38) 앞의 사료, "*Women timorous.* The Women never appear, but run away in dismay as soon as a foreigner is seen in the far distance."

39) 위의 사료, "*Not often visited by Foreign Ships.* …… They were familiar with the Russian and Japanese ensigns, but the Chinese they did not seem to know."

40) 위의 사료, "*Japanese not liked by Natives.* They do not care about the Japanese, and ……."

인근에서 일본 어선의 활발한 조업 활동에 기인한 것으로 추정할 수 있다.

플런켓과 브렌톤의 조사는 점령 및 지배를 염두에 둔 조치였다. 그런데 점령의 방식으로 고안한 것은 폭력적이거나 억압적이지 않았다. 이는 삼도 자체가 방어력을 갖고 있지 않았기 때문이거니와, 삼도 주민들의 우호적인 태도가 큰 영향을 끼쳤던 것으로 보인다.

1885년 4월 15일, 영국은 포트 해밀턴을 불법적으로 점령하였다. 'Agamemnon', 'Pegasus', 'Firebrand'호는 주민들이 거주하지 않는 고도에 정박하였다. 영국 해군의 점령 직후, 삼도 내부에서는 아무런 저항이 없었다. 영국 해군은 현지 주민과 조선의 저항 없이 포트 해밀턴을 기지화하는 작업에 착수하였다.

2) 영국의 해군 기지화 정책과 현지 주민의 협조

1885년 5월, 조선 정부는 엄세영과 묄렌도르프를 삼도로 파견하였다. 영국의 점령을 확인하고, 점령의 불법성을 항의하기 위함이었다. 엄세영과 묄렌도르프는 삼도와 나가사키에 가서 영국에게 즉각 철수를 요구하였다. 그런데 거문도를 조사한 엄세영은 흥양현 현감에게 별도의 서신을 보냈다.

> 삼도의 백성들은 연달아 흉년이 들었으며, 또 일본인들이 고기잡이로 오는 것으로 곤란을 겪어서, 즉 해상과 농업에서 이익을 잃어서 그 정황이 잊혀지지 않습니다. 공간하는 관리들은 그 섬으로 가서 장차 보전하기 어려운 상황이 이르면 충분히 진념하여 놀라서 소용하지 않고 편안하게 하는 것이 가장 큰일에 이르는 것입니다.[41]

엄세영은 영국이 점령한 삼도 주민들이 최근 계속된 흉년과 일본 어선의 침투로 인해서 농업과 어업 모두 어려움을 겪고 있다는 점을 밝혔다. 특히 앞에서 언급한 바와 같이 영국이 점령한 삼도 해안에는 100여 척의 일본어선이 어업 활동을 진행하고 있었다. 100여 척을 이끌고 삼도 앞바다에 출현한 일본 어선의 존재는 삼도 주민들이 계속된 흉년을 극복할 수 있는 방안 자체를 무력화시키기에 충분하였다. 이에 엄세영은 무엇보다 조선 정부가 주체가 되어서 흥양현에서 삼도 주민들의 궁핍한 삶을 확인하고 구휼에 힘써야 한다고 주장하였던 것이다.

하지만 흥양현에서는 별다른 조치를 취하지 않은 것으로 보인다. 흥양현을 대신해서 삼도 주민들의 굶주림을 해결한 이들은 영국 해군이었다. 영국 해군은 그들이 점령한 삼도에 주둔하기 위한 제반 시설을 지어야 했으며, 이를 위해서는 삼도 주민들의 노동력이 필요하였다. 그런데 1885년 4월 중순에 삼도를 점령한 영국 해군이 만난 주민들은 최악의 기근에 시달리고 있었다. 보릿고개까지 겹치면서 식량 비축량은 거의 바닥이 난 상태였다.[42] 이에 영국 해군은 삼도 주민들에게 노동력의 대가로 쌀을 지급하였다. 그로 인해 삼도 주민들은 배고픔을 해결할 수 있었다.

그런데 삼도 주민들은 시간이 지나면서 배고픔을 해결함과 동시에 어느덧 쌀을 비축할 수 있게 되었다. 쌀의 비축이 가능해지면서,

---

41) 『巨文島英艦見聞記』, "三島之民 荐値歉荒 又因日人之來漁 則海農失利 其情可念 官人公幹出島 其爲接滋熾 將有難保之狀 十分軫念 毋使驚擾爲妥 至於大件事"(「資料 : 巨文島英艦見聞記」, 『호남문화연구』 3, 1965, 144쪽).

42) Aston to O'Conor, Hanyang, September 3, 1885, No.101, FO 228/795 ; Inclosure 2 in No. 201, FO 405/35. "On the arrival of our fleet in April last the villagers were in a most destitute condition, their supplies of food being almost exhausted."

삼도에서는 쌀의 가치가 하락하는 상황에 이르기도 하였다. 그러자 삼도 주민들은 영국 해군에 쌀이 아닌 현금으로 임금을 지불해 줄 것을 요청하였다.

영국 해군과 삼도 주민의 임금문제를 해결한 이는 주조선 영국총영사관의 통역관 스코트(J. Scott)였다. 그는 1885년 8월 21일에 삼도에 도착하였는데, 그의 삼도 행은 도웰 부제독의 요청에 따른 것이었다. 도웰은 임금 협상 및 토지 임대에 관해서 현지 주민들과 협상을 추진하였는데, 정작 영국 해군 내에서는 협상을 진행하는데 필수적인 영어와 한국어가 동시에 가능한 인물이 없었다. 이에 도웰은 총영사 애스턴에게 통역의 파견을 요청하였고, 애스턴은 총영사관의 통역으로 한국어 의사소통이 가능했던 스코트를 삼도로 파견하였다.[43]

임금 문제는 스코트의 표현대로 어렵지 않게 해결되었다. 삼도 주민들은 영국 군함의 주둔으로 자신들의 생계 활동인 고기잡이를 할 수 없다고 주장하면서, 임금을 관대하게 매겨 줄 것을 요구하였다. 임금 협상에서 유리한 위치에 오르기 위한 전략으로 볼 수 있는 대목이었다. 스코트는 조선인들에게 일당으로 75전을 지급할 것을 도웰 제독에게 권유하였다. 스코트가 제안한 75전은 그가 조선인들에게 지급하였던 일당을 고려한 금액이었다. 도웰은 이 제안을 삼도 주민들에게 제시하였으며, 주민들 역시 영국 해군의 결정에 동의함으로써 임금 문제를 해결할 수 있었다.

토지 임대 문제는 복잡하게 전개되었다. 이미 영국 해군은 고도의

---

43) 스코트의 현지 활동에 관해서는 다음 사료의 내용을 참고했음을 밝혀 둔다. Aston to O'Conor, Hanyang, September 3, 1885, No.101, FO 228/795 ; Inclosure 2 in No. 201, FO 405/35.

고지대에 전망대를 설치하는 대가로 1년에 124달러의 임대료를 지불하기로 합의가 된 상황이었다. 하지만 영국 해군은 병원과 막사를 지을 장소가 필요했다. 영국 해군이 원했던 부지 역시 고도에 위치해 있었다.

스코트는 고도에 대한 현장 조사를 실시하였다. 조사 결과 그는 고도에 조선인들이 거주하지 않지만, 일부 주민이 고도에 경작지를 소유하고 있으며, 나머지는 정부 소유 내지는 사실상 버려진 땅임을 확인하였다. 그런데 그는 고도의 어원이 "Japanese Island"에서 왔다는 사실을 실제로 목격하였다. 선박의 상륙지 인근에 자리한 짚으로 만든 오두막 몇 채가 일본인 어부의 소유라는 사실을 확인한 것이다.

고도에 대한 현장 실사를 마친 스코트는 영국 해군이 원하는 부지의 소유자, 혹은 대리인을 모았다. 토지 임대에 대한 협상을 시작하기 위함이었다. 그런데 고도에 오두막을 소유하고 있었던 일본인들은 협상 대상에서 제외되었다. 스코트는 그 이유를 분명히 밝히지 않았지만, 고도 자체를 본래 조선의 영토로 인정하였기 때문으로 보여진다.

실제 협상은 긴급을 요하는 토지에 대한 협상에 한정되었다. 스코트와 조선인 토지 소유자들은 영국 해군이 선택한 부지에 대해서 연간 24~26달러의 임대료를 지불하는 것으로 합의를 보았다. 영국 해군이 보기에 해당 토지의 소유자들은 우호적으로 협상에 임했으며, 저가의 임대료에도 불만을 표시하지 않았다. 오히려 불만을 표시한 이들은 임대 협상에서 제외된 토지의 소유자들이었다. 그들은 추후 영국 해군이 임대 협상을 하겠다는 말에 실망감을 표시하였던 것이다.

영국 해군은 주민들에게 지급해야 할 토지임대료와 임금을 조선의 엽전으로 지급하기로 결정하였다. 그 엽전은 부산 해관을 통해서 조달하기로 하였다. 스코트는 협상을 마친 후 부산으로 건너가서, 엽전을 융통하는 업무를 수행하였다.

그런데 토지 임대 협상 과정에서 삼도 주민들을 대표한 이는 정부 측 관리가 아니었다. 소위 삼도의 대표(Headman)격인 촌장이 이를 주도하였다. 영국 해군 역시 조선 정부 측의 관리를 알지 못한다고 대답하였다. 조선 정부 측 인사가 배제된 상태에서 토지 임대가 진행되었던 것이다. 이에 스코트는 삼도를 관할하는 관리가 현장에서 확인 및 동의를 구할 필요성을 제기하였다.

당시 삼도를 관리하는 이는 別將 김길서였다. 김길서는 스코트의 요청을 받고 영국 군함 'Agamemnon'에 도착하였다. 그는 영국 해군이 주민의 토지와 제산을 강탈할 것인가를 물었다. 영국이 삼도를 점령하고 행정상의 통제를 실시할 것인가를 확인하고자 했던 것이다. 영국 해군대위 롱은 스코트를 통해서 영국 정부는 삼도 주민의 토지와 재산을 강탈할 의도가 전혀 없다는 점을 김길서에게 확신시켜 주었다. 영국 해군은 단지 주민들에게 토지를 빌렸을 뿐이며, 그 이외의 문제, 특히 토지에 대한 세금 납부를 종전과 같이 토지 주인이 조선 관청에 납부한다는 점을 밝혔던 것이다.

그런데 지역 대표 한 명이 영국 측 발언에 동의하지 않았다. 그는 영국 해군이 삼도를 점령했을 때 토지를 빌려주고 노동력 징발을 돕는 등, 영국 해군이 삼도에 주둔하는 과정에서 협력을 아끼지 않은 인물이었다. 그런 그가 영국 측 입장에 반대를 표명한 이유는 토지를 빌린 영국 해군이 토지에 대한 세금, 즉 전정을 조선 관헌에 납부해야 한다는 것에 있었다.

스코트는 영국 해군이 지불하는 임대료가 높다는 점을 상기시키면서, 그 임대료 내에는 토지소유자가 조선 정부에 내야 할 세금도 포함되어 있다고 지적했다. 스코트가 보기에 영국 해군에 협조한 현지 주민들은 영국의 보호 아래에서 조선 정부에 부과해야 할 토지세의 법적 의무를 거부하려는 인물들로 비쳐졌던 것이다. 하지만 토지소유자들은 소작인들에게 전정을 전가하였던 관행을 영국 해군과의 관계에서도 지속하고자 했다. 결국 스코트는 토지소유자가 관헌에 직접 전세를 납부할 것을 설득하면서 이 문제는 일단락 났다.

나아가 스코트는 영국의 삼도 점령이 결코 침략적인 행위가 아니라는 점을 분명히 밝히기도 하였다. 김길서는 스코트에게 조선 상인들이 예전과 마찬가지로 삼도를 오고 갈 수 있는지 여부를 물었다. 스코트는 영국 군함이 삼도에 도착하기 전에 행해졌던 조선 주민들과 관계된 모든 사항에 대해서 조선과 조선인들에게 피해를 입히는 것을 원하지 않는다고 대답하였다. 나아가 그는 김길서와 삼도의 촌장들에게 영국 군함의 주둔이 조선에 적대적인 조치가 아니라는 점을 이해시키기도 하였다.

이상과 같이 스코트는 영국 해군의 점령에 따른 토지 임대와 주민의 임금 문제를 매듭지을 수 있었다. 특히 협상 과정에서 스코트와 영국 해군은 현지 주민뿐만 아니라 정부 측 관리의 입장도 고려하는 자세를 취하였다. 이영호의 표현대로 삼도 주민들은 '부드러운 제국주의'를 경험했던 것이다. 하지만 영국이 '부드러운' 자세를 취했던 데에는, 점령 이전의 현지조사를 통해 터득한 결과가 크게 영향을 끼쳤다. 영국 해군은 삼도 주민의 높은 지적 수준과 온순한 성향이 자신들의 통치를 순순히 받아들일 것으로 예상하였다. 그리고 그 예상은 적중하였다. 더욱이 점령 당시 춘궁기까지 더해지면서, 삼도 주민들도 영국 해군의 점령에 순응하는 모습을 보였다. 영국 해군은 굳이 군사력으로 제압할 필요가 없었던 것이다.

4. 영국의 철수와 조선의 巨文鎭 설치

1) 영국의 조선인·일본인 배제 계획과 철수

1885년 9월 아프가니스탄에서 영국과 러시아의 긴장 관계가 완화되었다. 영국이 자신들이 명명한 포트 해밀턴을 점령한 명분이 사라진 것이다. 조선의 계속된 반대와 청국과 일본이 영국의 삼도 점령을 적극적으로 지지하지 않은 점 또한 영국에게는 부담으로 작용하였다. 그러면서 영국 내부에서는 철수가 본격적으로 논의되기 시작하였다.

일반적으로 영국이 철수를 단행한 배경으로 해군부에서 포트 해밀턴의 전략적 가치와 상업적 가치를 낮게 평가한 측면을 지적하고 있다. 하지만 영국 해군은 비단 전략적 가치와 상업적 목적만을 고려해서 포트 해밀턴에서 철수를 고려한 바는 아니었다. 포트 해밀턴을 사실상 지배할 수 없는 상황에 직면하였던 것이다. 1886년 6월 1일 나가사키에 주둔해 있었던 해밀턴 부제독은 해군부에 다음과 같이 보고하였다.

> 현 상황에서는 그들을 공정하게 다루는 것은 우리에게 속한 (임대 | 인용자)토지를 위해서 지불하는 높은 임대료, 그들(삼도 주민 | 인용자)을 고용하기 위한 높은 임금, 그리고 그들의 풍습에 대한 존경은 우리나라(영국 | 인용자)의 평판을 높였는데, 그 섬에서 뿐만 아니라 육지, 그리고 북중국까지 퍼져 있습니다.[44]

---

44) Vice-Admiral Hamilton to the Secretary to the Admiralty, "Audacious," at Nagasaki, June 1, 1886, Inclosure 4 in No. 46, FO 405/36. "As it is, the justice with which

먼저 해밀턴은 자국 해군이 삼도 주민들을 위해서 높은 임대료 및 임금을 부과한다고 밝혔다. 아울러 삼도 주민들의 풍습을 존중하는 태도를 보임으로써, 거문도 및 조선 내지, 그리고 북중국에서 영국에 대한 평판이 올라갔다고 자평하였다.

그렇다면 삼도 주민들의 풍습을 존중하였다는 해밀턴의 평가는 어떻게 이해하는 것이 좋을까? 점령 직전 브렌톤이 삼도 주민들의 학식 수준이 높다고 밝힌 내용의 연장선에서 '존중'을 평가해도 무방한가? 하지만 영국 해군이 조선인에 대해 갖고 있었던 인식은 썩 좋아 보이지는 않았다.

주민들의 마을들은 단지 상업적 거주를 위해서 정말로 이용 가능한 토지를 소유하고 있습니다. 그들은 게으르며 불결한 종족입니다. 고기잡이를 하지 않는데, 이는 일본인에 의해서 수행됩니다. 그들은 세금을 지불하기 위해서 돈을 모으는 것 이상의 농사를 짓지 않습니다. 남자들이 하는 매우 단순한 쟁기질을 제외하고는 들판에서는 여성들이 모든 어려운 일을 합니다. 유럽인이 다가오면, 여성들 모두는 스스로 숨어버리는데, 악의가 담긴 눈초리를 무서워하는 것인지 과거에 유럽인에 의해서 학대를 당해왔는지는 알 수가 없습니다.[45]

they have been treated, the high rent paid for land occupied by us, and also for wages for those employed, and the respect paid to their customs, has raised our national character, not only in the islands, but has spread to the mainland, and doubtless to North China."

45) 위의 사료, "The villages of the inhabitants occupy the only really available ground for commercial settlements ; they are a lazy, filthy race, do no fishing, which is carried on by Japanese, and not more agriculture than they are obliged to do to raise money to pay the taxes. The women do all the hard work in the field, except the very primitive ploughing, which is done by the men. At the approach of a European the women all hide themselves, whether fearing

해밀턴이 보고한 내용은 영국이 점령을 고려하면서 실시하였던 사전 조사의 내용과는 달랐다. 영국 해군들이 1년의 주둔을 통해서 경험한 주민들, 특히 남자들의 모습은 게으름 그 자체였다. 게다가 삼도 주민의 삶의 터전인 바다는 이미 일본 어선들이 장악한 상태였다. 삼도 주민들은 거의 어업에 종사하지 않았던 것이다.

다음으로 조선 여성에 관한 내용이었다. 점령 이전에도 조선 여성이 외국인들을 피한다는 내용들이 조사보고서에 기록된 바 있다. 어찌 보면 조선 여성이 외국인과의 접촉을 삼간 이면에는 조선의 성리학적 가치가 자리 잡고 있는 것으로 봐도 무방하였다. 조선 풍습의 단면이었던 것이다. 그렇지만 해밀턴은 조선의 풍습을 고려하지 않은 채, 과거에 서양인과의 좋지 않은 경험에서 나온 것으로 폄하하기도 하였다. 그러면서도 자신들이 "엄격한 접촉 금지 제도(strict non-intercourse system)"를 시행함으로써, 영국 해군과 조선인 사이에 발생할지도 모르는 사고를 예방하는데 주력하였다는 점을 다음과 같이 자평하였다.

> 그러나 비록 이 섬에서 일년동안 우리가 점령해왔지만, 우리 남자들(영국 해군 | 인용자)과 현지 여자들 사이에 어떠한 성적인 교제(sexual communication)가 없었다는 것은 호기심을 끄는 사실입니다.[46]

사실 해밀턴이 영국 해군과 삼도 여성 사이에 성적인 교제가 전혀

---

the evil eye, or from having been maltreated by Europeans in the past, is not known ; ……"

46) 위의 사료, "…… but it is a curious fact that, although these islands have been in our possession a year, there has been no sexual communication between our men and the native women."

없었다는 사실을 호기심 어린 눈으로 본 이유는 다름 아닌 영국 해군의 관행에서 기인하였다. 19세기 영국 해군이 주둔지에서 매춘부를 부르는 행위가 일반적이었기 때문이었다. 그러기에 영국 해군은 주둔지 병력에 대한 통제를 확실히 실시했다고 자부했던 것으로 보인다.

그런데 문제가 되는 것은 따로 있었다. 조선인이 아닌 일본인에 의한 매춘이 있었다는 사실이다. 당시 삼도 주민들은 서도의 해안가에서 일본인 매춘시설을 허가해 주었다. 매춘의 대상은 영국 해군이었다. 러시아 측 기록에 의하면 영국 해군 제독이 촌락의 어른을 졸라서 일본의 매춘부를 데리고 온 것으로 서술되어 있다. 하지만 영국은 일본 매춘부의 등장과 영업을 반대하였다.

실제 다음과 같은 사례가 있었다.[47] 1886년 5월 16일 영국 해군은 삼도의 해안가에서 일본인을 발견하였다. 그 일본인은 물고기를 건조시킨다고 대답하였다. 하지만 영국 해군은 그 대답을 '표면적'이라고 생각했으며, 다른 이유로 섬에 머무를 것으로 파악했다. 이에 영국 해군은 일본인에게 삼도에서 퇴거할 것을 명령하였다.

그런데 5월 18일 영국 해군은 영국 군인을 유혹하는 일본인의 존재를 확인하였다. 그들은 일본인 매춘부로서 총 5명에 이르렀다. 이에 영국 해군은 일본인 통역을 통해서 일본인 매춘부 여성과 그들을 인솔한 일본인을 삼도에서 신속히 추방시키도록 하였다. 아울러 일본인 유곽에 다녀온 영국 군인 5명을 처벌하는 한편, 일본인 유곽 혹은 선술집을 철거하도록 조치하였다.

---

47) 이하 두 건의 사례는 다음 사료에서 인용함. Lieutenant-Commander Adams to Vice-Admiral Hamilton, "Espoir," at Port Hamilton, May 21, 1886, Inclosure 2 in No. 46, FO 405/36.

영국 해군이 포트 해밀턴에서 일본 유곽 및 매춘부 영업을 반대한 이유는 전염병의 통제와 관련이 깊다. 당시 영국은 식민지와 주둔지에서 자국 군인이 이용하는 윤락 시설 및 매춘부에 대한 등록제도를 시행하고 있었다.[48] 그 등록제도에 의해서 영국은 매춘부들을 대상으로 건강 검진 및 치료를 실시하였다. 영국 당국이 식민지나 주둔지에서 매춘에 대한 등록제를 통해서 통제를 실시하였던 이유는 바로 매춘 과정에서 발생하는 전염병을 통제하기 위함이었다. 즉 자국 병사의 건강을 고려해서 주둔지 혹은 식민지 매춘 여성에 대한 등록제를 통해서 통제를 실시하였던 것이다.

하지만 영국 해군은 포트 해밀턴에서 일본 윤곽 및 매춘부를 대상으로 동록제도를 시행할 근거가 없었다. 이에 대해 해밀턴은 다음과 같이 지적하고 있다.

현재 매우 불공정한 책임이 해밀턴에 주둔하고 있는 선임 장교에게 주어졌는데, 그는 반드시 사람들을 추방시키기 위해서 소송절차들의 위험을 무릅써야 하거나 혹은 술과 여성이 무한정 허락된다면 군기를 유지하는 것이 불가능하다는 점을 확인해야 합니다.[49]

---

48) 번 벌로, 보니 벌로 공저, 서석연, 박종만 옮김, 『매춘의 역사』, 까치, 1992, 287~319쪽(제10장 통제와 현상유지) 참조 ; 19세기 중반 홍콩에서의 영국군의 매춘 통제에 관해서는 다음 논문 참조. Philip Howell, "Prostitution and racialised sexuality : the regulation of prostitution in Britain and the British Empire before the Contagious Diseases Acts", *Environment and Planning D : Society and Space*, volume 18-3, 2000.

49) Vice-Admiral Hamilton to the Secretary to the Admiralty, "Audacious," at Nagasaki, May 31, 1886, Inclosure 1 in No. 46, FO 405/36. "At present a very unfair responsibility is placed on the Senior Officer at Port Hamilton, who must either run the risk of legal proceedings for deporting people, or find it impossible to maintain discipline if wine and women are allowed *ad libitum.*"

영국 해군이 삼도에서 일본인들에 대해서 철거 및 퇴거를 명령한 사례는 간단한 문제가 아니었다. 왜냐하면 영국 해군에게는 그럴 책임 내지는 권한이 주어지지 않았기 때문이었다. 자칫 소송에 말려들 우려도 있었던 것이다.

더욱이 영국 해군은 일본 유곽 및 매춘부에 한정해서 '추방' 혹은 '퇴거'를 생각하지 않았다. 당초 조선인이 거주하지 않았던 고도를 점령한 영국 해군은 장기적인 관점에서 고도 보다는 크고 넓은 동도 혹은 서도에 주둔해야 한다는 입장을 취했었다. 하지만 동도와 서도는 거문도 주민들이 거주하고 있었다. 즉 영국은 주민들을 섬에서 추방시켜야지만 기지화를 할 수 있었던 것이었다. 이에 해밀턴은 아래와 같이 궁극적으로 물었다.

본인은 포트 해밀턴을 점령하기 위한 해군부 훈령에는 법적으로 본인의 명령으로 주민들을 섬에서 추방하는 것을 정당화하는 조치가 아무것도 없습니다. 본인은 단지 그것이 바로 꽤 빨리 제출되었는지 궁금합니다.[50]

계속 (포트 해밀턴에 해군을 | 인용자) 주둔하고자 한다면, 주민들은 반드시 퇴거되어야 하는데, 그 과정은 조선인과 북부 중국인들 사이에서 (영국에 대한 이미지에 | 인용자) 어마어마한 큰 손상을 입힐 것입니다.[51]

---

50) 위의 사료, "I cannot conceal from myself that nothing in the Admiralty instructions for taking possession of Port Hamilton legally justifies my ordering settlers off the island. I can only wonder it has hitherto been submitted to so quietly."

51) Vice-Admiral Hamilton to the Secretary to the Admiralty, "Audacious," at Nagasaki, June 1, 1886, Inclosure 4 in No. 46, FO 405/36. "If retained, the inhabitants

영국 해군은 점령이 아니라 실질적인 지배의 관점에서 주둔을 고민하기 시작하였다. 실질적 지배란 현지 주민들을 상대로 공권력을 행사하는 것이 정당화되어야 했다. 영국 해군은 삼도에 거주하는 주민들이 언제든지 다른 곳으로 거처를 옮기게 하는 '합법적인 지배력'을 원했던 것이다. 하지만 '합법적인 지배력'은 현지 주민들 자신들의 삶의 터전을 빼앗는 것으로, 폭력적인 침략에 다름 아니었던 것이다.

영국 해군이 건의하였던 '합법적인 지배력'은 관철되지 않았다. 영국 내부에서는 포트 해밀턴 점령의 무용론이 제기되었으며, 조선을 비롯한 청국, 일본의 반대는 지속되었다. 이홍장이 러시아의 라디젠스키로부터 조선을 침략하지 않을 것이라는 약속을 받아내자, 결국 영국은 포트 해밀턴에서 철수를 결정하였다. 영국 해군은 1887년 2월에 포트 해밀턴에서 철수를 단행하였다.

2) 조선 정부의 玉文鎭 설치와 거문도의 탄생

1887년 2월 10일(음력 1월 18일), 통리군국사무아문(이하 내무부)은 고종에게 장계를 올렸다. 장계의 주요 내용은 "해로의 요충지에 鎭과 坊을 설치하는 이유는 멀리 감시하면서 불의의 사변에 대처하기 위한 것인데, 거문도는 공고히 방어할 경황이 없어서 아주 허술"하다면서, 거문도에 진을 설치해야 한다는 것이었다.[52] 고종은 내무부의 건의를 윤허하였다.

---

must be deported, a proceeding that would do an immense harm amongst the Corean and Northern Chinese."

52) 『高宗實錄』, 고종 24년(1887) 1월 18일.

내무부의 건의는 영국이 거문도 철수를 단행하기 직전에 이루어졌다. 내무부는 고종의 윤허를 받은 직후, 한성부 판윤 李元會를 거문도로 파견하였다. 진영 설치에 관한 실태 파악을 하기 위함이었다.

1887년 4월 10일(음력 3월 17일) 이원회는 별단을 보내어 거문도의 유지리가 진영 기지로 적합하다는 보고를 하였다. 아울러 그는 진영 설치를 위한 실질적인 조치를 다음과 같이 건의하였다.

이 섬은 바다 관문의 요충지이기 때문에 진영을 설치하고 장수를 둔 다음에야 변경의 방어를 공고히 할 것을 도모할 수 있습니다. 該島의 僉使를 該曹로 하여금 口傳으로 차출하여 재촉해서 내려 보내되 邊地窠로 시행하고 임기는 30개월로 정하소서. 그리고 해마다 지급해야 할 녹봉과 관청을 건립하는 문제, 군함과 무기를 준비하는 방도를 충분히 강구하여 설명을 갖추어서 登聞한 뒤에 裁可를 받아 처리하도록 該道의 도신에게 분부하는 것이 어떻겠습니까.[53]

이원회의 건의에 조선 정부는 즉각적으로 대응하였다. 다음날 李民熙를 거문도 첨사로 임명한 것이다.[54] 하지만 진영 설치 과정에서 문제도 발생하였다. 거문도 자체가 진영을 갖추기에는 땅이 좁을 뿐만 아니라 거문도의 호구 수로는 진영을 운영하기가 어려웠다. 이에 전라도 감사 李憲稙은 기존의 청산진을 거문진에 이속시켜야 한다는 내용의 장계를 올렸다.[55] 고종이 이헌직의 장계를 윤허함으로써, 조선 정부는 청산진을 대신하는 진으로 거문진을 설치하기로

---

53) 『高宗實錄』, 고종 24년(1887) 3월 17일.
54) 『高宗實錄』, 고종 24년(1887) 3월 18일.
55) 『高宗實錄』, 고종 24년(1887) 7월 15일.

하였다.

조선 정부가 거문진 설치를 신속하게 실시한 이유는 분명하지 않다. 다만 영국의 거문도 점령에 따른 교훈으로 추측할 수 있다. 거문도 점령을 막지는 못하였지만, 조선 정부는 영국의 철수 결정이 내려진 직후부터 진영을 설치하기 위한 준비에 돌입함으로써 거문도를 자국의 방어 체계의 중요한 요충지로 삼고자 했던 것이다.

공권력의 시행도 신속히 이루어지는 것으로 보인다. 1888년에 거문도에 흉년이 들었다. 그때 거문도 첨사 申錫孝는 이헌직을 통해서 조세 감면을 요청하였다.56) 중앙 정부는 신석효의 청을 수락하였다. 조세 감면이 이루어진 것이다. 1885년 5월 엄세영이 굶주림의 고통을 받고 있었던 삼도 주민들을 구제해야 한다는 건의가 실행되지 못한 것에 비하면 신속한 조치로 볼 수 있다.

그런데 위의 장계에는 "옛 섬(고도 | 인용자)은 저 사람들이(영국 해군 | 인용자) 무덤 자리로 차지했기 때문에 섬 백성들이 더는 밭을 일굴 것이 없습니다"라는 구절이 나오기도 하였다. 영국군은 철수를 단행하였지만, 주둔지에 무덤을 두는 관행으로 인해서 거문도에는 영국군의 무덤이 그대로 남아 있었던 것이다. 현지 주민들도 경작지가 줄어들었다는 부담에도 불구하고 그 무덤을 그대로 두었다.57)

그런데 조선 정부의 기록에서는 어느덧 삼도가 아니라 '거문'을 지칭하는 단어가 일반화되었다. 영국의 점령 초기까지만 하더라도

---

56) 『高宗實錄』, 고종 25년(1888) 11월 24일.
57) 주한 영국대사관에서는 2005년부터 거문도의 학생들에게 장학금을 지급하고 있다. 장학금을 지급하게 된 계기는 현지 주민들이 영국군 묘지를 자비로 관리해 준 사실에 대한 보답으로 비롯되었다. 19세기 후반 제국주의 침략의 상징적 공간이었던 거문도의 영국군 묘지는 120년이 지나면서 한국과 영국의 우호의 상징으로 거듭났던 것이다.

조선 정부에서 거문도를 지칭하는 이름은 삼도였다. 그러다가 정여창이 영국의 점령 현황을 확인하기 위해서 거문도를 다녀간 이후, 거문도의 원래 명칭인 삼도는 점차 공식 문서에서 사라져갔다. '거문'은 당시 삼도 주민의 학식이 뛰어났다는 점을 상징하였기에, 삼도 주민에게는 자부심으로 다가왔을 수도 있다. 하지만 '거문'이라는 명칭이 만들어진 계기는 영국의 삼도 점령이었다. 점령 상황을 확인하기 위해서 현지를 방문한 정여창이 지어준 이름이었던 것이다.

영국의 철수 이후 거문도는 어떻게 되었을까? 특히 일본과의 관계는 어떠했을까? 부산 감리서에서 외아문에 보낸 1893년 7월 2일(양력 8월 13일)자 牒呈에 따르면, 거문진에 소속되어 있었던 黃堤島에서 일본 어부 3명이 피살된 사건이 발생하였다.[58] 비록 삼도라는 명칭은 더 이상 사용되지 않았지만, 일본 어선이 거문도 일대에 출몰하는 일은 여전하였던 것이다.

거문도 일대에서 일본 어선의 조업활동과 관련해서 주목해야 할 사실은 1889년에 조선과 일본이 「朝日通漁章程」을 체결한 사실에 있다. 조일통어장정은 1883년 「朝日通商章程」의 41조에 기반을 둔 어업 관련 규정이었다. 조일통상장정 41조는 조선과 일본의 어선이 상호 연해에서 조업을 허가하고, 이와 관련한 추가 장정을 체결할 것을 명분화하였다. 그 규정에 의거해서 마련된 것이 조일통어장정이었던 것이다.

1883년 조일통상장정의 41조에 의거하면, 삼도 혹은 거문도에서 일본 어선의 조업 활동은 사실상 합법적인 행위였다. 일본 어선은 어업 허가증을 받기만 한다면 전라도, 경상도, 강원도, 함경도의

---

58) 『釜山監理署牒呈』(奎 24212).

연해에서 합법적인 조업활동이 가능하였던 것이다.

하지만 제주도에서는 조선 어부와 일본 어부 사이에 폭력 사태가 빈번하게 발생하였다. 그 결과 조선과 일본 양국은 제주도에서만큼 은 일본 어선의 조업활동을 금지시키는데 합의를 보았다. 그럼에도 불구하고 일본 어민들의 불법적인 상륙 및 폭행사건, 어획물의 쇄어 와 염장이 지속되었다. 이에 1892년 외아문 고문 르젠드르(Charles W. Legendre)는 일본 측에 어업 관련 조약의 개정을 요구하였다.[59]

이에 일본 외무대신 무쓰 무네미쓰(陸奧宗光)는 조약 개정 관련 일본 측 대안을 제시하였다. 그 중에는 전라도 연안의 2~3개 島嶼를 일본 어민의 어류 쇄어, 염장을 위한 편의지로 허가한다는 내용이 있었는데, 그 목록에는 거문도도 포함되어 있었다. 이에 대해 르젠드 르는 일본 어민들이 소안도 등에서 쇄어, 염장을 하고 있는 만큼 편의지를 공인해 주는 것이 가능하다는 입장을 취하였다. 이에 그는 제주도에서 일본 어선의 조업을 금지하는 대신에, 일본 어부들에게 거문도를 비롯한 소안, 추자도에서 쇄어권을 허가하는 등의 수정안 을 제시하였다.

그런데 주조선 영국 총영사 힐리어(W. C. Hillier)는 거문도를 편의 지로 설정해서, 일본 어민에게 제공할 것이라는 계획을 듣게 되었 다.[60] 그 정보를 알려준 이는 袁世凱였다. 1892년 12월 2일 힐리어를 만난 원세개는 조선과 일본의 어업 관련 장정의 개정 협상을 알려주 면서 조선 측 협상 대표인 르젠드르가 일본 어민을 위한 편의지를

---

59) 조선과 일본의 어업 관련 장정의 개정 협상과 관련해서는 다음 논문 참조. 김희연, 「1892년 朝日 어업관련 조약개정 교섭과 국제관계」, 『한국사연구』 170, 2015.

60) Hillier to O'Conor, Soul, December 3, 1892, No.36, Confidential, FO 228/1091.

제공하려고 하며, 그 편의지에 거문도와 절영도가 포함된다고 알려준 것이다.

원세개가 이 사실을 알려준 이유는 일본의 세력 확장을 우려하였기 때문이었다. 그는 강력한 어조로 일본에 제공되는 편의지가 단순히 일본 어민이 물고기를 건조하는 장소로만 머무르지 않을 것이며, 일본 농부와 식민지 개척자(colonist)들에 의해서 편의지가 점령당할 것이라고 우려하였다. 원세개는 조선 측의 계획에 반대의 뜻을 표명하였던 것이다.

힐리어는 조선 공사를 겸직하고 있었던 주청 영국 공사 오코너(N. R. O'Conor)에게 즉각 이 사실을 보고하였다. 오코너는 영국이 거문도에서 철수를 단행할 때, 청국과 러시아로부터 어떠한 열강도 그 섬을 차지할 수 없다는 약속을 받아낸 사실을 힐리어에게 주지시켜 주었다.[61] 그리고 오코너는 힐리어에게 일본이 거문도에서 편의지를 획득하지 못하도록 조치를 취할 것을 명령하였다.

힐리어는 1892년 12월 24일에 외아문 독판 趙秉稷을 방문하였다.[62] 그 자리에서 힐리어는 일본 정부가 일본 어부들의 물고기 건조를 위해서 절영도, 거문도, 그리고 기타 지역을 할양해 줄 것을 요구한 것에 대한 진위여부를 요청하였다. 아울러 힐리어는 영국이 거문도에서 철수를 단행하면서, 조선과 청국으로부터 거문도를 다른 열강에게 넘겨주지 않기로 약속한 사실을 상기시켰다. 사실상 일본 측이 거문도를 편의지로 사용하려는 시도를 차단하고자 했던 것이다. 이에 조병직은 르젠드르가 제안한 협상안을 조선 정부가 수용하지 않을 것이며, 일본과의 어업 관련 논의는 연기될 것이라는 점을

---

61) O'Conor to Hillier, Peking, December 12, 1892, No.8, Confidential, FO 228/1077.
62) Hillier to O'Conor, Soul, December 12, 1892, No.36, Confidential, FO 228/1091.

확인시켜 주었다. 비록 영국은 거문도에서 철수하였지만, 여전히 거문도를 좌우하는 열강으로 남아 있었던 것이다.

5. 맺음말

이 글은 조선과 일본의 접촉지대였던 '삼도'가 영국의 점령을 통해서 조선, 영국, 일본이 만나는 접촉지대로 변모하는 과정 속에서 '거문도'가 탄생했음을 밝히고자 했다. 거문도의 본래 명칭은 삼도로서, 삼도는 조선 초기부터 일본의 침략루트 및 일본어선이 조업 활동을 전개한 지역이었다. 그 과정에서 거문도 내 무인도인 孤島에는 일본인들이 잠시 거주하는 오두막이 설치되기도 하였다. 삼도는 조선인과 일본인이 만나는 접촉지대였던 것이다.

그런데 영국은 러시아를 견제하는 전략적 요충지로 포트 해밀턴을 주목하였다. 영국은 조선을 둘러싼 대외적 위기가 고조되었던 1875년 7월과 1884년 12월에 삼도 점령을 구상하였다. 그리고 이를 실행하기 위한 일환으로 현지 탐사를 실시하였다. 그 탐사를 통해서 영국은 삼도 주민들의 학식 수준이 뛰어나며 자신들의 점령에 협조적인 입장을 취할 것으로 판단하였다.

1885년 영국이 삼도를 점령하자 현지 주민들은 영국의 기지 건설을 위해서 노동력을 제공하고 토지를 임대해 주었다. 영국 해군 역시 삼도 주민들과 우호적인 관계를 맺었다. 하지만 삼도 주민들과 영국 해군이 우호적인 관계 속에서 협력만을 추구하지는 않았다. 특히 일본 어선의 침투와 춘궁기의 어려운 현실 속에서 중앙에서 소외되었던 거문도 주민들은 생존권의 차원에서 영국 해군을 이용하고자 했다. 한편 영국 해군은 삼도 전체를 기지화하려는 일환에서 현지 주민들을 삼도에서 쫓아내려는 구상을 세우기도 하였다.

이와 더불어 영국 해군은 일본인의 임시 거주지를 인정하지 않거나 거문도에 출현한 일본인들을 추방시키기도 하였다. 특히 영국은 일본인 매춘부의 존재를 인정하지 않고 그들을 추방시킴으로써, 지배력이 관철되는 공간으로 삼도를 재편하고자 했다. 하지만 영국은 합법적으로 자신들의 지배력을 삼도에서 관철시킬 수 없었다. 결국 이홍장과 라디젠스키 회담 이후 영국은 삼도에서 철수하게 되었다.

1887년 영국이 거문도에서 철수한 후 조선 정부는 거문진을 설치하였다. 한편 일본은 어업 협정의 개정을 통해서 거문도를 자국 어민이 쇄어할 수 있는 장소로 공인받고자 했다. 그런데 일본의 이러한 방침에 반발한 국가가 있었다. 바로 영국이었다. 영국은 거문도 철수 당시 내세웠던 타 국가의 거문도 진출을 금지한다는 논리를 제시하면서 일본의 어업 진출을 저지하고자 했다. 즉 영국은 전통적인 조선과 일본의 어업 공간으로서의 접촉지대를 인정하지 않음으로써 자신들의 무형의 지배력을 유지하고자 했던 것이다.

이 글은 '접촉지대'라는 개념을 통해서 영국의 거문도 점령 전후로 거문도에서 전개되었던 다양한 관계에 주목하였다. 접촉지대는 침략자의 팽창 야욕을 희석화시키는 개념이 아니다. 접촉지대 내 식민자와 피식민자의 다양한 관계를 통해서 그 속에서 드러나는 불평등한 구조를 밝히는 데 의의가 있다. 이 글에서도 접촉지대의 개념을 통해서 거문도 주민, 영국 해군, 그리고 일본인 사이에 발생한 협조, 갈등, 배제의 모습을 밝히고자 하였다. 거문도와 같은 접촉지대는 비단 19세기 후반 한반도 남해에만 국한된 모습은 아닐 것이다.

한반도 북부지역에서 광범위하게 나타나는 모습일 것이다. 이와 관련해서는 차후 연구를 기대하며 글을 마치도록 한다.

참고문헌

1. 사료

『世宗實錄』, 『中宗實錄』, 『宣祖實錄』, 『高宗實錄』
『蘆山志』
『湖南沿海形便圖』
『全羅左水營啓錄』
『巨文島英艦見聞記』
FO : Records created and inherited by the Foreign Office in UK.
ADM : Records of the Admiralty, Naval Forces, Royal Marines, Coastguard, and
　　　related bodies in UK.

2. 연구서

곽영보, 『激動 巨文島風雲史 : 韓末巨文島事件』, 삼화, 1987.
김재승, 『近代韓英海洋交涉史』, 인제대학교 출판부, 1997.
여수지역사회연구소 편, 『三山面誌』, 삼산면지발간추진위원회, 2000.
최길성 편, 『日帝時代 한 漁村의 文化變容』上, 아세아문화사, 1992.

3. 연구논문

권석하, 「영국 해군의 거문도 점령 2년 130년 전 그곳에서 무슨 일이」, 『주간조
　　　선』 2363호, 2015년 6월.
김경옥, 「19세기 후반 『靑山鎭丙子戶籍』과 섬 주민들의 생활상」, 『역사민속학』
　　　47, 2015.
김재용, 「巨文島와 橘隱金瀏」, 『호남문화연구』 3, 1965.
김희연, 「1892년 朝日 어업관련 조약개정 교섭과 국제관계」, 『한국사연구』
　　　170, 2015.

송기중, 「17세기 수군방어체제의 개편」, 『조선시대사학보』 53, 2010.

송기중, 「朝鮮後期 水軍制度의 運營과 變化」, 충남대학교 대학원 국사학과 박사
학위논문, 2016.

박민정, 박순호, 「일제강점기 거문도 근대화 과정」, 『한국지역지리학회지』
22-1, 2016.

이영호, 「거문도가 경험한 제국주의와 근대」, 『도서문화』 48, 2016.

주철희, 「고초도 위치 비정에 대한 재검토」, 『한일관계사연구』 41, 2012.

한문종, 「조선전기 조일간 어업분쟁과 해양권의 강화」, 『한일관계사연구』 42,
2012.

한승훈, 「영국의 거문도 점령 과정에 대한 재검토-갑신정변 직후 영국의 간섭
정책을 중심으로-」, 『영국사학』 35, 2016.

3부

경계지대의 텍스트

『新羅之記錄』의 구상과 변경의 심성[*]

이세연

1. 머리말

일본 靑森縣(아오모리현)과 러시아 사할린 사이에 위치한 거대한 섬이 北海道(홋카이도)로 명명된 것은 1869년의 일이다. 오랜 기간 蝦夷ヶ千島(에조가치시마), 狄之嶋(에조노시마) 등으로 불린 이 섬의 전역이 애초부터 일본의 경역으로 인지되었던 것은 아니다. 즉, 1600년을 전후하여 일본열도의 중심에 통일정권이 들어서면서 우선 섬 남단의 渡島(오시마) 반도[1]가 일본의 한 부분으로 인지되어 정치·경제적 통합의 대상이 되었고, 이런 흐름이 18세기 말 러시아와의 접촉을 거치며 한층 강화되어 메이지 유신기의 국민국가 형성과정에서

---

[*] 이 글은 「『新羅之記錄』의 구상과 변경의 심성」(『인문연구』 80, 2017)을 수정 보완한 것이다.
[1] 머리말 말미의 지도들을 참조. 이하 주요 지명에 대해서도 마찬가지로 참조할 것.

마침내 섬 전역이 일본의 영토로 포괄되기에 이르렀다.

이 같은 중심에 의한 주변부의 점진적 통합과정에서 늘 사이에 끼어 있던 존재가 渡島 반도로부터 세력을 키워나간 松前藩(마쓰마에 번)의 영주 松前 가문이었다. '渡党' 계열의 蝦夷(에조)[2] 출신으로도 일컬어지는 松前 가문[3]은 애초에 두 개의 문턱을 마주하고 있던 경계인이었다. 松前 가문의 입장에서 보자면 津輕(쓰가루) 해협 건너 편에는 '문명' 세계가, 배후의 사할린 방면으로는 '야만' 세계가 펼쳐져 있었다.

寬永(간에이) 연간(1624~1645)에 접어들어 통합을 추구하는 중앙권력의 움직임이 한층 활발해지는 가운데,[4] 松前 가문에서는『新羅之記錄』이라는 이름의 연대기가 만들어졌다. 급격한 시대전환에 즈음하여 松前 가문 내에서는 역사를 회고하고자 하는 기운이 공유되고 있었던 것으로 짐작된다. 본 논문에서는『新羅之記錄』의 구상을 검토하고, 이를 바탕으

---

2) 일본열도의 동북지역 북부와 北海道에 거주하던 선주민들을 가리키는 용어이다. 중세부터 사용되었는데, 고대에 통용된 '蝦夷(에미시)'와는 달리 차별용어였다. 따라서 표기에는 신중을 기해야 하지만, 본 논문에서는 검토대상인『新羅之記錄』에서 선주민을 거의 일관되게 '에조'라 표기하고 있는 점(일부 '우타리'라는 표현을 사용함)을 감안하여 이 용어를 사용하고자 한다. 또 표기의 번거로움, 독자들의 오해를 피하기 위해 이하 인용부호는 생략한다.

3) 1356년에 성립한『諏訪大明神繪詞』(『續群書類從』第3輯／下 수록)에 따르면 蝦夷ガ千島에는 '日の本', '唐子', '渡党'이라는 세 집단이 거주하고 있었다고 한다. 이 중 '日の本'과 '唐子'는 말도 통하지 않는 異類이지만, '渡党'은 蝦夷ガ千島와 本州 북단을 오가며 교역을 하고 말도 어느 정도 통한다고 설명되어 있다. 학계 일반에서는 松前 가문을 포함하여 15세기 중엽 이후 北海道 남단에 정착한 영주들을 '渡党' 계열로 파악하고 있으며, 北海道 남단을 기준으로 '日の本'은 섬의 동북면 쪽에 분포한 집단, '唐子'는 섬의 서북면 쪽에 분포한 집단으로 파악하고 있다. 이상의 내용에 대해서는 菊池勇夫,『蝦夷島と北方世界』, 吉川弘文館, 2003, 48~50쪽을 참조.

4) 예컨대, 1633년 막부는 巡見使를 파견하여 松前藩의 경역을 점검했으며, 1643년에는 松前 가문의 가계도 제출을 요구했다.

로 변혁의 시대에 변경을 살아간 松前 가문의 자타인식과 윤리의식을
추출해 보고자 한다.

본 논문에서 검토대상으로 삼는 『新羅之記錄』은 일반 독자들에게
낯선 자료라고 생각한다. 그래서 이하에서는 우선 『新羅之記錄』의
서지 등을 간략히 소개하고, 이어서 연구동향과 본 논문의 시각을
제시하고자 한다.

『新羅之記錄』은 흔히 '北海道의 記紀'5)라고 불린다. 기기, 즉 『古事記』
와 『日本書紀』가 畿內를 중심으로 일본고대국가 성립의 역사를 조망
하고 있다면, 『新羅之記錄』은 北海道를 중심으로 松前藩 성립의 역사를
개관하고 있다는 것이다. 『新羅之記錄』이 北海道의 역사를 구체적으로
이야기해 주는 최초의 문헌사료라는 점도 '北海道의 記紀'라는 표현이
통용되는 데 큰 역할을 했으리라 짐작된다. 1646년에 성립한 『新羅之
記錄』이 후대의 편찬사료로서 일정한 한계를 지니고 있는 것은 분명
하지만, 그럼에도 北海道의 역사를 재구성하는 작업은 『新羅之記錄』에
서 출발하지 않을 수 없는 실정이다.

『新羅之記錄』은 松前藩의 1대 번주 松前慶廣(마쓰마에 요시히로)의
6남 景廣(가게히로)6)에 의해 저술되었다. 『新羅之記錄』에 따르면 景廣
는 1643년 막부에 진상된 松前 가계도7)의 오류를 바로잡고 江戶 막부

---

5) 北海道編, 『新北海道史』第七卷 史料一, 北海道, 1969, 3쪽 ; 大庭幸生, 「『新羅之記
錄』寫本の系統とその比較」, 『北海道立文書館研究紀要』2, 1987, 57쪽 ; 新藤透, 『北
海道戰國史と松前氏』, 洋泉社, 2016, 69~70쪽 참조. 텍스트 고유의 문양과 맥락
을 중시하는 최근의 연구동향에 비춰볼 때, '記紀'라는 표현은 적절하지
않다고 생각한다.

6) 머리말 말미의 가계도를 참조.

7) 『松前家譜』(松前町史 자료실 소장)로 통칭되는 가계도가 그 사본으로 알려져
있다. 한편 막부에 진상된 松前 가계도는 일부 손질되어 『寬永諸家系図伝』에
「松前系図」로 수록되었다. 이상의 내용에 대해서는 다음 논고를 참조. 小宮木
代良, 「近世前期領主權力の系譜認識 : 寬永諸家系図伝の作成過程から」, 『境界のア

의 2대 쇼군 德川秀忠(도쿠가와 히데타다)에 대한 忠廣(다다히로=慶廣의 차남)의 충성 등 '代々名譽奇特之事'를 진술하고자 했다고 한다. 1646년 당시 慶廣 직계의 인물들이 대부분 서거하고 일부가 本州의 다른 가문에서 활동하고 있었다는 점, 약관의 氏廣(우지히로)가 번을 이끌고 있었다는 점을 감안하면, 景廣는 가문의 중진으로서 모종의 사명감 하에 松前藩의 역사를 되돌아보고자 했던 것으로 짐작된다.

1640년대 당시 가문의 적통이 독점하던 '松前' 성을 사용하고 있었다는 점에 비춰볼 때, 景廣는 가문 내에서 상당한 정치적 지위를 보장받고 있었던 것으로 짐작된다. 또 많은 매 사육장을 관리하며 本州의 秋田(아키타) 가문과 활발하게 거래하는 면모를 감안하면, 경제적으로도 일정한 실력을 갖추고 있었던 것으로 판단된다. 단, 景廣는 1643년에 출가하여 『新羅之記錄』 집필 당시에는 신앙생활에 몰두하고 있었다.[8]

'新羅之記錄'이라는 명칭은 일본 천태종 寺門派의 시조 円珍(엔친)이 園城寺(온조지)의 수호신으로 받든 '新羅大明神'에서 비롯되었다. 『新羅之記錄』에 따르면, 858년 중국에서 구법 활동을 마친 円珍은 일본으로 돌아가는 해상에서 기괴한 노인의 형상으로 뱃전에 나타난 '新羅國之神'과 조우한다. '新羅國之神'은 이내 사라지지만, 円珍의 園城寺 중흥 과정에서 다시금 출현하여 마침내 이 절의 수호신 '新羅大明神'으로 자리잡게 되었다. 이후 유력 무사가문인 淸和源氏(세이와 겐지)가 園城寺와 밀접한 관계를 맺게 되는데, 특히 源賴義(미나모토노 요리요

イデンティティ』, 岩田書院, 2008 ; 新藤透, 『松前景廣『新羅之記錄』の史料的研究』, 思文閣出版, 2009, 第二編, 第三章-第五章.
8) 이상 景廣에 대한 설명은 다음 논고를 참조. 須藤隆仙, 「松前景廣 本道初の史書を編纂した信心家」, 『北海道と宗敎人』, 敎學硏究會, 1965, 67~69쪽 ; 海保嶺夫, 『近世蝦夷地成立史の研究』, 三一書房, 1984, 246~248쪽.

시)의 3남 義光(요시미쓰)는 '大明神'의 '氏子'가 되어 '新羅三郎'이라 불리게 되었다. 松前 가문은 '新羅三郎'의 계보를 잇고 있다고 자임했던바, 松前藩 성립의 역사는 '新羅之記錄'이라는 이름으로 한데 묶일 수있었던 것이다.

『新羅之記錄』은 상·하 두 권으로 구성되어 있다.[9] '新羅大明神'의유래 등을 서술하는 상권 첫머리와 『新羅之記錄』의 저술 동기 등을밝히는 상권 및 하권 말미를 제외하면, 대체로 蠣崎(가키자키)/松前가문 역대 가독[10]의 사적을 시대 순으로 정리하고 있다. 상권에서信廣(노부히로)~季廣(스에히로) 시대를, 하권에서 慶廣 이후의 시대를다루고 있다. 분량 면에서 보자면, 『新羅之記錄』은 '근현대사'에 방점을 찍은 역사서라 할 수 있다.

앞서 밝힌 바와 같이 『新羅之記錄』은 北海道의 역사를 구체적으로이야기해 주는 최초의 문헌사료이다. 따라서 오늘날 北海道의 역사를다루는 연구들은 거의 예외 없이 『新羅之記錄』을 활용하고 있는 실정이다. 근세 北海道에 대한 역사적 연구를 선도해온 海保嶺夫(가이호미네오)는 『新羅之記錄』 등 후대의 편찬물과 계보를 사료로 활용하는문제에 대해 일찍이 다음과 같이 지적한 바 있다. "주어진 조건이이것밖에 없다면 공연히 '실증할 수 없다'며 탄식하는 데 그치지말고 …… 거기에 기록되어 있는 개별 사건의 사실관계에는 문제가

---

9) 전체적인 구성과 주요 내용에 대해서는 [부록]을 참조.
10) 信廣가 季繁(스에시게)의 뒤를 이어 蠣崎 가문을 계승한 이래로 信廣의 후손들은 蠣崎 성을 사용했다. 松前 성은 慶廣 시대인 1599년에 채용된 것이다. 이 改姓에 대해 海保嶺夫는 다음과 같은 松前 가문의 의도가 있었다고 평가했다. 즉, 자신이 松前 전역의 지배자라는 사실, 蠣崎 성을 예전처럼 사용하는일족을 포함하여 여타 영주들과 자신은 차원이 다른 존재라는 사실을선언한 것이라고 평가했다. 海保嶺夫, 『幕藩制國家と北海道』, 三一書房, 1978, 56쪽 참조.

있다 하더라도 그로부터 어떤 하나의 방향성을 발견할 수 없을까."11)
즉, 사료비판을 전제로『新羅之記錄』등의 적극적인 활용을 주장했던
것이다. 海保의 주장은『新羅之記錄』을 대하는 대다수 연구자들의
태도를 대변하고 있다고 해도 과언이 아닐 것이다.

이 같은 연구동향에 연동하여『新羅之記錄』자체를 주요 분석 대상
으로 삼은 논고들도 등장하게 되었다. 기초 작업이라 할 수 있는
서지학적 연구는 大庭幸生(오바 유키오),12) 新藤透(신도 도루)13) 등에
의해 본격적으로 이루어져, 홋카이도 남서쪽 바다에 위치한 奧尻(오
쿠시리) 섬의 奧尻 松前 가문에 소장되어 있는『新羅之記錄』원본을
바탕으로 서너 가지 계통의 사본이 유통되었다는 사실이 밝혀졌다.
또 新藤透와 工藤大輔(구도 다이스케)는『新羅之記錄』과 그 주변 편찬물
들의 상호 영향관계에 대해 상세히 논급했으며,14) 최근 木村裕俊(기무
라 히로토시)는『新羅之記錄』의 현대어 역주본을 출간하여 내용 파악
에 도움을 주고 있다.15)

한편 본 논문의 관심사인 심성과 관련된 선행연구도 존재한다.
예컨대, 工藤大輔는『新羅之記錄』에 보이는 '夷'·'狄' 등의 표현이 의미하
는 바를 추구하여 북방세계 고유의 방위·지리감각을 규명했다.16)

---

11) 海保嶺夫, 앞의 책, 39쪽.

12) 大庭幸生, 앞의 논문.

13) 新藤透, 앞의 책. 기초적인 서지에 대해서는 다음 논고에서도 다루어진 바
    있다. 高倉新一郎,『北海道史の歷史 : 主要文獻とその著者たち(改訂版)』, みやま書
    房, 1964, 1~5쪽.

14) 新藤透, 앞의 책 ; 工藤大輔,「15·16世紀の蝦夷蜂起記事について」,『環オホーツク』
    第三回環オホーツク海文化のつどい報告書, 1996 ; 同,「下國氏と松前氏 : 系譜編纂
    における一つの可能性」,『中央大學大學院硏究年報(文學硏究科篇)』26, 1997 ; 同,
    「松前廣長と『新羅之記錄』『福山秘府』」,『近世日本の言說と「知」: 地域社會の変容
    をめぐる思想と意識』, 淸文堂, 2013.

15) 木村裕俊,『新羅之記錄【現代語譯】』, 無明舍出版, 2013.

工藤에 따르면『新羅之記錄』에서 '夷'는 松前 동쪽의 에조를, '狄'는 松前 서쪽의 에조를 가리킨다고 한다. 한편 入間田宣夫(이루마다 노부오)는 중세 동북지역의 계보의식에 대한 분석의 연장선상에서『新羅之記錄』을 검토하여 松前 가문의 계보의식이 의미하는 바를 규명하고자 했다.17) 그에 따르면 松前 가문은 '新羅三郎'로 상징되는 일본과의 연계를 부각시킴으로써 자신의 정통성을 강화할 수 있었지만, 그에 반비례하여 '異域'으로서의 狄之嶋의 성격은 약화될 수밖에 없었다고 한다.18)

이상으로『新羅之記錄』에 관한 선행연구를 일별해 보았는데, 서지학적 연구를 제외하면, 텍스트 자체에 대한 종합적인 검토가 충분히 이루어졌다고 보기는 어렵다. 예컨대, 松前 가문의 심성에 대한 工藤와 入間田의 주장은 관심 사안에 대한 단락적인 논급에 그치고 있다고 하지 않을 수 없다. 工藤가 주장한 북방세계 고유의 감각, 혹은 入間田가 주장한 통합에의 의지가 당대의 松前 가문을 규정할 수 있는 특징이라면, 그것들은 다양한 형태로『新羅之記錄』전반에 아로새겨져 있을 터이다. 그러나 선행연구에서는 이에 대한 종합적인 검토가 전혀 이루어지지 않았다. '北海道의 記紀'라는 일반적인 평가에 비춰볼 때, 이 같은 연구사상의 공백은 의외로도 여겨진다. 그래서 본 논문에서는『新羅之記錄』의 구상과 짜임새, 구체적인 서술내용에 충분히 주의를 기울여 松前 가문의 자타인식과 윤리의식을 종합적으로 재구성해 보고자 한다.

---

16) 工藤大輔,「『新羅之記錄』における「夷」「狄」表記について」,『中央史學』19, 1996.
17) 入間田宣夫,「北方海域の戰國史」,『北の平泉, 南の琉球』, 中央公論新社, 2002 ; 同,「中世奧羽における系譜認識の形成と在地社會」,『境界のアイデンティティ』, 岩田書院, 2008, 101~106쪽.
18)『新羅之記錄』의 활용 여부를 차치하더라도, 工藤와 入間田의 연구를 제외하면 17세기 전기를 검토대상으로 삼아 松前 가문의 심성을 심도 있게 다룬 선행연구는 확인되지 않는다.

한국 학계에 변경사(border history)가 소개된 지도 10년이 넘었다.[19] 그러나 문제제기의 수준을 넘어 동아시아의 역사현실을 구체적인 검토대상으로 삼은 연구, 특히 전근대사를 다룬 연구는 여전히 부족한 상황이다.[20] 동북공정이 종료된 이상 변경사의 유통기한은 지난 것 아니냐는 목소리도 들리지만, 일국사적 역사서술과 이를 떠받치는 유럽/근대중심주의가 극복되지 않는 한 변경사는 부단히 호출되어 마땅하다는 것이 필자의 생각이다. 본 논문은 이 같은 문제의식을 바탕으로 동아시아 변경사를 탐색하는 시도임을 아울러 밝혀둔다.

본문은 크게 세 장으로 구성되어 있다. 2장에서는 『新羅之記錄』의 핵심 구상이었던 계보문제를 다룰 것이다. 入間田의 지적처럼 松前 가문의 사람들이 중앙권력으로 수렴되는 혈맥에만 관심을 보였는지 검증해 보고자 한다. 이를 바탕으로 3장에서는 松前 가문의 자타인식을 일별하고, 4장에서는 그들이 변경의 무사로서 어떤 윤리의식을 지니고 있었는지 추출해 볼 것이다.

본 논문에서는 원본을 충실하게 재현한 것으로 인정받고 있는 『新北海道史』 수록본[21]을 분석대상으로 삼았다. 독자들의 편의를 위해 주요 인용문의 원문은 각주에서 제시하도록 하겠다.

---

19) 임지현 엮음, 『근대의 국경 역사의 변경』, 휴머니스트, 2004.
20) 국내 연구자들이 발간한 몇 가지 관련 단행본으로는 다음과 같은 것이 있다. 동북아역사재단편, 『근대 변경의 형성과 변경민의 삶』, 동북아역사재단, 2009 ; 김선민·윤욱·조성산·홍윤희, 『동아시아의 근대, 그 중심과 주변』, 소명출판, 2013 ; 한양대학교 아태지역연구센터 엮음, 『러시아제국의 변경에서』, 민속원, 2015 ; 최덕규, 『근대 한국과 동아시아 변경연구』, 경인문화사, 2016 ; 이세연·정면·조원 엮음, 『제국과 변경』, 혜안, 2017.
21) 『新羅之記錄』(北海道編, 『新北海道史』 第七卷 史料一, 北海道, 1969 수록).

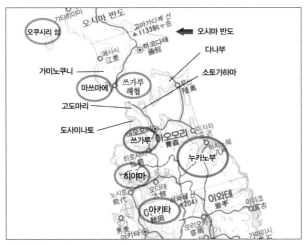

중세 후기~근세 초기 일본열도의 북쪽 변경지대 관련 지도

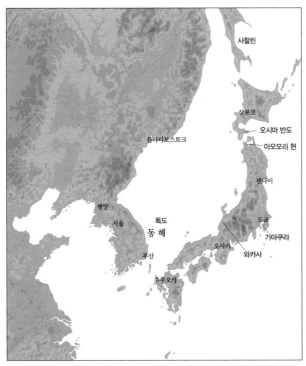

주요 관련지역 지도

『新羅之記録』을 바탕으로 재구성한 蠣崎/松前 가계도

安日長髓 …… 神武天皇
安東盛季 …… 應神天皇(八幡大菩薩)
安東政季 …… 源義光(新羅三郎)

女   女 ── 蠣崎季繁
입양 ──▶ 女 ────── 信廣(武田/蠣崎)
光廣
良廣
季廣
慶廣(蠣崎/松前)

景廣   忠廣   盛廣
廣維   直廣   公廣
氏廣

2. 두 가지 혈맥과 변경의 貴種

　『新羅之記録』은 八幡大菩薩(하치만 대보살)의 기원에 관한 이야기로 시작된다. 책 제목을 감안하면 일견 생뚱맞은 도입으로도 보이지만, 이것은 松前 가문의 계보의식에서 비롯된 것으로 이해된다. 머리말에서도 밝힌 바와 같이 松前 가문은 '新羅三郎' 源義光를 선조로 간주했는데, 八幡은 바로 源 가문의 조상신으로 추앙받는 존재였기 때문이다. 실제로 八幡에 관한 『新羅之記録』의 기술에도 "천황의 명령으로 사당

을 세우고 岩淸水(이와시미즈) 八幡大菩薩을 숭경했다. 源 가문의 氏神
이 되셨다"(5면)22)는 문장이 보인다. 혈맥을 기준으로 한『新羅之記錄』
의 정의에서도 "神武天皇……應神天皇 八幡大菩薩……淸和天皇……義
光……信廣朝臣 이래 대대의 年譜 및 名譽 奇特의 기록"(12면)이라는
문장을 확인할 수 있다.

이처럼 松前 가문이 天皇 가문까지 거슬러 올라가는 고귀한 혈통='貴
種'이라는 점이 확인된 후 역대 가독들의 사적이 기술되기 시작한다.
그 첫머리에 등장하는 信廣(노부히로)는 '鎭狄大將武田彦三郎若狹守新
羅氏信廣朝臣'이라는 긴 호칭으로 소개된다(12면). 이 호칭은 세 가지
요소로 구성되어 있다. 즉, 信廣는 '鎭狄大將'23)이자 '武田彦三郎若狹守'
이며 '新羅氏'라고 수식되고 있는 것이다.

계보의식과 관련해서 특히 주목되는 것은 '武田彦三郎若狹守'라는
표현이다. 이 호칭이 뒤이어 등장하는 '新羅氏'와 불가분의 관계에
있다는 점은 두말할 나위 없다. '新羅三郎' 義光의 후손은 여러 갈래로
나뉘는데 그 가운데 3남 義淸(요시키요)가 武田(다케다)를 칭했고
이후 남북조시대에 이르러 信繁(노부시게)가 若狹(와카사), 즉 오늘날
의 福井縣(후쿠이현) 남부지역에 기반을 마련하여 그 후손이 현지에
서 번성하고 있다고『新羅之記錄』의 저자는 설명한다(10~12면). 저자
에 따르면 松前 가문의 선조인 信廣도 그 후손 가운데 한 명이었다고

---

22) 면수는『新北海道史』第七卷 史料一의 면수를 의미한다. 이하 동일함.
23) 奈良 시대에는 出羽 방면의 에미시를 진압하기 위해 실제로 '鎭狄將軍'이
   임명된 적이 있지만(『續日本紀』724년 5월 임오조), 여기에 보이는 '鎭狄大將'
   은 이것과는 성격을 달리 한다.『新羅之記錄』에 따르면 信廣는 1457년에
   발생한 夷狄들의 대규모 봉기를 진압하여 무명을 떨쳤다고 한다. '鎭狄大將'이
   라는 호칭은 여기서 비롯된 것으로, 저자는 〈信廣=에조들을 제압한 실력자〉
   라는 점을 부각시키기 위해 이 호칭을 사용했다고 판단된다. 참고로 덧붙이
   면, 조정이 信廣를 '鎭狄大將'에 임명한 사실은 존재하지 않는다.

한다.

위의 호칭 가운데 '若狹守'라는 표현은 信廣가 若狹를 기반으로 하는 武田 가문의 후손이라는 점을 강조하기 위해 채용된 것으로 판단된다. 『新羅之記錄』 전반에 걸쳐 저자는 집요하다 싶을 정도로 松前와 若狹를 연결시키고 있다. 우선 信廣의 뒤를 잇는 가독에 대해 '新三郎民部大輔若狹守良廣朝臣', '彦太郎若狹守季廣朝臣'이라는 표현을 사용하고 있다. 그러나 信廣를 포함하여 蠣崎/松前 가문의 역대 가독들이 실제로 '若狹守'에 임명되었는지는 불투명하다. 『新羅之記錄』에 삽입되어 있는 "慶廣의 선조 가운데는 伊豆守가 많다. 慶廣도 豆州에 임명해야 할 것이다"(48면)라는 德川家康의 육성을 감안하면, '若狹守'라는 관직은 오히려 저자의 바람을 반영한 표현이라고 보는 게 타당하다고 생각한다.

한편 『新羅之記錄』의 저자는 1548년 여름의 일로 季廣가 若狹 武田 가문의 적자인 信豊(노부토요)에게 사자를 파견하여 우의를 다졌다고 상세히 설명하고(26~27면), 1589년 盛廣(모리히로)의 숙사에서 화재가 발생했을 때 慶廣가 관리하고 있던 松前 가문의 중요한 문서와 더불어 若狹의 信豊, 義統(요시쓰나) 부자가 보내온 편지가 모두 소실되었다고 강조하고 있다(56면). 저자에게 若狹는 松前 가문의 존립근거로 인식되었던 것 같다. 松前의 승려들이 若狹 출신이라는 것을 굳이 반복해서 밝히는 등(21, 26면), 松前와 若狹 간에 연결고리가 될 만한 것은 뭐든 적어두는 듯한 저자의 태도도 같은 맥락에서 이해된다.

표상으로서의 若狹에 대한 저자의 집착을 감안하면, 그것이 저자 자신의 내면에도 깊숙이 각인되는 것은 당연한 결과였다. 『新羅之記錄』에 따르면 1623년 景廣는 꿈속에서 公廣가 齋藤 아무개에게 칼

세 자루를 주는 것을 목격한다. 齋藤는 그 가운데 '狹衣'라는 이름의 칼을 景廣에게 건넨다. 景廣가 '狹衣'라는 이름의 유래를 묻자, 齋藤는 '若狹'의 '狹'자에 따른 것이라고 이야기한다. 여기서 景廣는 꿈에서 깨어난다(이상 71면). 若狹에 대한 집착이 景廣로 하여금 이런 꿈마저 꾸게 했던 것일 텐데, 지극히 개인적인 꿈 이야기를 굳이 『新羅之記錄』에 남기는 태도가 흥미롭다.[24]

이처럼 『新羅之記錄』에서 松前 가문은 若狹에 깊은 인연을 지닌 本州 출신의 '貴種'으로 강조되었다. 이와 좋은 대조를 이루는 것이 狄之嶋에 거주하는 여타 주민들에 대한 태도이다. 다음 문장을 살펴보자.

옛날에는 이 나라는 위로는 20일 정도, 아래로는 20일 정도 걸리는 크기였다. 松前의 동쪽은 阿川(무카와), 서쪽은 與依地(요이치)까지 人間이 살았는데, 그 내력은 다음과 같다. 右大將[25] 賴朝(요리토모) 경이 출진하여 奧州(오슈)의 泰衡(야스히라)를 추토하셨을 때, 糠部(누카노부)·津輕(쓰가루)로부터 많은 사람들이 이 나라로 도망쳐 건너와 거주했다. …… 현재 奧狄의 땅에 그들의 자손이 狄가 되어 살고 있다고 한다. …… 實朝(사네토모) 쇼군의 시대에 강도·해적의 무리 수십 명을 사로잡아 奧州 外之濱(소토가하마)에 보내고 狄之嶋로 추방하셨다. 渡党(와타리당)이라는 것은 그들의 후예이다. 또 그 후 嘉吉

---

24) 단, 景廣가 若狹와 관련된 칼과 전혀 인연이 없는 것은 아니었다. 역시 『新羅之記錄』에 따르면 信廣가 若狹 시절부터 지니고 있던 '小藤四郎'이라는 칼이 景廣에게 전해졌고, 이는 다시 景廣의 차남인 廣維(히로시게)에게 전해졌다고 한다(72면).

25) 右近衛大將의 약칭이다. 賴朝는 1190년 右近衛大將에 임명되었으므로, 인용문의 표현은 역사적 사실에는 어긋난다.

3년(1443) 下國(시모노쿠니)²⁶⁾의 安東太盛季(안도 타 모리스에)가 小泊
(고도마리)의 柴舘(시바관)에서 몰락하여 바다를 건넜는데, 이후 그를
그리워하여 여러 사람이 와서 살았다. 현재 그 후예인 사무라이들이
이곳에 있다.²⁷⁾

위 인용문에서 저자는 狄之嶋에 '人間'이 살게 된 경위에 대해 설명하
고 있다. 저자는 '人間'을 세 집단으로 구분하고 있다. 첫째, 1189년의
奧州 전투 때 鎌倉(가마쿠라) 막부군에 패퇴한 奧州藤原(오슈후지와라)
가문 계열의 사람들이다. 실제로 1189년 당시 수세에 몰린 泰衡는
'夷狄嶋'로 건너가고자 糠部로 향했다.²⁸⁾ 泰衡는 도중에 부하 장수에게
참살당하지만, 奧州藤原 가문의 패잔병 가운데 일부가 실제로 '夷狄嶋'
로 건너갔을 가능성은 충분히 생각할 수 있다. 둘째, 鎌倉 막부의
3대 쇼군인 實朝의 시대에 추방된 중범죄자들이다. 실제로 鎌倉시대
의 중범죄자들 중 일부는 막부를 매개로 '夷嶋'로 추방되곤 했다.²⁹⁾
셋째, 安東盛季와 그 휘하의 사무라이들이다. 安東盛季는 十三湊(도사
미나토)를 기반으로 중세 북방세계의 패자로 군림했던 安東 가문의

---

26) 여기서 '下國'는 安東 가문의 적통인 '下國' 가문을 가리킨다. 安東 가문은
대략 남북조시대를 전후하여 秋田 지역을 기반으로 하는 上國(가미노쿠니)
가문, 津輕 등 애초의 근거지를 기반으로 하는 下國 가문으로 갈라졌다.
참고로 덧붙이자면, 北海道에도 上國 지역이 존재하는데, 이곳이 本州 秋田
지역의 그것과 구별되는 것이라는 점은 두말할 나위 없다.

27) "往古者, 此國, 上二十日程, 下二十日程. 松前以東者陬川, 西者與依地迄, 人間住事
者, 右大將賴朝卿進發而追討奧州之泰衡御節, 從糠部津輕人多逃渡此國居住 ……
於今奧狄之地, 彼末孫爲狄在之 …… 實朝將軍之代, 强盜海賊之從類數十人搦捕, 下
遣奧州外之濱, 被追放狄之嶋, 渡黨云者, 渠等末也. 亦其以後, 嘉吉三年冬, 下國安東
太盛季落小泊之柴舘渡海之後, 慕跡數人來住, 於今其末孫之侍共在之也"(14면).

28) 『吾妻鏡』 1189년 9월 3일조.

29) 이세연·정면·조원 엮음, 앞의 책, 284~285쪽 참조.

적자이다. 安東 가문은 松前 가문의 전신인 蠣崎 가문의 주군이기도 했다. 1440년대 당시 安東 가문은 신흥 南部(난부) 가문에 밀려 쇠락의 길을 걷고 있었다. 盛季는 실제로는 1442년 무렵 狄之嶋에 건너간 것으로 추정되고 있다.[30]

위 인용문에서 무엇보다 눈에 띄는 것은 鎌倉시대에 연원을 두는 '人間' 집단의 철저한 타자화이다. 즉, 奧州전투에서 비롯된 '人間' 집단은 '奧狄의 땅', 즉 狄之嶋의 서북면 안쪽 깊숙한 지역에 거주하는 '狄'의 선조, 實朝시대에 狄之嶋로 유배된 '人間' 집단은 '渡党'의 선조라는 식으로 松前 가문과는 아무런 접점이 없는 이질적인 부류로 설정되어 있는 것이다. 북방세계에 자리잡은 松前 가문인 만큼 특히 중세 초기에 奧州 전역을 석권하고 狄之嶋에 일정한 영향력을 행사했던 奧州藤原 가문에 대해 모종의 계승의식이 표명되어도 좋을 듯한데, 『新羅之記錄』의 필치는 냉철하다.

이 같은 『新羅之記錄』의 입장은 奧州藤原 가문이 일찍이 고대 동북지역의 패자인 安倍(아베) 가문의 뒤를 잇는다는 계보의식을 표명했던 것[31]과 대조를 이룬다. 松前 가문에 이르러 북방세계의 독자적인 계보의식이 소멸되었다는 선행연구의 지적[32]이 떠오르는 대목이다.

그러나 과연 松前 가문은 북방세계의 독자적인 계보의식에 대해 무감각했을까? 변경을 아우르는 정치권력의 정당성은 천황 가문으로 이어지는 고귀한 혈맥만으로 충분히 담보된다고 인식되었던 것일까? 결론을 미리 말하자면, 『新羅之記錄』의 저자는 결코 그렇게 생각

---

30) 入間田宣夫, 「糠部·閉伊·夷が嶋の海民集団と諸大名」, 『北の內海世界』, 山川出版社, 1999, 58쪽.
31) 이세연·정면·조원 엮음, 앞의 책, 270쪽.
32) 入間田宣夫, 「中世奧羽における系譜認識の形成と在地社會」, 101~106쪽.

하지 않았다.

실마리는 다름 아닌 위의 인용문에서 찾을 수 있다. 『新羅之記錄』의
저자는 狄之嶋에 자리잡은 또 다른 '人間' 집단으로 安東 가문 계열의
사람들을 제시했다. 『新羅之記錄』의 저자는 그들이 누구의 선조인지
설명하지 않는다. 그 대신 저자는 그들이 누구의 후손인지에 대해
장황하게 설명한다. 구체적으로는 安東盛季에 초점을 맞춰 다음과
같이 적고 있다.

> 盛季朝臣의 선조는 他化自在天王의 內臣 安日長髓(아비 나가스네)이다.
> …… 神武天皇과 나라를 다투었지만, 전투가 불리하여 사로잡혔다.
> 이름을 醜蠻이라 고치고 동쪽 奧州의 津輕 外之濱 安東浦에 유배되었다.
> 安日長髓의 후손이 津輕를 압령하고 十三湊에 살며 번창했다.[33]

중세일본사회에서는 安東 가문의 선조에 관한 신화가 널리 유포되
었다. 그 흔적은 근세에서도 확인되곤 하는데, 위 인용문은 그런
사례 가운데 하나이다. 安東 가문의 선조는 천황 가문의 권위를 상대
화할 수 있는 불교 계통의 신과 연계되어 있고, 더군다나 "神武天皇과
나라를 다투었"다고 설명되어 있다. 安日長髓는 전투에서 패하여 일본
열도의 변경으로 밀려났다고 보이지만, 이 담론의 핵심은 일찍이
천황 가문과 대등하게 맞섰던 혈맥, 그래서 언제고 중앙권력을 상대
화하고 권토중래를 꿈꿀 수 있는 혈맥이 존재한다는 점에 있다.[34]

---

33) "盛季朝臣, 其先祖者, 他化自在天王之內臣安日長髓 …… 雖令成神武天皇與國諍,
   軍不利被虜, 改其名於醜蠻, 配流東奧津輕外之濱安東浦. 彼安日長髓之末孫押領津
   輕, 住十三之湊繁昌"(15면).
34) 入間田宣夫, 앞의 논문, 92쪽.

앞서 살펴본 바와 같이 『新羅之記錄』의 저자는 松前 가문의 혈맥이 천황 가문으로 이어진다고 책의 첫머리에서부터 강조했다. 그런 입장에서 보자면 安日長髓 신화는 불편하기 짝이 없었을 텐데, 저자는 왜 굳이 이 이야기를 삽입한 것일까?

위에서도 잠시 언급한 바와 같이, 安東 가문은 본래 蠣崎/松前 가문의 주군에 해당했다. 애초에 狄之嶋를 아우르고 있었던 것은 安東 가문이었다. 『新羅之記錄』에도 "狄之嶋는 옛날 安東 가문의 영지였다"고 명기되어 있다(18면). 松前 가문은 安東 가문의 명을 받아 渡島 반도 일대에서 교역업무를 담당하던 여러 유력 가문 가운데 하나에 불과했다. 앞서 언급한 바와 같이 安東 가문은 15세기 중엽에 이르러 그 위세가 한풀 꺾였지만, 16세기 후반에 이르기까지 북방세계의 패자로서의 권위는 유지하고 있었다.[35] 상세한 설명은 생략하지만, 松前 가문은 1600년 전후의 통일정권 성립을 계기로 安東 가문의 권좌를 사실상 탈취했다. 『新羅之記錄』이 집필되던 당시, 이 같은 탈취의 역사는 狄之嶋 지역사회에서 생생하게 기억되고 있었을 것이다. 狄之嶋의 신흥 통치자인 松前 가문의 입장에서는 鎌倉시대 이래로 북방세계에서 장기간 존재감을 과시했던 安東 가문을 마냥 무시할 수는 없었을 것이다. 『新羅之記錄』에 安日長髓 신화와 安東 가문의 역대 가독들에 대한 상세한 언급이 보이는 것은 우선 이런 맥락에서 이해된다.

그런데 『新羅之記錄』의 저자는 한 발 더 나아가 安東 가문의 권위가 松前 가문의 통치 정당성에 도움이 된다고도 판단했던 것 같다. 그것은 松前 가문으로 이어지는 또 하나의 혈맥을 명기하는 방식으로 표출되었다. 다음 문장을 살펴보자.

---

35) 海保嶺夫, 『近世蝦夷地成立史の研究』, 230쪽.

修理大夫에게는 대를 이을 자식이 없었다. 그래서 政季(마사스에) 朝臣
의 딸을 자식으로 삼아 信廣와 혼인하게 하고 강의 북쪽 天川(아마노가
와)의 洲崎舘(스자키관)에 머물게 하며 가독으로 받들었다. 信廣朝臣은
실제로는 安東太政季朝臣의 사위이다.[36]

위 인용문의 '修理大夫'는 蠣崎季繁(가키자키 스에시게)이다. 季繁는
狄之嶋 上ノ國 지역에 자리잡고 있던 실력자였다. 후사가 없었던 季繁
는 信廣를 사위로 삼아 蠣崎 가문의 대를 잇게 했는데, 信廣의 혼인상대
가 실은 安東政季의 딸이었다는 설명이다.

安東政季는 15세기 중엽 폐절 위기에 처해 있던 安東 가문을 중흥시
킨 인물이다. 政季의 계보는 불투명하지만, 政季가 앞서 언급했던
盛季 계통의 下國 가문의 대를 이은 점만큼은 분명하다. 『新羅之記錄』
에서도 政季는 1454년 南部 가문의 감시를 피해 狄之嶋로 건너가 安東
가문의 지배체제를 다시금 확고히 다진 인물로 그려지고 있다. 政季는
이후 다시 本州로 돌아와 秋田의 檜山(히야마)에 웅거하지만, 그가
狄之嶋에 구축한 지배체제는 일정기간 동안 존속한다. 信廣는 1454년
의 도해 당시에 政季를 수행하여 새로운 지배체제가 구축되는 데
일조한 것으로 묘사되어 있다. 말하자면, 松前 가문의 입장에서 政季는
권위의 원천으로서 중요한 위치를 점하는 인물이었던 것이다.

그렇다면 『新羅之記錄』의 저자가 '실제로는'이라는 표현을 써가며
信廣가 政季의 딸과 혼인했다고 강조한 이유는 자명하다 할 것이다.
저자는 명백히 북방세계에서 차지하는 安東 가문의 권위를 의식하고
있었던 것이다. 달리 말하자면, 저자는 松前 가문의 혈맥이 북방세계

---

36) "修理大夫無繼子, 故得政季朝臣之息女爲子, 令嫁信廣, 居川北天河之洲崎之舘, 仰家
督. 信廣朝臣, 爲實安東太政季朝臣之壻也"(19면).

의 전통적인 '貴種'과도 통한다는 점을 이야기하고 싶었던 것이다.[37]
『新羅之記錄』이 비판의 대상으로 삼았던 1643년의 가계도[38]에 그저
"娶蠣崎修理大夫女. 依継其家, 用蠣崎称号"라고 보이는 점[39]은 저자의
의도를 한층 명확히 밝혀준다. 이렇게 볼 때, 앞서 언급한 安日長髓
신화, 安東 가문 역대 가독들의 사적도 저자가 마련한 미장센의 한
부분으로 이해된다.

　이상과 같이 『新羅之記錄』의 저자는 중앙권력과 지역권력의 '고귀
한 피'가 松前 가문으로 흘러들어갔다고 주장했다. 松前 가문은 타의
추종을 불허하는 변경의 '貴種'으로 자리매김되었던 것이다.

　여기서 한 가지 주목되는 것은 松前 가문의 시선이 한곳으로 수렴되
고 있지 않다는 점이다. '新羅之記錄'이라는 제목이 상징하듯 열도의
중앙으로 향하는 시선이 보다 강렬했던 것은 분명하지만, 松前 가문의
시선은 명백히 분산되어 있었다. 그것은 경계인의 시선이라고도
표현할 수 있을 것이다. 그 시선의 흔적은 『新羅之記錄』에 자타인식이
라는 형태로 남아 있을 것으로 추정된다. 이에 대해서는 3장에서
살펴보기로 한다.

---

37) 海保嶺夫, 『幕藩制國家と北海道』, 46~47쪽 ; 同, 『近世蝦夷地成立史の研究』, 161
　　쪽 참조. 海保는 이 점에 대해 사실관계를 확인하는 수준의 서술태도를
　　취하고 있다(아마 이런 서술태도 때문인지 入間田는 海保의 지적에 대해
　　이렇다 할 논평을 하지 않았다). 그러나 이는 『新羅之記錄』의 구상, 계보의식
　　의 한 축을 보여주는 핵심적인 서술, 安東 가문의 신화 및 가독에 대한
　　상세한 서술과 긴밀히 연결된 담론으로 평가하지 않으면 안 될 것이다.
38) 각주 7) 참조.
39) 新藤透, 앞의 책, 270~271쪽.

3. 경계인의 자타인식

『新羅之記錄』에는 神佛의 영험에 관한 서술이 많이 눈에 띈다. 상권의 良廣(요시히로) 시대에 관한 단락에도 松前에 '火難'이 있을 때마다 크게 울려 진동했다는 '勝軍地藏大菩薩'의 영험담이 실려 있다. 그런데 이 지장보살이 모셔져 있는 산에 대해 "松前의 북쪽에 높은 산이 있다. 이 산에 오르면 멀리 扶桑國을 바라볼 수 있다. 경관이 훌륭한 산이다"(25면)라는 설명이 곁들여져 있다.

위 인용문에 보이는 '扶桑國'은 『扶桑集』, 『扶桑略記』와 같은 명칭에서도 알 수 있듯이 平安(헤이안) 시대 이래로 일본을 가리키는 이칭이었다. 『新羅之記錄』에는 이에 대해 이렇다 할 부연설명이 없다. 아마도 저자는 津輕 해협 건너편의 세계에 대한 자신의 생각을 무심코 적어 넣었을 것이다. 아무런 부연설명도 하지 않는 이 무심한 태도는 자신이 속한 세계와 '扶桑國'은 엄연히 구분되는 것이라는 저자의 인식을 잘 보여준다고 생각한다. 1618년 松前에 잠입한 이탈리아 선교사 안젤리스에게 "신부님이 松前에 오신 것은 큰 문제가 안 됩니다. 왜냐하면 천하가 신부님을 일본에서 추방했지만, 松前는 일본국이 아닙니다"[40]라고 했다는 公廣의 발언이 떠오르는 대목이다.

『新羅之記錄』에 따르면 1593년 慶廣는 '奧狄唐渡之嶋'에서 조달한 '唐衣'를 입고 德川家康와 접촉했다고 보이는데(44면), 그 같은 만남도 松前의 '다름'이 가시화되고 재확인되는 기회가 되었을 것이다.

단, 松前가 일본과 다른 공간이라는 인식은 양자가 대등하다는 인식은 아니었다. 예컨대, 『新羅之記錄』에는 양자 간의 문화적 격차에

---

40) H. チースリク 編, 岡本良知 譯, 『北方探檢記 : 元和年間に於ける外國人の蝦夷報告書』, 吉川弘文館, 1962, 53쪽.

대한 서술이 심심찮게 등장한다.

『新羅之記錄』하권의 전반부에는 狄之嶋의 관할권을 확보하고자 당대의 권력자들에게 적극적으로 접근하는 慶廣의 모습이 생생하게 그려지고 있다. 그에 따르면 1593년 임진전쟁 당시에 慶廣는 九州 名護屋에 출진해 있던 豊臣秀吉를 만나 狄之嶋 관할권에 관한 명령서를 얻는다. 松前로 돌아가는 길에 慶廣는 京都에 들러 里村紹巴(사토무라 조하)에게서 連歌에 관한 지침서를 얻는데, 『新羅之記錄』에는 다음과 같은 紹巴의 識語가 채록되어 있다.

　　이 지침서는 日乃もと에서 떨어져 있는 松前의 嶋主 蠣崎志州가 和國의 風雅에 마음을 물들여 連歌의 자리에 종종 섞여 ……41)

위 인용문에 보이는 '蠣崎志州'는 아직 蠣崎 성을 사용하고 있던 志摩守 慶廣를 가리킨다. 그 전후로 보이는 '日乃もと', '和國'은 앞서 살펴본 '扶桑國'과 같이 일본을 가리키는 이칭이다. 紹巴는 松前를 일본과는 격절된 세계로 인식하고 있었던 것이다. 그에게 松前는 일본의 '風雅'에 감화되어 마땅한 대상이었을 것이다.

본 논문의 취지에서 보다 중요한 것은 그 같은 인식을 담은 紹巴의 識語가 별다른 부가설명 없이 『新羅之記錄』에 실려 있다는 점이다. 아마도 저자의 입장에서는 상식에 속하는 자명한 이야기였던 까닭에 이런저런 설명은 필요치 않다고 여겨졌을 것이다. 앞서 언급한 저자의 무심함을 상기하지 않을 수 없다.

이처럼 일본은 松前 사람들에게 '문명'의 세계이자 동경의 대상이었

---

41) "此式目者, 日のもとををはなれたる松前の嶋主蠣崎志州, 和國の風雅に心をそめ, 連歌の席にしばしばましはりける…"(45면).

다. 이런 인식은 다음의 일화에서도 확인할 수 있다.

1609년 조정에서 발생한 대규모 성추문사건에 연루되어 花山院忠長
(가잔인 다다나가)가 松前로 유배되었다. 『新羅之記錄』에 따르면 이
사태에 대해 慶廣는 다음과 같이 속내를 털어놓았다고 한다.

예로부터 지금까지 雲客이 狄之千嶋에 오셨다는 이야기는 들어본 바
없다. 좌천이 아니라면 어찌 올 수 있겠는가? 慶廣의 대에 이르러
雲客이 이 나라에 오신 일은 후세에 전해야 할 것이다. …… 이는
가문의 명예이다.[42]

松前에 유배된 忠長는 당시 從四位上 左近衛少將이었다. 慶廣의 말대
로 忠長는 雲客, 즉 천황이 머무는 淸凉殿에 오를 수 있는 殿上人이었다.
忠長가 속한 花山院 가문은 경우에 따라 최고 관직인 太政大臣에도
오를 수 있는 淸華家에 해당한다. 따라서 감격에 겨워 '가문의 명예'
운운하는 慶廣의 태도는 전혀 이해 못할 바는 아니다.

그러나 성추문사건에서 비롯된 유배를 마치 자랑스러운 자신의
치적인 양 이야기하는 慶廣의 태도, 또 그런 이야기를 고스란히 옮겨
적음으로써 慶廣의 바람대로 이 일을 후세에 전하려는 저자의 태도는
통상적인 것으로 보기 어렵다. 이 태도의 근간에는 역시 '문명' 세계로
서의 '扶桑國'·'日乃もと'·'和國'에 대한 동경이 존재한다고 생각한다.

동경의 대상이었던 일본과의 접촉은 종종 노래모임의 형태로 이루
어졌는데, 그 자리에서는 松前 가문이 일상적으로 접해야 했던 에조가
소환되기도 했다.

---

42) "從往古, 未聞雲客之狄之千嶋於來給事. 豈是不左遷者, 可爭來矣. 当代慶廣時雲客
之來此國御事, 須談伝後世 …… 是家名譽也"(51면).

① 도읍에서 이야기하면 사람들은 거짓이라고 말할 테지. 4월에 매화가 한창이라면.

② 거짓이라고 에조는 말할 테지. 4월에도 매화 향을 바람에 실어 보내면.[43]

위 노래는 앞서 소개한 忠長가 松前의 술자리에서 읊은 노래이다. 봄꽃인 매화가 초여름에 만개한 것이 화제가 되었던 것 같다. 북방세계의 기후를 감안하면 음력 4월의 매화가 꼭 어색한 것은 아닐 테지만, 本州 출신인 忠長에게 그것은 분명 이국적인 풍경이었을 것이다.

노래의 내용 자체는 특별할 것이 없지만, 두 노래를 짝지어 놓으면 이야기는 사뭇 달라진다. 忠長의 시선은 서로 호응하듯 둘로 갈려 있기 때문이다. 즉, 忠長의 시선은 津輕 해협 너머 '문명' 세계로 향하는가 하면(①), 松前 배후의 에조로도 향하고 있다(②). 松前라는 환경은 이처럼 사람들의 시선을 자연스레 분산시키는 것이었다. 忠長의 노래는 松前 사람들의 시선을 대변하고 있는 듯하다.

忠長의 노래에 등장하는 에조의 모습은 '문명' 세계의 노래모임에서도 확인된다. 『新羅之記錄』에 따르면 1591년 慶廣는 어느 連歌會에 참석하여 里村紹巴의 發句에 노래를 덧붙였다. 즉, 紹巴가 "봄밤, 에조의 숨 바람이 분다. 하늘의 텅 빈 달"이라고 發句를 제시하자, 慶廣는 "동틀 녘 어디로 돌아가는 기러기인가"라고 읊었던 것이다(42면).

發句에 등장하는 '에조의 숨 바람'에 대해 『新羅之記錄』의 저자는 비교적 상세한 해설을 덧붙이고 있다. 즉, 14세기 초에 편찬된 『夫木和歌抄』의 관련 노래를 소개한 후 다음과 같이 설명한다.

---

43) "都にて, かたらは人の, いつはりと, いはん卯月の, 梅のさかりを", "いつはりと, ゑそや いはまし, 卯月にも, 梅のにほひを, 風のをくらば"(51~52면).

이 섬(狄之嶋 | 인용자)에서는 옛날 특히 안개가 짙어 동서의 산이 보이지 않을 때 에조의 숨 바람이 부는 것이라고 여겨 사람들로 하여금 모두 주의를 기울이게 했다.[44]

위 인용문은 本州에서 바다 건너 狄之嶋에 정착한 사람들의 세계, 즉 '人間' 세계의 전승에 다름 아니다. 짧은 문장이지만, 에조와 대치하며 긴장감 속에서 삶을 영위해온 '人間'들의 일상을 미루어 짐작케 한다. 에조가 내쉬는 숨은 자욱한 안개로 변한다, 따라서 안개가 짙게 끼었다는 것은 주변에 에조가 있다는 징후에 다름 아니므로 경계해야 한다는 것이다. '風雅'한 '문명' 세계의 노래모임에서 '에조의 숨 바람'은 이국적인 정취를 불러일으키는 소재에 불과했지만, 狄之嶋 현지인들에게 그것은 사활이 걸린 관찰대상이었음에 틀림없다.

'옛날'이라는 문구에 주의하면 『新羅之記錄』이 집필되던 당시 '에조의 숨 바람'에 대한 현지인들의 집단 환상은 사라진 것으로 보이지만, 에조가 경계의 대상이라는 점에는 변함이 없었다. 『新羅之記錄』의 저자는 1456~1525년에 이르기까지 에조들이 '者某'(샤모), 즉 '人間'들의 마을을 습격했다고 회상하기도 하고(14면), 또 에조가 비 내리는 날 야음을 틈타 松前 가문의 성곽을 노린 일화들을 소개하기도 한다 (23~24면). 松前 가문에게 에조는 좀처럼 통제하기 어려운 강력한 타자로 인식되었던 것이다.

그러나 狄之嶋, 즉 '에조의 섬'에 거주하는 松前 가문 사람들은 에조와 일정하게 교류하며 살아가지 않을 수 없었다. 잘 알려져 있다시피 그들이 위험을 무릅쓰고 松前에 머물며 손에 넣으려 한 것은 에조들이

---

44) "此嶋, 古殊更霞深, 而有不見東西之山時, 狄之胡苴吹哉覽云, 令人皆用心也"(42면).

가져오는 해달의 털가죽, 말린 연어, 다시마 등 '扶桑國'에서 각광받는 북방 물산이었다. 『新羅之記錄』에도 松前 가문과 에조가 상업적으로 교류하는 모습은 생생하게 활사되어 있다.

그런데 이에 반해 문화교류라 할 만한 것은 전혀 눈에 띄지 않는다. 예컨대, 『新羅之記錄』에는 松前 사람들과 에조가 어우러진 술자리가 종종 보이지만, 주연에 수반되기 마련인 가무 같은 것은 확인되지 않는다. 松前 사람들이 '扶桑國'에서 배운 '風雅'를 에조에게 선보일 법도 한데, 그런 사례는 보이지 않는다. 물론 생략되었을 가능성도 있지만, 그것은 오히려 松前 가문과 에조의 교류에서 '風雅'가 점하는 위상이 지극히 낮은 것으로 인식되었음을 방증할 따름이다.

이상에서 살펴본 바와 같이, 松前 가문에게 에조는 실용적인 차원에서 부득이 교류해야 하는 상대, 위태로운 공존의 상대로 인지되었던 것으로 판단된다. 그럼 이 같은 에조와의 사이에서 갈등이 발생했을 때, 松前 가문은 어떤 태도를 취했을까? 이에 대해서는 '弓馬之道'를 키워드로 삼아 4장에서 살펴보기로 한다.

4. 실용과 생존의 '弓馬之道'

『新羅之記錄』에서 蠣崎/松前 가문의 가독들은 무가 동량으로서의 덕목을 고루 갖춘 인물들로 제시되고 있다. 예컨대, 信廣는 타고난 '大力强盛'으로 겁을 내지 않는 거친 '氣性'의 소유자로 묘사되고 있다(13면). 또 良廣는 장년기에 늘 3명이 잡아당겨 만든 강궁을 사용했으며 松前 가문에 전하는 '秘術'도 체득하고 있었다고 적혀 있다(25면). 뒤이은 季廣 역시 상대방에게 위압감을 줄 정도로 빼어난 활 기술을 지닌 인물로 묘사되고 있으며(26면), 慶廣에 대해서는 신장이 크고 기량이 탁월했을 뿐더러 '强力'하여 3명이 잡아당겨 만든 활을 잘 쐈다는 기술이 덧붙여져 있다(54면). 慶廣의 적장자 盛廣(모리히로) 역시 '小兵'임에도 활의 명수였다고 적혀 있다(57면).

이상의 구절들을 읽어가다 보면 무사들의 기량과 덕목을 묘사한 『今昔物語集』 권제25, 『古今著聞集』 권제9의 이야기들을 자연스레 떠올리게 된다. 『新羅之記錄』의 저자가 생각하고 있던 무사가 걸어가야 하는 길, 당시의 일반적인 용어로는 '弓馬之道'의 내용이 궁금해지는 대목인데, 그 실마리는 에조와의 전투에 관한 서술에서 발견할 수 있다. 몇 가지 대표적인 사례를 살펴보도록 하자.

> 동 12년(1515 | 인용자) 夷賊 무리가 봉기했다. 6월 22일 光廣(미쓰히로) 朝臣이 계략을 세워 거택의 客殿과 臺所의 문 여러 칸을 떼어 줄로 묶어 두었다. 이적의 추장 쇼야코지 형제와 우타리를 불러들여 하루 종일 술자리를 베풀었다. 그들로 하여금 취흥에 빠지게 하고 보물을 내보였다. 보물을 보며 즐기는 틈을 엿보아 그 사이 수많은 여자들로 하여금 다듬이질을 하게 하여 그 소리를 틈타 무장을 갖춘 후 집안의 문을 묶어둔 줄을 잘라내고 여러 명이 갑자기 객전으로 밀고 들어갔다. 光廣朝臣은 칼을 들고 에조의 추장 두 사람을 참살했다. …… 뿐만 아니라 우타리 에조를 한 사람도 남김없이 모두 죽였다.[45]

동 2년(1529 | 인용자) 3월 26일 狄가 봉기하여 上之國 和喜의 관을 공격하

---

45) "同十二年, 夷賊徒蜂起. 六月卄二日, 光廣朝臣, 以計略居宅之客殿與臺所之中, 外戶數間, 以繩索置, 招入夷賊之酋長庶野曶峙兄弟幷侑多利, 一日行酒. 令彼等入醉興, 出寶物見之, 窺弄寶物隙, 令此間於數多之女共, 擣碪紛其音, 鎧物具而後, 切索繩家內之戶推儶, 數人俄亂入客殿. 光廣朝臣, 取太刀斬殺夷之酋長二人 …… 以加侑多利夷不漏一人悉討殺"(22~23면).

고자 했다. 때마침 良廣朝臣이 관에 머물러 있으면서 음모의 일환으로 화해하여 수많은 선물을 주었다. 추장 다나사카시라는 에조가 관으로 향하는 고갯길 도중의 평지에서 선물을 받고는 준엄한 표정으로 관 쪽을 올려다보고 득의양양해 하는 순간 矢倉에서 활을 쐈다. ……추장이 사살되는 것을 보고 수백의 우타리들이 크게 당황하여 흩어져 도망쳤다. …… 에조가 모두 天河를 건너가고자 분별없이 강 상류를 향해 도망쳐 가는 것을 菱池로 몰아넣고 모두 죽였다.[46]

동 5년(1536 | 인용자) 6월 23일 다리코나라는 에조와 화해하고 친근해져 하루 종일 술자리를 가졌다. 來國俊(라이쿠니토시)[47]가 만든 날카로운 칼로 그들 부부를 단칼에 베어 죽였다.[48]

위 인용문들에서 주목하고 싶은 것은 진압의 패턴이다. 구체적인 내용에서는 다소 차이가 나지만, 모든 사례에서 기만전술을 확인할 수 있다. 앞서 언급한 蠣崎/松前 가독들의 기량을 감안하면, 이 같은 패턴은 의외로도 여겨진다. 선행연구에서 지적하듯, 松前 가문에게 에조는 기만전술을 사용하지 않으면 제압할 수 없을 만큼 강력한 상대였음에 틀림없다.[49]

에조의 군사적 실력에 대한 이 같은 추정도 중요하지만, 본 논문의

---

46) "同二年三月二十六日, 狄發向欲攻上之國和喜之館. 折節良廣朝臣舘籠, 將隱謀, 和睦 引界數多之償. 酋長多那嶺云狄, 舘之坂中平地之所而請取償之物, 仡向上舘之方. 射 悝悢處於矢倉 …… 狄皆欲渡越天河. 無了簡追込, 指河上逃行於菱池, 悉討殺也"(24면).

47) 鎌倉시대의 저명한 刀工.

48) "同五年六月廿三日, 令和睦多離困那云狄, 成得意, 一日行酒. 以來國俊之喬刀, 討渠 夫婦於一太刀宛"(25면).

49) 榎森進, 『アイヌ民族の歷史』, 草風館, 2007, 145~146쪽 ; 工藤大輔, 「アイヌ民族との 戰いと「北の武士団」」, 『北方社會史の視座 歷史·文化·生活 第1卷』, 淸文堂, 2007, 44쪽.

취지에서 보다 주목하고 싶은 것은 에조들에 대한 기만전술을 거리낌 없이 기술하는 저자의 태도이다. 상식적으로 생각해 보면, 자신의 선조들이 속임수를 썼다는 사실을 굳이 누누이 밝힐 필요는 없기 때문이다. 결론을 미리 말하자면, 景廣는 기만전술이 松前라는 환경에서 응당 있을 법한 것이라는 인식을 지니고 있었다고 생각한다. 강력한 상대와 일상적으로 마주하며 문자 그대로 생존하는 것이 지상과제였던 세계에서 페어플레이만으로 전투를 수행할 수는 없다는 것, 실질적인 효과를 거둘 수 있는 실용적인 전투 방식이 우선시될 수밖에 없다는 것이 景廣의 상식이 아니었을까 짐작된다. 요컨대, 景廣가 생각한 '弓馬之道'는 실용과 생존을 우선시하는 성격의 것이었다고 판단된다. 이와 관련해서는 다음 문장도 주목된다.

동 16년(1588 | 인용자) 봄부터 愛季(지카스에)의 적남 東太郎實季(도 다로 사네스에)와 종부형제인 湊(미나토)의 屋形(야가타) 茂季(시게스에)의 적남 東九郎高季(도 구로 다카스에)가 나라를 다투어 전투를 벌였다. 湊九郎高季는 仙北(센보쿠)의 戶澤九郎(도자와 구로)를 의지하여 湊로 들어갔다. 實季朝臣은 由利郡의 赤宇曾(아코즈) 治部少輔를 의지하셨다. 이에 역심 있는 자가 있어 高季가 전투에서 패하고 몰락하여 仙北로 도망쳐 들어가셨다. <u>實季朝臣에게 운이 기울어 秋田郡을 수중에 넣었다는 이야기를 도중에 듣고 檜山에 도착했다.</u> 이는 모두 慶廣朝臣이 猶子를 버리고 家督을 받든 것이다. 어찌 弓馬之道를 오로지 하고 武勇의 儀를 올곧게 한 것이 아니겠는가?[50]

---

50) "從同十六年春, 愛季之嫡男東太郎實季朝臣與從父兄弟湊之屋形茂季之嫡男東九郎高季, 諍國所合戰. 湊九郎高季憑仙北之戶澤九郎, 被打入湊矣. 實季朝臣賴由利郡赤宇曾治部少輔給. 故有逆心之者, 高季敗軍牢人而被逃入仙北. 聞爲實季朝臣之理運, 秋田郡入手裏事於途中, 參著檜山. 是倂, 慶廣朝臣捨猶子, 而仰家督. <u>豈不專弓馬之</u>

1588년 봄부터 安東 가문에서 내분이 일어났다. 가독 實季에게 사촌 高季가 도전하는 형국이었다. 慶廣는 實季를 지지했는데, 이에 대해 『新羅之記錄』의 저자는 '弓馬之道'를 체현한 행동이라고 평하고 있다. 慶廣가 實季를 지지하는 과정에 주목해 보면 저자가 이야기하는 '弓馬之道'의 내용이 구체적으로 드러난다.

實季와 高季의 패권 다툼은 호각지세였던 것 같다. 高季 측의 내부 분열이 전투의 승패를 좌우했는데, 밑줄의 문장이 시사하듯 慶廣는 애초에 어느 쪽을 지지할지 결정하지 않은 채 사태의 추이를 관망하고 있었다. 慶廣가 자신의 입장을 명확히 한 것은 實季의 승전이 확정된 이후의 일이다.

그런데 이 기회주의적이라고도 할 수 있는 慶廣의 행동에 대해 『新羅之記錄』의 저자는 '弓馬之道'라는 표현을 사용하고 있다. 말하자면 저자의 시각에서 볼 때, 慶廣의 행동은 무사로서 걸어가야 하는 길에서 어긋나지 않은 것이었다. 어느 쪽을 지지하느냐에 따라 가문의 명운이 좌우될 수도 있는 상황에서 사태의 추이를 신중하게 가늠하는 것은 오히려 무사로서 갖춰야 할 덕목이라는 게 저자의 판단이었던 것은 아닐까? 저자가 생각한 '弓馬之道'가 실용과 생존을 기본으로 하는 것이었다는 점을 다시 한번 확인할 수 있는 것이다.

道, 正武勇之儀矣"(40~41면). 밑줄 문장의 통상적인 번역은 "어찌 궁마지도를 오로지 하고 무용의 의를 올곧게 하지 않는가" 정도가 될 것이다. 이 번역에 따른다면 景廣는 慶廣의 행동을 강하게 비판한 셈이 된다. 그러나 景廣가 松前 가문의 초대 藩主이자 부친인 慶廣의 행위를 부정적으로 서술한다는 것은 상상하기 어렵다. 실제로 『新羅之記錄』에 그런 문장은 보이지 않는다. 여기서는 『新羅之記錄』이 "일본식 한문으로 가나 혼용문이 아니기 때문에 한문의 소양이 있어도 읽을 수 없고, 게다가 속자, 음차가 많아 …… 난해한 책이다"라는 선행연구의 지적(高倉新一郎, 앞의 책, 4쪽)과 전후 문맥을 고려하여 본문과 같이 번역했다.

저자의 '弓馬之道'를 이렇게 이해하면, 蠣崎/松前 가문이 자신의 주군을 安東에서 豊臣로, 다시 德川로 바꾸는 과정에 대한 해명이 『新羅之記錄』에 전혀 보이지 않는 점도 납득할 만하다. 설명하기 곤란한 사안이기 때문에 생략되었다는 추측도 가능하지만, 그보다는 오히려 '주군 갈아타기'는 문제될 것 없다는 저자의 윤리의식이 작용한 결과로 보는 것이 타당하지 않을까 생각한다. 구체적인 인용은 생략하지만 『新羅之記錄』에 安東, 豊臣 가문과의 교류가 담담한 어조로 비교적 상세히 서술되어 있는 점도 참조할 만하다. 이 역시 저자가 '주군 갈아타기'와 관련하여 도덕적인 부채감에 짓눌리지 않았음을 방증해 준다고 생각한다.

이처럼 실용과 생존의 '弓馬之道'로 무장한 松前 가문 사람들에게 무사로서의 체통의 하한선은 상당히 낮았던 것 같다. 예컨대, 『新羅之記錄』 하권에는 다음과 같은 일화가 실려 있다.

松前 가문에는 '綱切貞宗'라는 칼이 전해지고 있었다. 이 칼은 본래 織田信長가 소유했던 것인데, 어느 해인가 南部季賢(난부 스에카타)에게 하사되었다. 季賢는 이 칼을 安東愛季에게 바쳤는데, 愛季는 이후 군공을 세운 松前慶廣에게 이 칼을 하사했다. '綱切貞宗'는 그 후 慶廣의 아들인 忠廣를 거쳐 다시 그 아들인 直廣(나오히로)에게 양여되었다. 그런데 忠廣는 1614~1615년의 오사카 전투에서 비롯된 빚을 直廣에게 남긴 채 세상을 떠나고 만다. 생활이 궁핍해진 直廣는 자신의 사촌이자 가독인 公廣에게 주선을 부탁하여 '綱切貞宗'를 쇼군 德川秀忠에게 진상하고 황금 70매를 하사받았다(60~61면).

자세한 내용은 생략하지만, 『新羅之記錄』에는 유서 깊은 무구에 관한 서술이 꽤 많이 눈에 띈다. 어떤 전투에서 누가 사용한 것인지, 어떤 무공과 관련된 것인지, 누구에게 대물림되었는지 등 상세한 내력이 곁들여지곤 한다. 요컨대,『新羅之記錄』의 저자는 유서 깊은 무구를 결코 허투루 여기는 인물은 아니었다.

이런 점에 비춰볼 때, 위에서 살펴본 '綱切貞宗' 일화는 일견 생경하게 느껴진다. 그러나 유서 깊은 무구를 존중하면서도 유사시에는 그것을 생계 수단으로도 삼을 수 있다는, 이 모순된 듯한 감각이야말로 저자의 정신세계를 여실히 보여준다고 생각한다. '無高大名'로서 거친 변경을 살아간 松前 가문의 '弓馬之道'는 이처럼 색다른 질감을 지닌 것이었다.[51]

5. 맺음말

본 논문에서는『新羅之記錄』의 구상에 대한 검토를 바탕으로, 17세기의 전환기에 일본열도의 북쪽 변경을 살아간 松前 가문의 자타인식과 윤리의식을 재구성해 보고자 했다. 그 결과, 다음과 같은 사실이 밝혀졌다.

첫째, 松前 가문은 중앙과 지역의 두 가지 고귀한 혈맥을 잇고 있다고 자임함으로써 통치 정당성을 확보하고자 했다. 松前 가문의 시선은 결코 일본열도의 중앙으로만 향한 것이 아니었다.

둘째, 松前 가문의 사람들은 松前와 일본은 다른 공간이라는 인식을

---

51) 중세 일본사회의 전쟁터에서 기만전술 등이 횡행했다는 것은 잘 알려진 바와 같다(佐伯眞一,『戰場の精神史：武士道という幻影』, NHK出版, 2004 참조). 따라서 4장에서 검토한 松前 가문의 '弓馬之道'를 변경의 심성이라는 맥락에서 강조하는 것은 무리라는 비판도 가능할 것이다. 그러나 가문의 내력을 밝히는 텍스트에서 기만전술, 기회주의, '주군 갈아타기'가 일관되게 긍정적으로 묘사되고 있는 점은 역시 변경의 심성이라는 맥락에서 주목할 만한 사항이라고 생각한다.

지니고 있었다. 단, 그것은 양자가 대등하다는 인식은 아니었다. 松前 가문의 사람들은 일본에 대한 동경을 강하게 지니고 있었으며 '문명' 세계의 문화를 적극적으로 흡수하고자 했다. 반면 에조에 대해서는 상업 활동을 위해 부득이 교류해야 하는 대상, 위태로운 공존의 대상이라는 수준의 인식을 지니고 있었다.

셋째, 松前 가문의 사람들은 생존과 실용의 '弓馬之道'라 할 만한 윤리의식을 지니고 있었다. 그들이 살아간 세계는 오늘날 무사도의 미덕으로 회자되곤 하는 페어플레이 같은 것이 통용될 만한 공간이 아니었다.

본 논문의 결론은 松前 가문이 의외로 오랜 기간 동안 경계인으로서의 정체성을 지니고 있었으리라는 점을 암시한다. 시기적으로 비약하지만, 예컨대 18세기 중엽 이후 러시아와 접촉하면서도 처음에는 이 사실을 막부에 보고하지 않았던 松前藩의 태도 역시 경계인으로서의 정체성이라는 맥락에서 이해할 수 있지는 않을까?

이 문제를 해명하기 위해서는 무엇보다 일본열도의 북방세계 나아가 변경이라는 공간단위를 전제로 한 비교 검토 작업이 필수적이라 할 것이다. 그 과정에서 『新羅之記錄』에 뒤이어 松前 가문에서 생산된 문헌들이 아울러 검토되어야 한다는 점, '商場知行制'에서 '場所請負制'로의 전환 같은 狄之嶋의 정치·경제적 구조 변화[52] 역시 충분히 고려되어야 한다는 점은 두말할 나위 없다. 이상의 작업은 울퉁불퉁한 '근대'로의 진입과정을 더듬어 가는 작업에 다름 아니라 할 것이다. 여러 빛깔의 변경이 자아냈을 터인 파열음에 관한 후속작업을 다짐하며 글을 맺고자 한다.

---

52) 개설적인 내용에 대한 최근의 논고로는 다음을 참조. 谷本晃久, 「近世の蝦夷」, 『岩波講座 日本歷史 第13卷 近世4』, 岩波書店, 2015.

구분		테마	주요 내용
상권	前文	八幡大菩薩의 기원	·宇佐八幡大菩薩의 진좌
			·岩淸水八幡大菩薩의 진좌
		新羅大明神의 기원	·円珍의 출생, 성장과정과 영험담
			·円珍의 渡唐 및 新羅大明神과의 조우
			·円珍의 三井寺 중흥과 新羅大明神의 진좌
		淸和源氏의 계보	·経基王~賴義에 이르는 혈맥
		新羅三郎 義光의 생애	·義光가 新羅三郎로 불리게 된 이유
			·義光의 後三年 전쟁 참전
			·義光의 신앙생활과 죽음
		義光 후손들, 武田源氏의 계보	·1180년대, 信光의 활약과 甲斐 진출
			·14세기, 信繁의 若狹 진출
		저자를 둘러싼 역사적 맥락들	·円珍과 河野 가문의 인연
			·八幡殿 가문과 新羅殿 가문의 관계
			·松前의 위치와 時廣 부자의 新羅大明神 勸請
		新羅之記錄에 이르는 혈맥	·혈맥을 기준으로 한 新羅之記錄의 명칭
	信廣	信廣의 혈맥	·信廣의 혈맥
		信廣의 기질과 渡海	·信廣의 기질과 出國
			·安東太政季와의 만남과 渡海
			·蠣崎季繁과의 만남과 河南 花澤居舘 정착
		狄之嶋에 '人間'이 살게 된 경위	·狄之嶋의 크기
			·奧州 전투와 奧州 사람들의 도해
			·實朝 쇼군 시대의 유형
			·15세기의 渡海 집단
			·夷狄의 봉기(1456~1525)와 和人 거주지역의 한정
		安日盛季의 선조와 渡海의 경위	·安日盛季의 선조
			·南部義政의 十三之湊 침탈과 盛季의 피난
		安日 惣領家의 단절	·盛季, 康季, 義季 삼대의 불운
		安東太政季의 가독 승계와 渡海	·政季의 성장과정과 가독 승계
			·1454년, 蠣崎武田若狹守信廣朝臣 등과 渡海
		檜山之屋形의 탄생	·1456년, 政季의 小鹿嶋 안착
			·忠季 시대의 번영
		三守護체제의 성립과 夷狄의 봉기	·下之國, 松前, 上之國의 지배 체제
			·1457년, 夷狄의 봉기와 信廣의 활약
		信廣의 蠣崎 가독 승계	·信廣의 蠣崎 가독 승계와 혈맥
		洲崎之舘 毘舍門堂의 유래	·1463년, 光物의 출현과 毘舍門天王像의 발견
			·御堂의 건립
		信廣의 서거	·信廣의 치세(1456~1494년)
			·信廣의 법명
	光廣	下國恒季 추토와 탁선	·1496년, 檜山屋形의 下國恒季 추토
			·恒季 영혼의 탁선

		夷賊의 봉기와 宇須岸의 옛 풍경	·1512년, 夷賊의 봉기와 宇須岸, 志濃里, 與倉前의 함락 ·宇須岸 전성기 시절의 풍경 ·隨岸寺 승려들에 얽힌 영험담, 枝藥堂 緣起
		夷狄의 봉기	·1513년, 夷狄의 봉기와 松前大舘의 함락
		光廣, 良廣 父子의 松前 이 주	·1514년, 光廣, 良廣 父子의 松前 이주 ·狄之嶋 守護에 대한 檜山屋形의 인정
		夷賊徒의 봉기와 夷塚	·1515년, 夷賊徒의 봉기와 계략을 통한 진압 ·夷塚의 유래와 영험담
		松前 辨才天 緣起	·光廣, 松前 앞바다 小島에 辨才天을 勸請
		光廣의 서거	·松前大舘에 八幡宮 건립 ·치세 1494~1518년
	良廣	良廣의 狄 퇴치	·1528년, 狄의 침입과 良廣의 퇴치
		良廣의 狄 격퇴	·1529년, 계략을 이용하여 狄을 격퇴
		良廣의 狄 퇴치	·1531년, 松前大舘에 잠입 시도하는 狄을 격퇴 ·良廣의 자질과 秘術
		뱀(蛇)의 사살과 영험담	·1534년, 뱀의 사살 후 명중되지 않는 활
		狄 추장 부부의 주살	·계략을 통한 狄 추장 부부의 주살과 국내 안정
		勝軍地藏大菩薩 緣起	·勝軍地藏大菩薩의 영험
		良廣의 서거	·치세 1518~1545년 ·良廣시대 法幢寺의 주지는 若州人
	季廣	季廣의 母系	·季廣의 모친은 穩內舘主의 손녀
		飛驒季定의 모반과 季廣의 활약	·檜山屋形의 군사동원명령에 따라 渡海 ·季廣의 활약과 모반 진압
		若州屋形과의 文通	·1548년, 若州屋形에게 사자를 파견하여 信廣의 출신을 알리고 信豊, 義統을 상대로 文通
		愛岩山大權現 社檀 건립	·別當 快祐法印은 季廣의 從父兄弟
		蠣崎基廣의 음모와 毘舍門天王의 가호	·蠣崎基廣, 賢藏坊을 통해 季廣을 調伏 시도 ·1548년, 賢藏坊, 上之國 毘舍門堂에서 季廣에게 음모를 고백 ·季廣, 基廣을 주살하고 毘舍門天王을 위해 新御堂을 조영
		信夫釜의 유래	·季廣, 靜林을 통해 쇼군 가문 전래의 가마를 획득, 가문의 重寶로 삼음
		靑磁花入의 입수	·季廣, 湊屋形安日茂季에게 청하여 장군가 물건이었던 靑磁 花入를 입수, 重寶로 삼음
		東公의 嶋渡	·1550년, 檜山屋形安東太舜季의 渡來 ·季廣, 安日茂季, 喜庭秀信을 사위로 삼아 家名을 떨침
		季廣의 夷狄 정책과 평화	·季廣, 夷狄의 환심을 사 神位得意로 불림 ·西夷尹, 東夷尹을 정하고 夷狄之商舶往還之法度를 정하여, 年俸의 일부를 두 추장에게 부여함(夷役) ·夷狄 商船의 下帆, 一禮 ·季廣 자손의 번영
		季廣의 아들들	·舜廣, 元廣, 慶廣, 正廣, 長廣, 定廣, 包廣, 吉廣, 中廣, 守廣, 員廣, 貞廣,

		季廣의 딸들	·14명의 딸들
		上之國 城代 南條廣繼 부인(季廣 장녀)의 음모	·장녀의 家督 승계 실패와 음모 ·丸山某子의 음모 가담과 그 유래 ·장녀의 자살과 丸山의 참죄 후의 영험
		季廣의 서거	·치세 1545~1582년, 慶廣에게 가독 양도 ·1595년, 서거
	書誌	新羅之記錄의 의미	·新羅之記錄의 정의와 新羅大明神 參詣 ·八百座護摩 명단
하 권	慶廣	慶廣의 유소년기	·1560년, 慶廣, 津輕 波岡御所에 보내짐. ·波岡御所는 北畠顯家의 말손
		慶廣의 軍忠	·1581년, 安東太愛季의 淺利義正 주살과 慶廣의 활약 ·河北 千町의 입수
		安東氏의 내분과 慶廣의 동향	·1586년 봄 이래로 安東氏 내분 ·慶廣, 전세의 추이를 살피다 實季를 지지
		慶廣의 上洛과 豐臣秀吉 알현	·1588년, 慶廣, 實季와 함께 上洛
		慶廣의 連歌와 교양	·1589년, 慶廣, 紹巴法橋와 連歌 ·胡荁의 유래 ·慶廣, 連歌, 手跡을 배움
		慶廣의 귀국	·1589년 3월 28일, 慶廣 귀국
		狄之嶋 통치에 관한 朱印狀 수급	·1593년, 慶廣, 名護屋에서 秀吉을 알현 ·慶廣, 狄之嶋에서의 상업 활동에 대한 통제권, 夷人에 대한 관할권 등을 상주하여 그에 대한 朱印狀을 획득
		慶廣의 家康 알현	·1593년 1월 7일, 慶廣, 家康을 알현 ·慶廣, 唐衣를 착용
		慶廣, 名護屋에서 출발	·1593년 1월 8일, 慶廣, 秀吉을 알현 귀국길에 오름
		慶廣, 名護屋에서의 성과를 季廣에게 보고	·慶廣, 朱印狀 하사에 대해 季廣에게 보고 ·季廣, 慶廣이 보낸 차를 베풀며 크게 기뻐함
		慶廣, 紹巴로부터 定家의 묵적을 하사받음	·慶廣, 季廣에게 보이고자 紹巴에게 定家의 묵적을 청하여 하사받음
		紹巴, 慶廣에게 連歌 新式目을 하사함	·紹巴, 慶廣에게 連歌 新式目을 하사 ·紹巴, 奧書를 덧붙임
		季廣, 慶廣의 치적을 찬양	·季廣, 家名을 일본 전역에 드높인 慶廣의 치적을 찬양
		朱印狀에 대해 夷狄에게 알림	·制札을 세우고 朱印狀의 내용을 狄語로 통역하여 알림
		家康 알현과 改姓	·1599년, 慶廣, 家康을 알현 ·狄之嶋의 繪圖, 北高麗에 대한 정보, 系圖에 대한 문의와 松前으로의 改姓 ·1600년, 귀국
		傳妙院 서거	·1601년, 모친 서거 ·저자는 당시 3세였음

		1603년의 參勤	·慶廣, 伊豆守에 임명
		1609년의 參勤	·慶廣, 家康의 중재로 宗對馬守의 家老 柳川豊前守와 면담 ·伊豆에서 湯治
		佐竹 가문과 입양 교섭	·佐竹義宣에게 末子 長次郎滿廣를 보내기로 함
		花山院忠長의 유배와 松前 살롱	·1609년 봄, 忠長가 狄之嶋에 유배됨 ·慶廣, 忠長의 유배를 영광으로 인식함 ·1612년 봄, 연회를 베풀고 시를 읊음
		善光寺如來堂의 건립과 緣起	·東宇諏 入海의 절경 ·善光寺如來를 둘러싼 영험담
		津輕氏와의 화해	·1615년, 慶廣, 信平의 환대를 받음 ·津輕氏와 불화의 원인들 ·1610년의 화해
		佐竹氏와의 우호관계	·1615년, 慶廣, 佐竹義宣의 향응을 받고 우호관계를 다짐
		오사카 전투 이후 귀국	·1615년, 家康, 秀忠 알현 후 귀국
		慶廣의 서거와 회상	·慶廣의 기량과 인물됨 ·慶廣의 치세(1582~1616) ·1616년, 家康의 죽음과 慶廣의 落飾, 죽음
嫡女	嫡女의 혈맥		·嫡女는 蠣崎守廣과 혼인
嫡男 盛廣	盛廣의 모계		·盛廣의 모친은 村上季儀의 딸
	熊野三山 참배		·1586년, 盛廣, 모친의 명복을 빌고자 三山에 참배
	盛廣 귀국		·敦賀津에서 승선, 무사 귀국 ·權現大師의 조력
	居館 화재와 문서 소실		·1589년, 盛廣의 居所에서 화재가 발생하여 역대 주요 문서가 소실
	1596년의 參勤		·家康 알현 ·1597년, 귀국
	福山城 조영/이사		·1600년, 四神相應之所에 성곽을 구축, 이사
	1601년의 參勤		·上洛하여 若狹守에 임명됨
	盛廣의 기량		·盛廣의 교양과 자질, 무용
	1605년의 參勤		·秀忠供奉 ·有馬에서 湯治 後 귀국
	盛廣의 죽음		·1608년, 盛廣 서거 ·치세(1600~1607)
二女	二女의 혈맥		·喜庭直信, 津輕信建와 연이어 혼인
二男 忠廣	1599년의 上洛		·부친과 함께 오사카성에서 家康 알현 ·1600년 귀국
	官途와 봉공		·1604년, 隼人正에 보임 ·같은 해 겨울, 에도에 거주하며 쇼군에 봉공
	叙位와 領地		·1610년, 從五位에 서임됨 ·같은 해 1천석의 영지를 하사받음
	오사카 전투에서 활약		·1615년, 부상을 입어가며 무공을 떨침
	忠廣 기량		·忠廣의 교양과 기량

	慶廣의 죽음과 忠廣의 귀국	·1616년, 忠廣, 부친 위독 소식을 듣고 귀국 ·1617년, 부친을 그리며 노래를 읊음
	忠廣의 죽음	·1617년, 쇼군 봉공 도중에 죽음
	綱切貞宗의 유전과 처분	·信長의 綱切貞宗, 南部季賢를 거쳐 安東愛季에게 전달 ·慶廣, 淺利義正 추토의 공로로 綱切貞宗를 하사받음 ·1610년, 慶廣, 忠廣에게 綱切貞宗를 양여함 ·忠廣의 아들 直廣, 생활고로 인해 綱切貞宗를 처분함
三男 利廣	利廣의 음모	·利廣, 음모가 드러나 1618년 渡海牢人이 됨 ·慶廣, 公廣 2대에 걸친 定廣의 충성
四男 由廣	由廣의 혈맥과 원한	·由廣, 盛廣의 양자가 되었다가 公廣의 출생에 따라 입지가 좁아지고 원한을 품게 됨
	由廣의 기량	·由廣는 다방면에 器用 ·1612년, 모친의 명복을 빌기 위해 高野山에 참배 ·慶廣, 由廣와 절연함
	由廣의 죽음과 사당 건립	·1613년, 慶廣·公廣, 由廣의 若党를 처단함 ·1614년, 由廣, 小林良勝를 처단, 이후 자살함 ·1618년, 由廣의 영혼이 빙의하여 雷天荒神을 칭함. 이에 祠를 세움
五男	次廣의 요절	·1606년, 次廣 죽음
公廣	1613~14년의 參勤	·志摩守 임명, 國政을 하사받음 ·1614년 귀국
	1617년의 參勤	·金山의 運上을 반납받음 ·재력을 바탕으로 가문의 重宝로 삼을 만한 기물 수집
	1623년의 봉공	·장군의 上洛 시에 봉공 ·때때로 와카를 읊음
	전염병의 창궐과 阿弥陀 如來의 영험	·1624년 초여름, 痘疹이 발생하여 아이들이 다수 죽음 ·일족 가운데는 公廣의 嫡男 兼廣, 長次郎滿廣가 죽음 ·이 시기에 淨土宗 正行寺의 阿弥陀如來가 땀을 흘리는 이적이 나타남
	八幡大菩薩의 遷宮	·1625년, 大舘의 八幡大菩薩를 福山城 북방으로 옮김
	大鷹의 진상과 熊野山과 의 인연	·1625년, 大鷹를 쇼군에게 진상. 이는 八幡大菩薩의 賜임 ·季廣시대에 奧狄이 가져온 八幡符之鷲之眞羽를 熊野山에 봉납한 바 있음. 이에 1631년, 熊野別쑬가 公廣에게 札卷數 를 바침
	1631년의 參勤과 秀忠의 죽음	·1631년 겨울, 參勤 ·1632년, 秀忠 서거, 귀국 ·公廣, 一色의 白鷹는 불길하다는 이야기를 들었다고 전언. 公廣는 1630년 一色의 大鷹를 진상한 바 있음
	上使의 狄之嶋 시찰	·1634년, 家光, 上使를 파견하여 전국을 시찰하게 함 ·狄之嶋에 온 자들은 潮泊에서 茂內에 이르는 지역을 돌아 봄
	1634년의 參勤	·1634년 겨울, 參勤

		·御黑印과 伝馬의 御判을 하사받음 ·1635년 귀국
	모친 서거	·1636년 參勤에 즈음하여 모친이 서거. 參勤은 중단
	福山城 소실	·1637년 福山城 화재에 휩싸임 ·町奉行酒井伊兵衛尉廣種, 부상을 입었음에도 불구하고 주군인 公廣를 구원함 ·信廣 이래의 鎧, 良廣의 弓, 系図 등이 모두 소실
	1638년의 參勤	·二男 氏廣, 처음으로 參勤 ·1639년, 公廣 귀국
	公廣의 발병	·1640년, 公廣, 병상에 누움
	해일의 발생과 반야경의 영험	·1640년 6월 13일, 해일 발생 ·善光寺如來堂은 무탈 ·公廣, 八幡宮에서 般若経을 독송하도록 하여 效果를 거둠
	公廣의 죽음	·1641년, 公廣, 44세의 나이로 서거 ·치세(1614~1641)
六男 景廣	景廣의 혈맥과 夢想	·景廣의 모친은 利仁將軍 후손인 齊藤實繁의 딸. 觀音大菩薩에 관한 태몽을 꿈 ·慶廣, 꿈속에서 河野加賀守政通로부터 景廣를 河野家의 후계로 삼으라는 이야기를 들음
	가문 相伝의 무구들과 영험	·景廣, 1623년 3월 3일 밤, 꿈속에서 狹衣라는 이름의 칼을 입수함 ·이해에 嫡男 宣廣 출생 ·1639년, 河野加賀守政通의 칼을 입수함 ·1641년, 公廣의 嫡女와 宣廣의 혼인 시에 위의 칼을 狹衣라 명명하여 宣廣에게 양여함 ·信廣, 良廣가 사용한 무구를 구하여 廣惟에게 전함
	거대한 羆虎 가죽	·1615년, 東隅의 夷가 거대한 羆虎 가죽을 가져옴 ·慶廣, 이 가죽을 家康에게 진상함
	景廣, 高野山참배	·1625년, 景廣, 모친의 명복을 빌고자 高野山에 참배하고 경전들을 기진함
	稻荷大明神 社檀의 조영 과 勸請	·1638년, 景廣, 町舘의 稻荷大明神의 社檀을 재흥, 조영하고, 大明神의 御垂體를 勸請함
	新羅大明神의 宝殿 건립	·新羅大明神의 宝殿을 건립하고 遷宮함
七男 安廣	安廣의 혈맥	·安廣는 景廣와 동복 형제 ·安廣, 由廣의 가문을 승계함
	가문 相伝의 무구와 安廣	·安廣, 小螺丸友次의 칼, 兼光의 中脇差를 소지하게 됨
	領地 하사	·1623년 봄, 安廣, 仙台로 가서 2천석의 영지를 하사받음
	安廣의 혼인	·安廣, 1630년, 政宗의 명령에 따라 片倉小十郎의 사위가 됨
新羅 大明	新羅大明神 尊像 건립과 本地	·1644년, 景廣의 嫡男 宣廣, 교토에서 新羅大明神의 존상을 모시고 출발, 무사히 귀국함

神에 대한 신앙		·新羅大明神의 本地는 文殊吉祥大菩薩. 문무의 겸비
	新羅大明神에 대한 景廣의 신앙	·古文眞寶 韓文公廟碑文 ·新羅大明神 勸請의 의의
氏廣	氏廣의 혈맥	·氏廣은 公廣의 이남. 숙兄 兼廣의 요절로 인해 가독을 승계
	1641의 參勤	·1641년 겨울 參勤. 동생 泰廣은 에도에 머무름
	新羅之記錄의 성립과정	·1643년, 막부의 계도 제출 명령 ·1643년 제출본의 문제점과 새로운 계도의 작성 ·1646년, 慶廣, 新羅大明神에 참배하고, 계도를 정서하게 함
書誌	新羅之記錄의 의미	·新羅之記錄의 정의와 新羅大明神 參詣 ·八百座護摩 명단
後筆	河野家의 혈맥	·河野家는 중국의 왕족 출신

참고문헌

1. 사료

『新羅之記錄』

2. 연구서

이세연·정면·조원 엮음, 『제국과 변경』, 혜안, 2017.
임지현 엮음, 『근대의 국경 역사의 변경』, 휴머니스트, 2004.
H. チースリク 編, 岡本良知 譯, 『北方探檢記 : 元和年間に於ける外國人の蝦夷報告書』, 吉川弘文館, 1962.
榎森進, 『アイヌ民族の歷史』, 草風館, 2007.
海保嶺夫, 『幕藩制國家と北海道』, 三一書房, 1978.
海保嶺夫, 『近世蝦夷地成立史の硏究』, 三一書房, 1984.
菊池勇夫, 『蝦夷島と北方世界』, 吉川弘文館, 2003.
木村裕俊, 『新羅之記錄【現代語譯】』, 無明舍出版, 2013.
佐伯眞一, 『戰場の精神史 : 武士道という幻影』, NHK出版, 2004.
新藤透, 『松前景廣『新羅之記錄』の史料的硏究』, 思文閣出版, 2009.
新藤透, 『北海道戰國史と松前氏』, 洋泉社, 2016.
高倉新一郎, 『北海道史の歷史 : 主要文獻とその著者たち(改訂版)』, みやま書房, 1964.

3. 연구논문

入間田宣夫, 「糠部·閉伊·夷か島の海民集団と諸大名」, 『北の內海世界』, 山川出版社, 1999.
入間田宣夫, 「北方海域の戰國史」, 『北の平泉·南の琉球』, 中央公論新社, 2002.
入間田宣夫, 「中世奧羽における系譜認識の形成と在地社會」, 『境界のアイデンティティ』, 岩田書院, 2008.

大庭幸生, 「『新羅之記録』寫本の系統とその比較」, 『北海道立文書館研究紀要』2, 1987.

工藤大輔, 「『新羅之記録』における「夷」「狄」表記について」, 『中央史學』19, 1996.

工藤大輔, 「下國氏と松前氏：系譜編纂における一つの可能性」, 『中央大學大學院研究年報(文學研究科篇)』26, 1997.

工藤大輔, 「アイヌ民族との戰いと「北の武士団」」, 『北方社會史の視座 歷史·文化·生活 第1卷』, 清文堂, 2007.

工藤大輔, 「松前廣長と『新羅之記録』『福山秘府』」, 『近世日本の言說と「知」：地域社會の変容をめぐる思想と意識』, 清文堂, 2013.

小宮木代良, 「近世前期領主權力の系譜認識：寬永諸家系図伝の作成過程から」, 『境界のアイデンティティ』, 岩田書院, 2008.

須藤隆仙, 「松前景廣 本道初の史書を編纂した信心家」, 『北海道と宗教人』, 敎學研究會, 1965.

谷本晃久, 「近世の蝦夷」, 『岩波講座 日本歷史 第13卷 近世4』, 岩波書店, 2015.

'白族'의 탄생[*]

『白族社會歷史調査』와 『白族簡史』의 분석을 중심으로

정 면

1. 누가 '백족'을 만들었는가?

이 글의 주된 목표는 중화인민공화국 운남지역의 '소수민족'[1] 중하나인 '백족(白族, Bai people)'의 형성 과정을 되짚어 보고, 그 성격을다시 생각해보는 데에 있다. '소수민족' '백족'이 중화인민공화국의'민족식별' 작업을 거쳐 '탄생'했다는 주장은 이제 널리 받아들여지고있다. 여기에서의 '탄생'은 물론 '백족'이라는 공식 명칭, 즉 중화인민공화국 '소수민족'이라는 새로운 신분의 출현을 의미한다. 필자 또한선행 연구를 통해 이 식별 과정을 간단하게나마 살펴보고, 중화인민공화국이 『백족간사』(이하 『간사』)를[2] 통해 시도한 '백족사'의 구성

---

[*] 이 글은 「'白族'의 탄생 : 『白族社會歷史調査』와 『白族簡史』의 분석을 중심으로」(『서강인문논총』 50, 2017)를 수정 보완한 것이다.

[1] 1954년 당시 운남 지역 소수민족 260여 종에 달했다. 王建民 張海洋 胡鴻保, 『中國民族學史 下卷(1950~1997), 雲南教育出版社, 1998, 107쪽.

이 지닌 문제점을 지적한 바 있다.[3]

『간사』가 나열한 역사상 백족 先民의 계보, 즉 '滇僰－叟－大姓爨氏
－西爨白蠻－白蠻－僰－僰人(白人 ; 民家)－白族' 등 각 시대별 이름의
연쇄는 각 시대 洱海지역 거주민 집단의 명칭을 나열하였을 뿐, 각각
의 계승 관계에 대한 타당한 근거를 제공하지 못했다. 아울러 '운남'지
역 '各族' 인민의 역사 속에서 백족의 역사를 구분하여 서술하는 데도
대부분 실패하였다. 사료 부족 등 여러 가지 원인이 있겠지만, 가장
큰 문제는 '백족'의 성격 규정과 역사 서술 방식에 있었다. 즉 '백족'을
'중화민족'을 구성하는 한 요소인 '(소수)민족'으로 규정하고, 중화민
족 '국사(민족관계사)'의 일부로서 그 서술 방식에 따라 서술하려고
했던 그 자체가 문제였다.[4] 앞선 연구에서 "누가 백족의 선민인가?"가

---

2) 『백족간사』는 〈國家民委民族問題五種叢書之－ 中國少數民族簡史叢書〉의 하나
로 『백족간사』 편사조에 의해 1988년에 출간되었다. 그리고 「『中國少數民族簡
史叢書』 출판 설명」과 「후기」에서 명시하고 있듯이, 이 책은 1956년 국가에
의해 대규모로 전개되기 시작한 '소수민족 사회역사 조사 사업'의 결과물이
다. 「후기」의 출판 과정 소개에 따르면, 우선 이 책의 초고격인 '백서'가
만들어지는 데만 1958년 12월부터 1963년 10월까지 약 5년이 걸렸다. 文化大革
命이 끝나고, 1979년 4월 13일 民族問題五種叢書 雲南省 편집위원회가 성립한
뒤에, 규정에 의거, 1963년의 '백서'를 기초로 하는 조사와 수정 작업의 재개
결정이 이루어졌다. 그리고 1987년 10월 29일 편집 작업이 완료되었다(『白族
簡史』, 民族出版社, 269~271쪽).

3) 정면, 「白族과 '白蠻'－『白族簡史』의 백족 계보 구성 비판」, 『동북아문화연구』
33, 2012(윤해동 편, 『트랜스내셔널 역사학 탐구』, 한양대학교출판부, 2017에
재수록).

4) '백족'은 종족(種族 ; 族群 ; Ethnic group)에 가깝다. 그럼에도 '백족'을 하나의
'민족(nation)'으로 전제하고, '민족'사로 서술하려고 했던 점이 문제였던 것이
다. 사회주의 신생국 중화인민공화국이 처음에 '적용'한 원칙은 스탈린의
민족 구성 4대 원리였다. 즉 ① 공동언어 ② 공동지역 ③ 공동경제생활
④ 공동문화심리소질이다. 그러나 중국 민족문제의 복잡성, 특히 소수민족
집단의 "大雜居, 小聚居"의 현상은 이의 엄격한 적용을 방해하였다. 이에
대한 빈양의 지적을 다시 인용하면 다음과 같다. "400여 '민족' 단위 혹은
56개 '소수민족'들 가운데 4대 원리를 모두 충족하는 것은 하나도 없었다.

아니라, "누가 백족(의 선민)을 만들어냈는가?"라고 물어야한다고 했는데,[5] 바로 이런 맥락에서 나온 질문이다.

우선 중화인민공화국이 민족식별 과정을 통해 정리한 '백족' 형성 과정을 다시 검토할 필요가 있다. 『간사』는 '백족의 형성'이라는 절을 통해 이를 간단하게나마 설명하였고,[6] '백족사회역사조사'의 '역사' 부분 보고서인 『白族社會歷史調査(四)』(이하 『역사조사(4)』)는 이 설명의 사료적 근거를 제공하였다. 이 설명에 따르면, 현재 '백족'에 속하는 가계들의 '家譜'를 보면, 대부분 明·淸代에 가서 닿을 뿐 아니라, 이 가운데 일부는 남조·대리국 시기의 지배층을 구성했던 '大姓' 가문과 연결된다. 그리고 大理지역에서 발견된 비석이나 묘비 등 많은 石刻 자료들은 남조국과 대리국 시기 지배집단과 연결된다는 것이다. 따라서 결론적으로 백족 공동체는 남조국과 대리국 500년의 통치를 기반으로 大理지역에서 형성되기 시작하였고, 명과 청 중원 제국 지배 시기에 강화되었다는 것이다. 다음 절에서는 이에 대해 좀 더 자세히 살펴보고, 이 논리의 구성이 지닌 문제점을 지적하고자

중국학자들에 의한 통계가 보여주는 것처럼, 55개 민족 중 단지 21개 민족들만 자신의 문자를 가지며, 53개 민족이 자신만의 언어를 가진다. 극소수의 민족들만이 자신만의 영토를 소유하며, 대부분은 다른 민족들과 나누어 갖는다. 예를 들어, 회족은 서북의 초원으로부터 동남의 해안지역까지 산재해 있다. 그리고 장기간에 걸친 다른 인민들과의 상호작용으로 인해 독립적 경제를 가진 민족은 거의 없다. 이와 같은데, 민족식별 프로젝트가 어떻게 스탈린주의 모델을 '엄격하게 적용'하였다고 비난받을 수 있겠는가?."[Bin Yang, *Between Winds and Cloud*, 2008, p.259](정면, 앞의 글, 2012, 42쪽, 주59). 한편 학술회의 토론 과정에서 한양대학교 비교역사문화연구소 소장 박찬승 교수가 한국사의 입장에서 'ethnic group'의 번역어로서 '族類'의 사용을 제안하였다. 나름 타당한 근거를 갖춘 제안이라 생각했지만, 좀 더 많은 언중의 인증이 필요하다고 판단하여 이 글에서는 일단 사용을 보류하였다.

5) 정면, 앞의 글, 2012, 43~44쪽.
6) 『간사』, 24~31쪽.

한다.

다음으로 검토할 문제는 '탄생'에 관한 것이다. 그 배경과 과정이 어찌되었건, 수십 개의 자칭과 타칭이 경쟁하던 백족 공동체의 명칭이 끝내 '白(Bai)'으로 공인된 것은 1956년 11월 중화인민공화국 국무원의 비준에 의해서였다. 그리고 같은 시점에 大理白族自治州가 설치되었다.[7] 이것이 우연이 아니라면, 중화인민공화국 '국가'의 최종 목적은 여기에 있었는지도 모른다. 단 하나의 공식적 명칭을 요구한 것은 '국가'였다. 『간사』나 『역사조사(4)』에서 제시한 '백족의 형성' 과정 중 강조된 것은 지역(혹은 민족?) 엘리트들의 역할 및 선택이었다. 그런데 이들이 역할을 수행하고 선택할 수 있는 환경과 조건을 제공하고 강제한 것은 '국가'였을 것이다. 이 절에서는 백족의 '탄생'을 둘러싼 '국가 권력'의 역할에 관하여 살펴보고자 한다.

이러한 검토 과정을 통해 우선 근대 중국 국가가 만들어낸 '白族'과 명청 제국이 만들어낸 '白人(僰人)' 사이의 상관관계 혹은 엇갈림이 드러나리라 생각된다. 다시 말해서 '백인(북인)'과 '백족' 사이의 인적 혹은 족적 연결 관계가 드러나더라도, 각각의 인간 집단이 형성되는 데 기여한 '국가'의 역할과 기능이 '차이'와 '단절'을 만들어 낼 수도 있다는 의미이다. 따라서 한편으로는 이 과정을 통해 이들 인간 집단의 형성에 미친 '제국'의 작용과 효과 또한 확인할 수 있으리라 기대한다.

---

7) 1956년 11월 22일에 大理白族自治州가 공식적으로 출범하였다. 徐琳, 趙衍蓀 編著, 『白語簡志』(民族出版社, 1984), 「概況」, 1쪽.

2. '백족의 형성'과 洱海지역 大姓의 家譜

이 절에서 '백족의 형성'은 『백족간사』 제1장의 제5절 '백족의 형성'을 의미한다. 즉, 『간사』가 설명하는 백족의 형성 과정이다. 우선, 『간사』의 구성을 살펴보면,[8] 제1장 '白族의 來源'에서는 백족의 先民과 형성 과정을 나누어 설명한다. 제2장부터 제8장까지는 원시사회로부터 1949년 인민공화국 성립 직전까지를 서술하고 있는데, 洱海와 滇池지역 石器문화와 銅石竝用期까지를 원시 사회로, 滇·靡莫 등으로부터 南詔國의 등장 전까지를 노예제 사회 형성기로, 남조국 시기를 노예제 사회의 발전기로, 대리국 시기를 봉건 농노제 사회로, 元·明·淸 중국 왕조의 지배 시기를 봉건 지주 경제의 형성과 발전 시기로, 1919년 이후 1949년 시기를 반식민지 반봉건 사회로 규정하였다. 또 제9장과 제10장에서는 백족의 과학 문화와 풍속 습관, 종교, 신앙 등 사회조사의 결과물들을 정리하고 있다.

제1장은 5개 절로 구성되어 있지만, 내용은 크게 제1절과 나머지 4개 절의 두 부분으로 나눌 수 있다. 우선 제1절은 '백족'의 기원에 관한 논쟁사를 세 단계로 나누어 정리하고 있다.[9] ① 1885년~1938년, ② 1938년~1950년, ③ 1950년~1986년의 세 단계이다. ①단계에서는 泰族說, 몬-크메르어족설, 苗瑤語族說, 카렌(Karen)족설 등이 경쟁하였으며, 그 중에서도 태족설이 가장 유행하였다고 정리하였다. 태족설은 19세기 말 동남아시아에 진출한 구미의 오리엔탈리스트들에 의해 시작된 '타이인의 역사' 기술과 관련이 있는데, 남조국과 대리국을

---

8) 『간사』의 내용에 관하여는 선행 연구에서 소개한 바 있지만, 이 글의 논지에 필요한 부분을 재정리하여 소개하고자 한다.

9) 『간사』, 3~4쪽.

세운 사람들을 타이인이라고 본 것이다.[10] ②단계는 중일전쟁 시기 쿤밍에 설립된 西南聯合大學에 부임한 羅常培, 向達, 陳禮頌 등의 학자들이 '泰族說'에 반대하여 남조국과 대리국은 彝族과 白族(民家族)이 세운 국가라고 주장하기 시작한 시기이다. 그리고 이들은 彝語와 白語는 壯侗語系(Tai-Kadai languages)가 아니라 버마-티베트어계에 속한다고 주장하였다. ③단계는 중화인민공화국 성립 이후 심화된 민족 조사 연구를 통해 백족과 이족 성립설을 확인하는 단계이다.

두 번째 부분인 2절에서 5절까지는 秦漢代부터 唐代까지 각 시기 백족 先民에 대해 소개하고, 그 형성 과정에 관하여 설명하고 있다. 우선 운남 핵심지역인 洱海와 滇池지역에 존속했던 '이항대립적' 족칭들을 나열하고 있는데, 漢代의 昆明과 滇僰(제2절 秦漢 시기의 "滇僰"),[11] 魏晉代의 昆과 叟(제3절 漢晉 시기의 "叟"人),[12] 唐宋代의 烏蠻과 白蠻(제4절 漢·唐간의 大姓 爨氏와 西爨白蠻),[13] 元明이후의 爨과 僰 그리고 羅羅와 民家가 그것이다. 그리고 白族의 선민으로 滇僰, 叟, 白蠻, 僰人, 民家를 지목하고 있다. 선행 연구에서 지적한 바 있지만, 진한 시기의 전북, 한진 시기의 '수'인, 당대의 백만에 대하여는 각기 절을 나누어 설명하고 있는 데 비해, 송대 이후의 백만, 북인, 민가 등에 대하여는 제5절 '백족의 형성'이라는 절에서만 설명하고 있다는 것도 주목해야 할 점이다.[14] 이는 白族이 주체가 되어 성립했다고 주장하는 '大理國'과 관련이 있다.

제1장 제5절 '백족의 형성'에서 제시하는 특징적 주장은 세 가지이

---

10) 이 논쟁에 관한 보다 자세한 설명은 뒤 제3절에 제시되어 있다.
11) 『간사』, 5~11쪽.
12) 『간사』, 11~17쪽.
13) 『간사』, 18~24쪽.
14) 『간사』, 24~31쪽.

다. 첫째, 南詔國과 大理國 시기를 백족 형성의 주된 계기로 간주한다. 특히 대리국 시기를 중시하는데, 그 왕족을 비롯한 지배세력이 현재 白族과 바로 혈연적으로 이어진다고 보기 때문이다. 즉 남조국에서 대리국으로 이어지는 500여 년 통치가 洱海지역을 정치, 경제, 문화의 중심지로 만들었고, 이를 바탕으로 형성된 지배집단이 오늘날 백족 공동체와 직결되는 先民이라는 것이다. 그리고 이러한 상황 전개에 상응하여 백족 선민집단을 통칭하는 명칭도 사용되기 시작하여, '白人(僰人)', '白王', '白史' 등의 용어가 등장했다고 설명한다.

둘째, 백족의 형성 과정은 백족 선민을 중심으로 여타 민족집단과의 융합 과정이었다고 주장한다. 특히 운남지역에 진입하여 정주한 漢人의 역할이 중요했다고 설명한다. 중원 한족 인민의 운남지역 진입은 기원전 2세기말 漢 武帝의 서남이 경략과 邊郡 설치 이후 본격적으로 시작되었다. 그리고 이후 수백 년 이어진 변군 지배의 지속은 한인의 이주와 정착을 꾸준히 증가시켰다. 선주민을 압도하지는 못했지만, 中原 '帝國'의 행정 지배와 한인의 꾸준한 유입 및 정착은 주로 평지에 거주하던 滇僰이나 叟와 같은 선주민들과 한인의 융합을 야기하였다. 그리고 이들이 수당대의 '白蠻'이 되었다는 것이다. 아울러 이들 백만이 주된 지배집단이 되어 존속한 남조-대리 왕조의 통치가 백족 형성의 기초를 만들었다고 주장한다.

셋째, 이러한 융합 과정이 급격하게 진행되는 시기로 원대 이후 시기 특히 明代를 중시한다. 몽골의 대리국 정복과 원, 명, 청 제국의 운남 지배는 백족 선민 공동체와 한인의 융합을 더욱 촉진시켰다고 주장한다. 특히 明代에는 대량의 한인들이 중원으로부터 이주하였으며, 대규모 군대가 洱海지역에 파견되어, 상당 규모의 屯田이 시행되었다. 이들 둔전의 軍戶들이 백족 인민들과 섞여 살게 되었는데, 백족

인민들은 한인 군호들을 '軍家'라 부르고, 한인 군호는 백족을 '民家'라 부르면서, 백족에 대한 통칭으로서 '민가'라는 명칭이 자리 잡게 되었다고 설명한다. 이러한 문화 교류와 융합은 "민의 族屬은 대부분 白人인데, 풍속이 漢人과 같다. 그리고 밖에서 들어와 자손을 기르는 자들도 지금은 또한 土着이 되"[15]는 결과를 초래하였다.[16]

이러한 백족 형성 과정을 설명하면서 『간사』가 중요하게 강조하는 것은 남조국과 대리국 시기 지배층을 이루었던 '백만' 大姓으로부터 명청 시기 '白人(僰人)' 지식인에까지 이어지는 이해 지역 지배엘리트의 역할이다. 그리고 이들 지배 엘리트의 활약을 뒷받침하는 근거로 이용한 자료가 현재 백족 가계들이 보존하고 있는 '세계 보첩(家譜)'과 명청대 '백인(북인)' 가계들이 남긴 비석과 묘비 등 석각 자료들이다.[17] 즉, 현재 '백족'을 구성하는 가계들이 보유한 '가보'에 명청대 활약한 조상들의 이름이 등장하고, 또 명청대에 이들이 남긴 각종 금석문에는 남조국과 대리국 시기에 활약한 이들 가계의 조상들이 등장한다는 것이다. 그리고 당연한 결과일지도 모르지만 『역사조사 (4)』의 내용은 대부분 이들 자료로 채워져 있다. 다음 표는 선행

---

15) 康熙『大理府志』卷12「風俗」〈太和縣〉, 140쪽 上左(『北京圖書館古籍珍本叢刊』 45(書目文獻出版社, 1987)).

16) 『간사』, 30쪽.

17) 이러한 관점에서 주목해야 할 것의 하나가 『백족간사』의 제9장 제1절 '고대의 과학문화' 3항 '사학'에서 소개하고 있는 백족 사가와 사서들이다. 우선 남조국 시기에 『張氏國史』, 『巍山起因』, 『鐵柱記』, 『西洱河紀』, 대리국 시기에 『白史』, 『國史』, 원대에 『白古通』, 『玄峰年運志』 등의 역사서가 지어졌으며(모두 실전), 명대의 '백족사' 저작인 『滇載記』와 『南詔野史』의 저본이 되었다고 한다. 그리고 명대의 백족 학자들이 지방의 掌故를 정리한 것으로 楊鼐의 『南詔通紀』와 黑新逵의 『西南列國志』(실전), 또 明代 李元陽의 『大理府志』와 『雲南通志』, 吳懋의 『葉楡檀林志』, 淸代 高奣映의 『鷄足山志』, 王崧의 『雲南通志』를 비롯한 여러 권의 백족 학자들이 지은 지방지를 소개하고 있다. 또 백족의 주요 사료로 淸代의 『南詔野史』를 지적하고 있다.

연구에서 재인용한 것으로 『역사조사(4)』의 구성을 보여준다.

<표 1> 『백족사회역사조사(4)』 내용 구성

제목	비고	조사(작성) 일자
① 大理白族世襲總管和土官世系調查	8편	
② 大理白族古代碑刻和墓志選輯	碑刻 43편/ 墓誌 110편	
③ 白族先民東洱河蠻大姓調查	①②자료를 이용하여 이해 동안 대성 가계의 성격에 관해 밝힌 논문	
④ 劍川石鍾山南詔, 大理石窟考察	검천 석종산 석굴 조상에 대한 소개와 설명	1985年10月5日
⑤ 大理白族"喜洲商幫"發展情況調查		1985年2月
⑥ 滇西馬幫和下關馬店堆店調查		1985年10月1日

①은 '元世襲大理總管段氏世系', '鶴慶高土司世系調查', '董氏世系調查', '趙氏世系調查', '楊氏世系調查', '洱源淸世襲土官王氏世系調查', '劍川明龍門邑世襲土官施氏殘碑', '張氏世系調查'의 8편으로 구성되어 있다. 이는 『간사』 주장의 핵심 자료이므로 조금 자세하게 살펴볼 필요가 있다.

'원 세습 대리총관 단씨 세계'는 다시 '1. 劍川段氏土千戶世系調查'(劍川 『段氏家譜』와 『宜良段氏宗譜』)와 '2. 大理市閣洞塝段氏族譜調查'(『太和段氏族譜』)로 구성되어 있다. 대리국 왕족이자 원대에 대리총관을 지냈던 단씨 후세 가계 중 대리지역에 남아있는 가보 혹은 종보, 족보에 대한 조사이다. 그 원류에 대한 설명을 보면, 검천 『段氏家譜』의 경우, 본디 춘추 시기 鄭共叔의[18] 후예로 周代로부터 漢代까지 이어졌고, 784년(唐 德宗 興元 원년)에 武威郡 사람 段儉魏가 豫章에서 벼슬하다가 南康에서 滇(운남)에 들어와 운남왕 蒙氏를 보좌하게 되었고, 공을 세워 忠國이라는 이름을 하사받고 淸平官에 발탁되었다고 주장한

18) "初, 鄭武公娶于申, 曰武姜, 生莊公. 及共叔段, 莊公寤生, 驚姜氏, 故名曰寤生, 遂惡之. 愛共叔段. 欲立之, 亟請於武公, 公弗許. 及莊公卽位, 爲之請制. 公曰, 制, 巖邑也. 虢叔死焉. 佗邑唯命, 請京, 使居之, 謂之京城大叔."(『春秋左傳』「隱公」,〈傳元年〉, 『左傳全譯』(貴州人民出版社, 1990), 3쪽).

다.[19] 『의량단씨종보』 또한 비슷한 정보를 전하고 있는데, 춘추 시기 정공숙의 후예라고 한 점, 그리고 당 현종 天寶 연간에 남조국 몽씨로부터 청평관에 봉해졌다고 한 점만 다르다.[20] 『태화단씨족보』는 『段氏續修族譜序』(1885)에서 "우리 단씨는 서남에 치우쳐 거하여, 평소에 토착이라 칭하였다. 宋朝가 華夷의 경계를 달리하여, 우리의 遠祖는 南人으로 덕에 복종하여 蠻夷의 큰 군장이 되었다. ……"[21]라고 하여, 스스로 토착인이며 대리국 개조 段思平의 후예임을 시사하고 있다.

'학경 고토사 세계 조사'는 학경 高榴芳家의 『高氏歷代履歷宗譜』에 대한 조사였다. 고류방은 大理國 高相國의 후예이며, 이 종보는 제1대 高光으로부터 고류방까지 58대의 세계를 담고 있다. 그런데 이 종보에 따르면, 그 원적이 江西 吉安府 魯陵縣 井岡村으로, 시조 高光은 기원전 109년(漢 武帝 元封 2) 서남이 정벌 시 중랑장이 되어 護國大將軍에 봉해졌다고 한다. 특이한 점 가운데 하나는 6세조 高望奏부터 35세조 高信益까지 30代에 걸쳐 '父子連名制'를 채택하고 있다는 점이다.[22] 그리고 '부자연명제'가 끝나는 시점이 원명 교체기와 일치하는 점도[23] 주목할 만하다. 이 부분은 명초 傅友德, 藍玉, 沐英 등의 탄압으로 滇의 토착 집단이 모두 말하기를, "우리는 江南에서 왔다. 우리는 南京에서 왔다"라고 했다는 『滇繫』의 기록을[24] 떠올리게 한다.

---

19) 『백족사회역사조사(四)』(1991), 3쪽.
20) 『백족사회역사조사(四)』(1991), 6쪽.
21) 『백족사회역사조사(四)』(1991), 9쪽.
22) 『백족사회역사조사(四)』(1991), 11쪽.
23) 『백족사회역사조사(四)』(1991), 14쪽. 35세조 고신익은 학경군민도총관이라는 원대의 관직을 세습한 데 비하여, 36세조 고사는 학경지부를 세습하고 있다.
24) "自傅·藍·沐(傅友德·藍玉·沐英)三將軍臨之以武, 胥元之遺黎而蕩滌之, 不以爲光復舊物, 而以手破天荒, 在官之典籍, 在野之簡編, 全付之一燼. 旣奏遷富民以實滇, 於是

'동씨 세계 조사'는 '1. 大理鳳儀北湯天董氏世系調查'와 '2.『大理史城董氏族譜』調查簡介'로 구성되어 있다. '1. 대리 봉의 북탕천 동씨 세계 조사'는 비석에 새겨진 동씨 가계의 세계표에 대한 조사이다. 이 세계표는 네 개의 비로 이루어져 있다. 「董氏本音圖略序」에서는 나중에 남조국의 國師가 된 시조 董伽羅尤가 남조국 시기 洱海 동안의 바위 위 풀밭 위에서 태어났다고 전하고 있다.[25] 『대리 사성 동씨 족보』는 당 함통 연간(860~873)에 남조국 최고위직 중 하나인 淸平官을 지냈던 董成을 시조로 한다.

'조씨 세계 조사'는 '1. 明劍川州世襲土千戶趙氏世系調查'와 '2. 龍關趙氏族譜簡介', 그리고 '3. 大理喜洲『趙氏族譜』調查'로 구성되어 있다. '1. 명 검천주 세습토천호 조씨 세계 조사'에서는 '趙土司宗譜'의 내용을 소개하고 있는데, 그 序에 따르면 이들 가계는 본디 南京 應天府 鳳陽縣 大花村 출신이다. 명 태조 주원장 시기에 죄를 지어 大理府 趙州로 옮겨졌다. 그런데 다른 내용도 공존한다. 함께 기재된 永樂 4年(1406) 正月 25日 '宿字百八十九號 칙명'에 따르면, 始祖는 宋敕授寸(爨)白軍百戶侯 趙三이고, 2세조는 같은 직의 趙成, 3세조는 元敕授寸白軍百戶侯, 4세조와 5세조는 같은 직을 이은 趙喜와 趙量, 그리고 趙生이 劍川縣 典簿와 木蘭路 判官을 지내고 兄의 직을 이었다. 6세조 趙保는 습직하였다가 1382년 明에 귀부하였고, 1385년에 '霜字二百五十號勘令'에 의해[26] 昭信校尉 鶴慶軍民府 劍川州世襲千戶土官에 임명되었다. 이와 같이 한편

滇之土著皆曰 : 我來自江南, 我來自南京."(師范,『滇繫』「典故系六」) ;『백족사회 역사조사(四)』(1991), 27쪽.

25) 『백족사회역사조사(四)』(1991), 「董氏本音圖略叙」, 22쪽.

26) 명대 토관의 습직에는 감합호문이 필요하였다. '호지' 혹은 '위임장'으로 토관 습직을 증빙하는 문서이다(羅勇, 「明代云南土官襲職制度硏究」,『學術探索』 2013-3(2013), 91쪽).

에서는 명대 이전에 이미 검천 지역에서 원 제국의 관직을 세습하고 있는 조씨 가문의 존재를 확인할 수 있다.

'2. 龍關趙氏族譜簡介'는 1462년 許廷端이 편찬한 『龍關趙氏族譜』에 관하여 소개하고 있다. 용관은 龍尾關으로 현재 대리시 하관진에 위치한다. 이 족보는 명대에 처음 편찬되었고, 이후 계속 수정되었다. 南詔 淸平官 趙鐸䂮(suo)를 시조로 하고 있다. 1대부터 11대까지 '부자연 명제'의 습속이 적용된 점이 특징이다. 이 족보는 곤양에 거주한 한 지족의 계보도 소개하고 있는데, 이 지족은 1대부터 3대까지 부자 연명제를 유지하였다.

'3. 大理喜洲『趙氏族譜』調査'는 본디 大理古城 북부에 위치한 七舍邑 白族 趙家에 소장되었다가 나중에 大理縣 圖書館으로 옮겨진 『조씨족 보』를 소개하고 있다.[27] 世次, 世系, 阡志, 綸音, 藝文, 存考(附題名錄) 등 모두 여섯 책으로 나누어져 있다고 한다. 그리고 7편에 달하는 序言을 종합하면, 이들 조씨 가계 또한 南詔國 淸平官을 지낸 趙鐸䂮의 후예라고 한다. 본디의 譜牒은 宋代에 분실하였는데, 1868년(淸 同治 7) 후손인 禧昌이 원대의 「元故相副官墓碑」와 家中의 神主牌 등을 재료로 하여 해당 족보의 초고를 완성하였다. 권1의 세차에 따르면, 희주 조씨는 본디 중원 출신으로 진대까지 거슬러 올라가고, 수말·당초에 저성이 되었으며, 희주 조씨의 시조인 조탁수는 본디 江南 鳳陽에 籍을 두었으나, 당초에 운남에 이르렀다고 한다. 또 이 족보는 49편의 고비문을 초록하여 전하고 있는데, 신해혁명 이전 것이 38편에 달한 다고 한다. 문제는 이 비석들이 지금은 대부분 존재하지 않는다는 것이다. 족보의 4권과 5권에는 이 조씨 종족 사람들의 시문이 대거

---

27) 『백족사회역사조사(四)』(1991), 33~35쪽.

수록되어 있다고 한다. 말미에 '積善邑趙氏崇祠碑序'를 붙여 놓았다. 이 가계 역시 趙鐸乤를 시조로 전하고 있다.

'양씨세계조사'는 '1. 明祥雲世襲土知縣楊氏族譜調查'와 '2. 『大理喜洲中和邑楊姓族譜』 조사'로 구성되어 있다. '1. 명 상운 세습 토지현 양씨 족보 조사'는 祥雲縣 米甸區 淸澗美村 楊富貴家에 소장된 『祥雲楊氏家譜』를 소개하고, 「南詔大義寧國楊幹貞故里碑記」를 붙여놓았다. 『상운 양씨 가보』는 자신들을 大義寧國(929~937) 國主 楊幹貞의 후예로 소개하고 있다. 또 가보에 따르면, 시조는 楊般若라는 사람으로 본디 江南 句容縣에 籍을 두었고, 그의 10대손 楊天晟이 江南에서 雲南에 이르렀고, 蒙詔 東川지역에서 侯職에 봉해졌다고 한다. 그리고 양간정 대에 이르러 "鄭氏를 멸하여[28] 대의녕국을 칭하였다." 또 "後晉 天福 元年(936)[29] 丙申에 南詔 通梅僞節度使 段思平이 楊幹貞을 쳐서, 鏡州에서 싸웠는데, …… 幹貞이 달아나다 죽고, 段氏가 마침내 그 국을 소유하였다. 始末은 沿革에 자세하게 기재되어 있다."[30]고 하였다. 상운의 양씨들은 백어를 사용하며, 백족의 습속과 종교 신앙을 보존하고 있다고 한다.

「남조 대의녕국 양간정 고리비기」는 중화민국 31년(1942)년에 邑人 丁石僧이 세웠는데, 화촌에 대의녕국 황제의 塑像이 있음에도 碑記가 없고, 빈천 지역 사람들조차 그 이름과 故里가 잊은 것이 안타까웠다고 그 이유를 밝혀놓았다. 이 비기에서는 『南詔通紀』와[31] 『雲南通志』

---

28) 여기서 정씨는 大長和國(902~928)의 3대 황제 鄭隆亶을 말한다. 대장화국은 桓帝 鄭買嗣가 남조국을 멸망시키고 세운 나라이다. 대장화국의 東川節度使였던 양간정은 928년에 황제 정융단을 죽이고 청평관 조선정을 옹립하여 大天興國(928~929)을 세웠다가, 다시 929년에 조선정을 폐하고 스스로 자립하였다. 국호를 大義寧라 하였고, 興聖이라 건원하였다.

29) 일반적으로 대리국의 건국은 後晉 天福 2년(937)으로 알려져 있다. 段玉明, 『大理國史』, 雲南人民出版社, 2011, 14쪽.

30) 『백족사회역사조사(四)』(1991), 42쪽.

를 언급하며 양간정의 사적을 약간 소개하고 있다. 우선, 양간정은 洱海 동부 賓川 萂村 어부의 아들로 태어나, 평민으로부터 起家하여 동천절도에까지 이르렀다고 적었다. 그리고 남조국에서 불교의 중요성을 강조하고 있는데, 남조 왕은 "佛法을 보지하여 왕위에 정통성을 부여하며, 불법으로 六趣[六道]를 통령하고, 중생을 구제하여 국가를 안정시키는데, 인심을 안정시키는 것을 가장 우선시 한다." 그래서 "국왕이 즉위한 뒤, 국내에 만약 재난이 있거나 혹 인심이 불안하면, 마땅히 퇴위하여 현인에게 양보한다. (퇴위한 왕은) 출가하여 승려가 되어 참회한다. 이것이 남조국의 관례이다." 양간정 또한 이러한 옛 습속에 따라, 大理國을 세운 段氏가 나타나자 출가하였는데, 保山 金雞村 某某로 들어가 승려가 되었으며, 죽은 뒤 바로 해당 村 萬劍樹 땅에 장례되었다고 적었다.[32]

'2. 『大理喜洲中和邑楊姓族譜』 조사'는 1931년 중수된 『양씨족보』를 소개하고 있다.[33] 原譜는 明淸 교체기에 만들어졌으나, 여러 번 실전되어 그 世次가 뒤죽박죽 섞여버렸다. 이에 18세손 楊杰 등이 많은 곤란을 극복하고 자료를 다시 모아 새로 작성하였다. 이 족보에 따르면, 이 가계는 명초부터 현재까지 21대가 확인 가능하다. 그 내력에 대하여는 두 가지 설이 있다. 하나는 南京 應天府 上元縣 柳樹灣에서 왔다는 것인데, 明初에 沐公의 운남 원정에 종군하여 공을 세워 千戶에 제수되었고, 마침내 大理 太和에 정착하였다는 것이다. 이 설은 1931년 18세손 양걸이 작성한 '序'에 등장한다. 다른 하나는 楊姓 가계가 대대로 太和에 거주하였다는 것이다. 始祖가 鞏王 蒙氏(白

31) 侯冲, 「『南詔通紀』的作者·卷數·影響及評价」, 『學術探索』 2004-4, 88~91쪽.
32) 『백족사회역사조사(四)』(1991), 43쪽.
33) 『백족사회역사조사(四)』(1991), 44~45쪽.

王, 즉 南詔王 蒙氏)에게 총애를 얻었고, 南詔 시기에 당해 楊氏가 蒙氏 정권에서 벼슬을 하였으며, 뒤에도 宋代 大理國, 元代 段總管 時期에도 줄곧 貴族 名家가 되었다. 이 설은 明初『大理照磨楊嵩墓表』에 보인다. 중화읍의 양씨 종족은 해당 지역 토착민이며, 나중에도 부단히 일부 외래 호의 성분을 흡수하여 현재 중화읍의 양씨를 형성하였다는 것이다.

'이원 청 세습토관 왕씨 세계 조사'는 明代와 淸代 洱源의 세습 土官인 왕씨의『王氏家譜』를 소개하고 있다.[34] 이에 따르면, 그 원적은 江南 江寧府 上元縣 緇衣坊이고, 元 至正 연간(1341~1367)에 大理 錦城縣 知縣으로 출사하였다가 그곳에서 家를 이루었으며, 후대에 鄧川州 玉泉鄉 新生里로 옮겨 살게 되었다고 한다. 그리고 19대를 거슬러 올라간 조상인 王藥師生은 1382년(明 洪武 15년)에 征南將 傅友德과 藍玉이 大理를 이길 때 義丁을 이끌고 사잇길로 나아가 糧草를 바쳤고, 또 군대를 이끌고 보급에 공을 세워 鄧川州 土官 吏目을 세습할 수 있게 되었다. 이후 1856년(淸 咸豐 6) 杜文秀의 回民起義(Panthay Rebellion) 때에 해를 입기까지 모두 474년간 대대로 등천주의 토관직을 세습하였다. 그리고 이 가계는 청대 유명한 학자인 王崧(1752.11~1838.1.23)을 배출하기도 하였다.

또 한 가지 특기할 만한 점이 있다. 이 가보에 기재된 19世祖 王藥師生, 18世祖 王藥師恭, 17世祖 王藥師保 등은 이름 가운데 佛號인 '藥師'를 포함하고 있다. 이러한 습속은 大理國 시기부터 明代 중기까지 대리지역에서 보편적인 것이었는데,『백족사회역사조사(四)』는 이를 근거로 王氏는 마땅히 '白族'과 관련이 있다고 주장한다.

---

34)『백족사회역사조사(四)』(1991), 46~48쪽.

'검천 명룡문읍 세습 토관 시씨 잔비'는 결실된 부분이 많아 연대는 알 수 없으나, 명말 청초 시기에 세워진 것으로 보인다. 비문에 따르면, 1世祖 施寶는 1384년(洪武 17) 10월에 칙명에 의해 昭信校尉 世襲 土官 百戶에 임명되었으며, 그 전대 조부는 당대로부터 원대에 이르기까지 토관직을 세습하였고, 본인도 元朝에 의해 세습 토관에 임명되었다. 명의 운남 정벌 시 귀부하여, 세운 공에 의해 세습 토관에 임명되었다. 「잔비」에는 正統 연간(1436~1449)부터 天順 연간(1457~1463)까지 활동이 보이는 2世祖 施威 관련 내용, 그리고 3世祖 施敬에 관한 부분 일부만 남아있다.[35]

'장씨 세계 조사'는 '1. 祥雲大波那張氏沿革碑'와 '2. 『鶴慶張氏家譜』 조사'로 구성되어 있다.[36] '1. 祥雲 大波那 張氏沿革碑'는 아랫부분이 없어져서 건립 시기는 알 수 없지만, '阿白王', '白人'의 표현은 이 비의 건립자가 스스로 '백인'의 정체성을 지니고 있음을 보여준다. 아울러, 제3대 觀音長부터 제6대 觀音德까지 '관음'이라는 불호를 사용하고, 또 제7대 天王山은 '천왕'이라는 불호를 사용하는 모습은[37] 대리지역 사람들의 불교 신앙의 특징을 잘 보여준다.

'2. 『학경 장씨 가보』 조사'는 이들이 '白子國' 추장 張樂進求의 후예임을 밝히고 있어 특이하다. 이 가보는 85대손 張國淸(天一)이 민국 시기에 修纂하였는데, 圖考, 墓志에 첨부된 世系, 文派, 族居, 塋墓, 附載 등 여섯 개 부분으로 구성되어 있다. 핵심이 되는 부분은 장국청이 발견한 梵文과 漢文으로 기재된 68대손 張春의 묘비이다. 1393년(明 洪武 26)에 세워진 이 묘비에는 장춘의 조부 張忠政이 등장하는데,

---

35) 『백족사회역사조사(四)』(1991), 49쪽.
36) 『백족사회역사조사(四)』(1991), 50~52쪽.
37) 『백족사회역사조사(四)』(1991), 50쪽.

그는 원말에 전대의 작을 이어받았을 뿐 아니라, 명대에는 새로 작과 직을 수여받았으며, 무엇보다도 張樂進求의 28세손으로 기록되어 있다. 장락진구는 여타 운남지역 史地 문헌에서 南詔國의 시조 細奴邏에게 선양한 白(子)國의 王으로 등장한다.[38]

이상 '① 大理白族世襲總管和土官世系調査'의 내용을 살펴보았는데, 대부분 명청대 대리지역 토사를 거쳐 남조·대리국 혹은 원대까지 그 가계의 계보가 이어짐을 확인할 수 있다. 그러나 문제는 백족 가계의 명청대 선민들 가운데 스스로 '백인(僰人)'으로서의 정체성을 확인해주는 경우는 극히 적다는 점이다. 오히려 스스로의 기원을 '중국'에서 찾는 경우가 더 많다는 점을 기억해야 할 것이다.

②는 대리백족자치주를 비롯한 백족 거주지역의 비각 49편과 묘지 104편을 선별하여 실어놓은 것이다.[39] '大理國段氏與三十七部會盟碑'를 비롯하여 몇몇 원대 이전에 만들어진 자료들도 있지만, 대부분은 명청대에 조성되었다. 그리고 '公立鄕規碑記'를 비롯, 모두 3편의 '향규' 관련 비기가 포함된 것도 눈여겨 볼만하다.

③은 위와 같은 자료들을 활용하여, 고대 洱海 동안의 동부지역 大姓들을 조사하여 정리하고, 이들이 백족의 선민임을 논증한 일종의 보고서이자 역사학 논문이다.[40] 구성은 다음과 같다. '1. 동이하 및 동이하 백만 개술', '2. 挖色壩 동이하 백만대성', '3. 동이하 백만의 문화유존'이다. 현재의 알색패를 중심으로 대리시의 해동, 봉의 3구, 이원현의 강미, 우소 2구, 이해 동부의 빈천, 상운, 미도 현 등 지역을

---

38) 정면, 「'大封民國'과 '白國'－南詔·大理 시기 '雲南史' 서술과 자기인식」, 『서강인 문논총』 45, 2016, 86~103쪽.

39) 『백족사회역사조사(四)』(1991), 53~254쪽.

40) 『백족사회역사조사(四)』(1991), 255~271쪽.

포괄하는 '동이하' 지역 대성에 대한 역사적 접근과 현지 조사를 통해 남조국 및 대리국 시기 이래 이들이 현재 백족의 선민이었음을 밝히고 있다.

④는 대리백족자치주 북부의 劍川 석종산의 石窟과 造像들에 대한 조사, 연구, 소개 보고서이다.[41] 이 석굴들은 南詔 大理 시기에 포함되는 841~1179년 사이에 만들어졌다. 보고서의 구성은 다음과 같다. '1. 금석·문헌자료의 석종산 석굴에 대한 기록', '2. 石鍾寺區 석굴의 造像', '3. 獅子關區 석굴의 조상', '4. 沙登箐區 석굴의 조상', '소결'이다. 이 보고서는 석종사구의 8개, 사자관구의 3개, 사등천구의 5개 등 모두 16개 석굴에 있는 조상들에 관하여 비교적 자세히 설명하고 있다. 그리고 당시의 '여성 생식기 숭배', 중국, 티베트, 인도로부터 들어온 대리지역 불교의 특징, 그리고 본주묘의 원형을 보여주는 이 석굴 造像들을 통해 현재의 백족 문화의 특징들이 남조·대리 시기로부터 연원하였음을 강조하였다.

『역사조사(4)』 내용의 대부분(298쪽/316쪽)을 점하는 ①, ②, ③, ④는 모두 전통시대 대리지역의 모습을 전해주고 있는데, 여러 집안의 족보와 관련 비문들은 현재 백족 유력 가문이 명청대 대리지역 대성들과 연결되고, 또 명청대 대성들은 남조국과 대리국의 지배층 가문들과 연결됨을 강력하게 시사하고 있다. 아울러 아차야관음 신앙과 밀교로 대변되는 독특한 불교문화와 특유의 신앙이라 평가되는 '本主信仰'은 삼자의 연결을 더 그럴 듯하게 만든다. 특히 본주신앙은 그 신앙의 대상에 남조국과 대리국의 왕(황제)은 물론 많은 고위 신료들을 포함함으로써 이러한 가설을 더욱 강력하게 만든다.

---

41) 『백족사회역사조사(四)』(1991), 272~298쪽.

그러나 이 삼자를 연결하는 계보가 완성되기 위해서는 다음의 몇 가지 문제가 설명되어야 한다. 우선, 현재 백족 가계의 많은 족보들이 자신들의 기원을 남조국 대리국 등 시기의 대리지역이 아니라, 중원 특히 남경지역에서 찾고 있다. 이는 명청대에 만들어진 묘지나 묘비에서도 비슷한 현상을 보이고 있다. 이것은 백족 형성 동력의 절반은 明清帝國에서 왔음을 의미한다. 다시 말해서 백족의 선민을 명청 시기까지 끌고 올라갈 수는 있어도, 대리국 및 남조국의 지배 집단과 연결하는 데는 무리가 있다는 의미이다. 아울러 보첩과 족보의 기록을 믿을 수 있는가도 문제이다. 洱海 동안의 촌락 고흥촌에 대한 현장조사 결과를 담은 최근의 한 역사인류학 논문에 의하면, 각 성씨의 이주에 관한 이야기가 공통적 '전설'과 각 가문의 '족보' 등이 차이가 있고, 또 시기별로도 달라진다는 것이다.[42] 이는 각 가문이 시기와 장소별로 유불리에 따라 기억을 다르게 저장한다는 의미이다. 이는 앞서 살펴본 '大理白族世襲總管和土官世系調査'에서도 잘 드러난 바이다.

둘째, 백족 고유의 신앙이라고 하는 '본주묘' 제사는 분명 남조와 대리국 시기에서 기원하였을지도 모른다. 하지만 이러한 제사 혹은 신앙 양식은 백족에게만 전해진 것이 아니었다. 彝族에게도 '土主廟' 제사 신앙이 존재하는데, 그 제사 대상에 본주묘와 마찬가지로 남조국의 제왕 등이 포함된다.[43] 본주묘를 통해 백족과 남조, 대리국을 연결시킨다면, 이족 또한 그래야 할 것이다. 다시 말해서 남조국과 대리국의 존재는 백족뿐만 아니라, 이족의 형성에도 영향을 미친

---

42) 楊文輝, 「一个白族村庄的歷史人類學研究－高興村歷史源流小考」, 『西南邊疆民族研究』 2012-2.

43) 楊甫旺, 「彝族土主崇拜研究」, 『云南師范大學學報(哲學社會科學版)』 39-1(2007).

셈이다. 사실 이족의 고대사에 관한 서술들을 보면, 많은 부분을 백족과 공유하고 있다. 아울러 '부자연명제'나 '불호'의 문제도 비슷한 문제를 지니고 있다. '부자연명제' 풍속을 지녔거나 여전히 지니고 있는 '소수민족'은 백족만이 아니다. 그리고 성명에 '불호'를 개재하는 풍속은 남조국 시기부터 명대 중기까지 대리지역에 존재했던 풍속일 뿐, 이를 현재의 백족과 직접적으로 연결시킬 수 있는 근거는 없다. 게다가 당시 모든 가계가 이러한 풍속을 유지한 것도 아니었다.

셋째, 명청 시기 자료에서 대리지역 대성들의 '백족' 혹은 '백인(북인)'으로서의 공통의 정체성을 찾기 어렵다. 한어와 백어를 동시에 구사하고 제국의 지배에 적극 협력하여 本省은 물론 중원지역의 고관에까지 올랐던 '백인' 대성 가계들이 수백 년을 살아남아서 '백족'을 구성하는 일부(혹은 대다수)가 되었다는 언술은 가능할 수 있다. 그러나 그들이 그들만의 공동체를 구성하거나 그러한 의식을 가졌다는 증거는 아직 없다. 어쩌면 각 가계들이 그 가문의 범주 혹은 '宗族' 집단의 이해를 넘어 '공동체'를 구성해야할 이유가 특별히 없었는지도 모른다. 또 가계의 역사의 합이 곧 '민족공동체'의 역사는 아니다. 그리고 이것은 자료 부재의 문제가 아니라 접근 방법의 문제일 수도 있다. 이에 관하여는 별도의 연구가 필요하다.

이러한 질문은 『간사』나 『역사조사(4)』의 노력을 무위로 돌리려거나, 백족의 선민이 명청대에 존재하지 않았다고 주장하려는 것이 아니다. '白族' 그리고 '僰人'의 성격이나 정체에 대해 다르게 묻거나 다시 질문해야 한다고 주장하는 것이다.

3. '大理白族自治州'의 성립과 土官·土司

1) 대리백족자치주의 성립과 '백족' 족칭의 결정

최근 연구가[44] 지적한 대리백족자치주 성립과 '백족' 족칭의 확정 과정 사이의 관계는 매우 흥미롭다. 그 논지는 '민족식별' 과정이 국가(중화인민공화국)와 소수민족 엘리트 집단 및 그 인민 모두가 용인할 수 있는 공동 운명체를 만들어가는 과정이었다는 것이지만,[45] '백족'의 족칭 확정 과정을 사례로 든 논증 과정에서 '국가'의 역할에 대한 지적은 필자의 시선을 끌기에 충분하였다.[46] 즉 이미 '백족'이라 는 족칭이 압도적으로 많이 사용되고 있었지만, 당시 大理地區共產黨委 員會(이하 大理地位)가 "민족좌담회"까지 열어서 '백족' 족칭을 확정지 은 것은 바로 대리에 '자치주'를 세우기 위해서였다.

앞서 언급하였듯이, 대리백족자치주는 1956년 11월 22일에 공식적 으로 출범하였다. 소수민족 '자치기관'의 설치는 1952년 8월 8일 중앙

---

44) 梁永佳, 「制造共同命運－以"白族"族稱的協商座談會爲例」, 『開放時代』 2012-11, 135~146쪽.

45) "족칭 협상을 위한 '民族座談會'는 상급(중앙과 운남성위)의 지시에 근거하여 개최한 것이다. 개최 전에 이미 '백족'이 호칭을 사용하는 쪽으로 기울어졌으 며, 族稱 사이의 '支系' 관계 또한 문제가 아니었다. …… 이미 명확하게 경도되고 이에 근거한 결책이 만들어진 상황에서 무엇 때문에 이와 같이 큰 인력과 물력을 경주하여 이 회의를 개최하였는가? 나의 해석은, 회의의 목적이 미지의 문제에 대한 답을 찾는 것이 아니라, 하나의 대체로 일치된 명확한 답안에 대한 공통된 인식을 찾는 데 있었기 때문이라는 것이다. 즉 하나의 공동운명체라는 공통의 인식"(梁永佳, 앞의 글, 139쪽)이다.

46) "1953년 시작된 민족식별은 이(통일적 다민족국가의) 승인을 관철하는 데 뜻을 두었을 뿐 아니라, 불원간 개최해야 할 第1屆 全國人民代表大會에 참여할 대표의 비례를 확정하기 위한 것"이었다는 주장도 매우 흥미롭다(梁永佳, 2012, 138쪽).

인민정부위원회 제18차 회의에서 비준하고, 1952년 8월 9일 중앙인민정부가 공포한「中華人民共和國民族區域自治實施綱要」(이하「자치실시강요」)에 따른 조치였다.「자치실시강요」제1조에 따르면, 이 강요가「中國人民政治協商會議共同綱領」(이하「공동강령」) 제9조, 제50조, 제51조, 제52조 및 제53조의 규정에 의거한다고 적시하고 있는데,[47]「공동강령」은 1949년 9월 21일 신중국 성립 전야에 북경에서 개최된 中國人民政治協商會議에서 통과된 것이다.「공동강령」제6장 '민족정책' 제51조에는 다음과 같이 규정되어 있다.

"각 소수민족이 모여 사는[聚居] 지역은 마땅히 민족의 구역 자치를 실시하여야 하며, 민족 취거 인구의 다소와 구역의 대소에 따라 각종 민족 자치기관을 분별하여 건립한다. 무릇 각 민족이 雜居하는 지방 및 민족자치구 안에서 각 민족은 해당 지역 정권 기관 안에 고르게 마땅히 인원수에 상당하는 대표를 가져야 한다. 이것이 의미하는 바는 다음과 같다. 바로 우리나라(중국) 소수민족은 민족 분립 혹은 독립을 실행하지 않으며, 민족독립정부 혹은 민족공화국을 건립하지 않는다. 통일적 중화인민공화국의 안 자기의 취거 지구 안에서, 민족의 구역자치를 실행하고, 자치기관을 건립하여 자치권을 행사한다."[48]

대리자치주 지역은 예나 지금이나 白族의 취거구였다.[49] 그리고

---

47) 國家民委 辦公廳·政法司·政策研究室 編,『中華人民共和國民族政策法規選編』, 中國民航出版社, 1997, 1쪽.

48) 李鳴 編著,『中國近代民族自治法制研究』, 中央民族大學出版社, 2008, 181쪽.

49) 大理州에는 13개 世居民族이 존재하는데, 漢, 白, 彝, 回, 傈僳, 苗, 納西, 壯, 藏, 布朗, 拉祜, 阿昌, 傣 등의 民族이 있다. 2015년 말의 全州戶籍에 따르면, 총인구가 358.44만 명, 소수민족인구가 185.83만 명으로 총인구의 51.84%에 해당한다. 그 가운데 白族 인구는 121.79만 명이다.

민족구역자치정책이 점차 널리 시행되면서 대리민족자치주 성립 문제도 1954년 말 의사일정에 올라왔다.[50] 「자치실시강요」 제8조는 각 민족자치구의 명칭에 대하여 다음과 같이 규정하였다. "각 민족자치구의 명칭은 특수한 상황을 제외하고는 민족 명칭에 지방 명칭을 앞에 붙여서 구성한다." 대리지역에 민족 자치구역을 설립하기 위해서는 다수 취거 민족인 '백족'의 족칭을 확정할 필요가 생긴 셈이다. '백족' 또한 "白子", "白尼", "白夥" 등의 자칭과 "民家", "那馬", "勒墨" 등을 비롯하여 60여 개의 타칭을 지니고 있었지만,[51] 1956년 4월 25일과 26일 대리에서 개최된 '민족좌담회'에서 경쟁한 족칭은 "백족"과 "民家", 그리고 또 다른 역사적 명칭이었던 "僰"이었다.

가장 널리 알려진 이름 중 하나인 '民家'가 먼저 탈락하였다. 회의를 주재했던 대리지구 專員 Y가 官 측의 입장을 대변했는데, "民家"는 타칭이며, "官家"/"軍家"의 상대어로 사용되어, "모욕의 의미와 피억압의 함의가 있으므로" 마땅히 "白" 혹은 고대의 "僰"을 사용하여야 한다는 논리였다. 다수의 사람들이 자신들의 지역에서도 폄하의 의미가 있다는 이유로 탈락에 동의하였다고 한다. 물론 '민가'의 사용

<표 2> 백족 인구 현황

지역 구분	총인구	백족 인구	지역백족인구/총백족인구	백족인구/총소수민족인구	백족인구/총지역 인구
합계	1,245,110,826	1,861,895	100	1.767	0.15
31개 성 합계	1,242,612,226	1,858,063	99.794	1.766	0.15
운남성 합계	42,360,089	1,505,644	80.866	10.634	3.554

50) 梁永佳, 앞의 글, 138쪽.
51) 郭淨 等 主編, 『雲南少數民族概覽』, 昆明 : 雲南人民出版社, 58~59쪽.

을 옹호하는 의견도 있었다. 大理의 한 대표는 "민가"는 모든 사람이 다 알고 있는 이름이며, 아울러 결코 폄하의 뜻이 아니라고 하면서, 오히려 "白子"야말로 모욕적인 이름이라고 주장하였다.52)

'僰'에 대하여는, 글자가 노동 인민을 상징하고, 역사상 백족 선민을 지칭하는 명칭으로 사용된 바 있다는 역사적 근거 때문에 긍정적인 의견도 있었으나, 결국 폐기되었다. '북'이 가시나무 밑에서 생활하는 인류의 모습을 뜻하는 것이라 조상에 대한 모욕일 수 있다는 의견과 '백'에 비해 어렵고 많이 쓰이지 않는 글자라는 지적도 있었으나, 가장 중요한 이유는 정치적인 것이었다. '북'이 明淸 시기에 '傣族'의 선조들을 지칭하는 명칭으로도 쓰이기도 했는데, 이것이 '제국주의 분자'들에게 '중국 분열의 구실'을 제공한다는 것이었다. 이는 앞서 언급한 바 있지만, 태국과 중국 사이에 벌어진 중요한 역사 논쟁과 관련이 있다.53) 이 논쟁은 사실 인도차이나 반도를 식민지화한 영국 과 프랑스에 속한 '오리엔탈리스트(Orientalist)'들이 운남 고대사를 태국사로 귀속시키면서 시작되었다. 즉 南詔國 및 大理國의 역사를 태국사의 시작과 연결시키고, '타이(Thai)족 역사'의 일부로 위치 지웠 다. 따라서 남조 왕족의 族屬 문제가 논쟁의 핵심이 되었다. 19세기말 이후 20세기 내내 서구 세계와 동남아시아에서 "大傣族說" 및 "南詔傣族 王國說"이 유행하였다.54) 이 문제가 제기된 뒤, 참석자들이 '북'을

---

52) 梁永佳, 앞의 글, 140~141쪽.
53) 梁永佳, 앞의 글, 141쪽.
54) 이의 내용과 관련하여서는 이미 다른 글에서 인용한 바 있다(정면, 「'僰蠻'의 출현과 구성-'西爨白蠻'과 '東爨烏蠻'의 구분 문제-」, 『中國古中世史硏究』 23, 2010, 247~248쪽, 주1). 이러한 견해를 처음 제기한 것은 Terrie de Lecouperie이 지만, 이 아이디어를 발전시킨 것은 영국인 외교관이자 학자였던 E. H. Parker였다. 1983년 그의 논문 "The Old Thai or Shan Empire of Western Yunnan"(THE CHINA REVIEW Vol. 20 No. 6, 1893.)이 발표된 뒤, 많은 학자들이

버리고 '백'을 선택한 것은 너무나 당연한 일이었다.

'백'의 사용을 지지하는 논리는 다양하였다. 어떤 이는 백족은 백색을 숭상하며, 역사상 "白王"과 "白子國"의 전설이 있는데, "白"은 淸白, 純潔, 樸實, 誠懇, 光明을 의미한다고 주장하였다. 어떤 이는 '북'자가 쓰기 어렵고 알아보기 어려운 데 비하여, '백'은 쉽게 농민들에게 받아들여질 수 있다고 주장하였다. 또 대리지역 回族이 마찬가지로 白色을 숭상하니, 민족 단결에 유리하다는 주장도 있었다. 또 한무제 이후 대리에 白子國이 존재하였고, 대리는 불교의 땅으로 정결하고 하얀 것을 좋아하고 염색한 색을 싫어하니, '백'자를 사용하는 것이 좋다는 논리도 있었다. 물론 반대하는 의견도 있었다. 賓川縣 대표 한 사람은 비록 과거에 백왕이 있었다고 하나, 그의 자칭은 "僰"이었다고 지적했다. 또 몇 명의 대표가 지적하기를, "白"은 공산당을 의미하는 "紅"과 전혀 어울리지 않는다고 지적하였고, "대여섯 명의 노인들은 共産黨의 紅旗가 정권을 장악하였는데, 白字를 사용하는 것은 紅字를 거스르는 것이라고 말했다." 그러나 이러한 반대는 비교적 적었다.[55]

회의는 투표 없이 Y專員이 총결 발언을 하는 것으로 마쳤다. 그는 모두가 일치된 의견을 가졌다고 선포하였다. 즉 "민가"를 쓰지 않고,

---

그 논지를 답습하였다. 이 설의 요지는 다음과 같다. ① 泰國의 주체 민족인 타이족(Thai ; 泰族), 미얀마 경내의 샨족(Shan ; 撣族), 중국 경내의 다이족(Dai ; 傣族)은 본디 同族이다. ② 이 민족은 본래 중원 및 장강 유역에 거주하다가, 漢族의 압박을 받아 운남으로 이주하여 독립 왕국을 세웠는데, 그것이 남조왕국과 이를 이은 大理王國이다. ③ 13세기 몽골 쿠빌라이의 공격으로 대리국이 멸망하자, 이들은 다시 운남과 미얀마 및 태국의 연변 지역으로 이동하고, 또 대량으로 섬라(Siam ; 暹羅)지역으로 이동하여 섬라국을 이루는 주체 민족이 되었다.

55) 梁永佳, 앞의 글, 141쪽.

"白"字를 사용한다는 것이었다. '민족좌담회' 개최 12일 후 대리지위는 회의 정황을 적은 보고서를 올렸고, 省委와 중앙은 이를 빠르게 비준하였다. "白族"은 이렇게 1956년 4월 26일에 民家族의 공식적인 새이름이 되었다.56) 그리고 같은 해 11월 대리백족자치주가 성립되었다. 국가가 대리지역 소수민족 엘리트 집단의 협조를 얻어 '백족'을 소수민족으로 규정하고, 민족 구역 자치를 실현한 것이다.

대리백족자치주의 성립에 걸림돌이 된 것이 족칭 결정 문제뿐만은 아니었다. 사실상 백족에 소수민족 신분을 부여하고 민족자치구역을 성립할 것인가의 여부조차도 이견이 존재하였기 때문이다. 대리백족자치주 초대 副州長 楊永新(1986)의 기억에 따르면, 당시 허다한 사람들이 백족은 단지 漢族의 일개 지파이므로 별도의 단일 민족으로 만들 필요가 없다고 여겼다. 또 1963년에 원고가 완성된『白族簡史簡志合編』또한 당시 일부 사람들의 다음과 같은 "염려(주저)"를 기록하였다. "백족과 한족의 차이가 많지 않으므로, 구역 자치를 실행하는 것과 하지 않는 것 모두 가능하다."57) 이는 당시 '백족'으로 구분된 사람들, 특히 '민가'라고 불린 사람들 중 많은 이들이 스스로를 '소수민족'으로 여기지 않았으며, 한족과 굳이 구별하지 않았음을 의미한다.58) 아울러 '백족'의 식별과 대리백족자치주의 성립에는 '국가'의 역할이 매우 컸음을 보여준다.

스스로를 소수민족으로 여기지 않으려 했던 많은 '백족' 사람들의

---

56) 梁永佳, 앞의 글, 141쪽.
57) 梁永佳, 앞의 글, 138~139쪽.
58) 이런 맥락에서 '민족좌담회'에 참석했던 洱源縣 M대표의 다음과 같은 발언도 기억해 둘 만하다. "해방 초기 등기 전표에 모두 漢族이라고 신고하였다. 감히 民家임을 인정하지 못하였는데, 이는 지주계급이 압박하여 만들어낸 것이다. 오늘날 공산당의 영도하에야 비로서 감히 승인한다."(梁永佳, 앞의 글, 140쪽).

정체성은 그 직전의 역사와 관련이 있을 것이다. 앞서 '민족좌담회'에서 '민가'의 사용을 지지한 어떤 대표가 '민가'의 명칭은 누구나 다 아는 이름이라 하였는데, 앞 절에서 언급한 바와 같이 '민가'라는 명칭은 명 제국의 운남 지배, 특히 대리지역 지배와 깊은 관련이 있다.

2) 명청 제국의 대리지역 지배와 토사·토관 제도

龔蔭의 『中國土司制度』에 따르면,[59] 명청대 雲南省에는 332家의 크고 작은 토사 혹은 토관이 설치되었고, 그중 大理府에 설치된 것은 40가였다. 이를 표로 정리하면 다음과 같다.

<표 3> 운남성 대리부의 토사·토관

토사가명	족속	치소	토관저부
鄧川州土知州阿氏	僰族	雲南 鄧川縣	○
雲龍州土知州段氏	白族	雲南 雲龍縣城	○
品甸土千夫長杜氏	白族	雲南 祥雲縣 雲南驛	
太和縣土千夫長阿氏	白族	雲南 大理縣	
太和縣土副千夫長李氏	白族	雲南 大理縣	
歸化里老窩土千總段氏	白族	雲南 雲龍縣 老街	
六庫土千總段氏	白族	雲南 瀘水縣 六庫	
魯掌土千總茶氏	彝族	雲南 瀘水縣 서남	
登埂土千總段氏	白族	雲南 瀘水縣 서남	
卯照土千總段氏	白族	雲南 瀘水縣 서남	
漕澗土把總左氏	待考	雲雲南 雲龍縣 漕澗	
十二關長官司土副長官李氏	白族	雲南 大姚縣 西泡江東岸/嘉慶元年(1522年) 雲南 樣雲縣 동북 泡江 서쪽의 楚場으로 치소 이동	
雲南縣土縣丞楊氏	白族	雲南 祥雲縣城	○
大理府土經歷董氏	白族	雲南 太理縣城	○
雲南縣土主簿張氏	白族	雲南 祥雲縣 土官村	○
靑索鼻巡檢司土巡檢楊氏	白族	雲南 鄧川縣	○

---

59) 龔蔭, 『中國土司制度』, 雲南民族出版社出版, 1992, 461쪽, 471~496쪽.

安南坡巡檢司土巡檢李氏	白族	雲南 祥雲縣 남	○
你甸巡檢司土巡檢李氏	白族	雲南 祥雲縣 米甸鎭	○
楚場巡檢司土巡檢納氏	待考	雲南 樣雲縣 북 楚場	○
楚場巡檢司土巡檢楊氏	蒙古族	雲南 樣雲縣 북 楚場	
普陀崆巡檢司土巡檢楊氏	白族	雲南 洱源縣 동남	○(글자)
鳳羽鄕巡檢司土巡檢尹氏	白族	雲南 洱源縣 남	○
上江嘴巡檢司土巡檢楊氏	白族	雲南 洱源縣 上江嘴	
下江嘴巡檢司土巡檢何氏	白族	雲南 洱源縣 下江嘴	○
箭杆場巡檢司土巡檢字氏	彝族	雲南 雲龍縣 동 新榮鎭	○(글자)
十二關巡檢司土巡檢李氏	白族	雲南 洱源縣 서	
十二關巡檢司土巡檢張氏	白族	雲南 洱源縣 서	
師井巡檢司土巡檢楊氏	白族	雲南 雲龍縣 서 輩荊	
神摩洞巡檢司土巡檢趙氏	白族	雲南 賓川縣 西境	○
金沙江巡檢司土巡檢得氏	待考	雲南 賓川縣 東北境	
定西嶺巡檢司土巡檢李氏	彝族	雲南 大理縣 동남 紅岩至鳳儀間之定西嶺	○
順蕩井巡檢司土副巡檢李氏	白族	雲南 雲龍縣 북 順蕩	○(글자)
上五井巡檢司土巡檢楊氏	白族	雲南 雲龍縣境	
蔓神寨巡檢司土巡檢董氏	白族	雲南 大理縣 鳳儀境	○
山井鹽井鹽課司副使楊氏	白族	雲南 洱源縣 西	○
順蕩鹽井鹽課司副使楊氏	白族	雲南 雲龍縣 北 順蕩	○(글자)
浪穹縣土典史王氏	白族	雲南 洱源縣 城關	○
洱西驛土驛丞張氏	白族	雲南 大理縣 城南	○
德勝關驛土驛丞王氏	白族	雲南 大理縣 鳳儀鎭外	○
雲南驛土驛丞袁氏	待考	雲南 祥雲縣 雲南驛	○

토관저부○ : 토관저부에 존재/ ○(글자) : 같은 대상을 지칭하나 글자 하나가 다름

　　운남성의 '內地'에 속하였던 대리부는 명청대 내내 대체로 4州(趙州, 鄧川州, 賓川州, 雲龍州), 3縣(太和, 雲南, 浪穹), 1長官司(十二關長官司)를 통령하였다. 대체로 流官이 설치되었으며,[60] 유관이 파견되지 않은 곳도 토사보다는 토관이 많이 설치되었다. 공음은 이 연구서에서 각 토사 및 토관의 族屬을 조사하여 밝혀놓았는데, 백족이 31家, 이족 이 3가, 태족과 몽골족이 각 1가, 그리고 좀 더 연구가 필요한 것[待考]

---

60) 『明史』卷46「地理」7〈雲南/大理府〉, 1183~1185쪽 ; 『淸史稿』卷74「地理」21 〈雲南/大理府〉, 2325~2327쪽. 청 康熙 5년(1666), 北勝直隸州를 州로 강등하여 대리부에 속하게 하였다가, 31년(1692)에 다시 直隸州로 승격시켰다.

이 4가였다. 이를 통해 명청대에도 대리지역은 역시 '백족'의 선민이 가장 큰 영향력을 행사하는 곳이었음을 드러내어 보이고 있다. 그러나 이 역시 근대적 관점에 의한 분석일 뿐이다. 공음이 문헌조사와 현지조사를 통해 확정한 것일 터이지만, 철저하게 현대의 '민족 구분'을 기준으로 정한 것이었다. 이는 『土官底簿』의 기록과 비교해 보면, 잘 드러난다.

『토관저부』는 사고전서 제요에 따르면, 작자가 누구인지는 불명하지만, "明 正德 연간(1506~1521) 이전 雲貴 諸省 土司의 爵과 氏, 因襲 모두를 기재하고 있다. …… 雲南의 151가, 廣西의 167가, 四川의 24가, 貴州의 15가, 湖廣 5가, 廣東 1가, 모두 361가를 기록하고 있다." 명대 토관의 설치 정황을 잘 보여주는 자료라고 할 수 있다. 대리부에 속하는 토관으로는 27家가 소개되어 있다. 표로 정리하면 다음과 같다.

<표 4>『토관저부』기재 대리부 소속 토관

토사(관)부	직명	성명	출신지	구분	비고
大理府洱西驛	驛丞	張銘	大和縣	民	已故土官驛丞張鑑舊名張文秀嫡次男
大和縣神摩洞巡檢司	巡檢	趙俊	大和縣	籍	承襲前元大理府錄事
金沙江巡檢司	巡檢	得力石玉	雲南府昆明縣	人	指揮李觀下頭目
趙州定西嶺巡檢司	巡檢	李青字	趙州寧遠鄉	千戶	前任彌只防千戶
趙州蔓神寨巡檢司	巡檢	董寶	雲南大理府太和縣	民	
德勝關	驛丞	王義	大理府太和縣	僰人	
雲南縣	知縣	楊奴	大理府趙州雲南縣	僰人	
雲南縣	主簿	張興	大理府趙州雲南縣	僰人	前職品甸管民千戶所世襲土官
安南坡巡檢司	巡檢	李納麟	大理府趙州	人	
你甸巡檢司	巡檢	李義	趙州雲南縣	民	
雲南驛	驛丞	袁奴	大理府趙州雲南縣	民	
鄧川州	知州	阿這	鄧川州	小百夷人	
青索鼻巡檢司	巡檢	楊良	大理府太和縣	僰人	

鄧川州浪穹縣	典史	王生	大理府鄧川州	民	
師井巡檢司	巡檢	楊勝	大理府鄧川州	民	
十二關巡檢司	巡檢	李智	大理府鄧川州	民	
十二關巡檢司	巡檢	張成	大理府鄧川州	民	
鳳羽鄉巡檢司	巡檢	尹勝	大理府鄧川州	民	前木光路府判
下江嘴巡檢司	巡檢	何海	大理府鄧川州浪穹縣	土人	係舊日土官
箭桿場巡檢司	巡檢	字忠	大理府鄧川州浪穹縣	民	舊日土官
蒲陀崆巡檢司	巡檢	楊順	大理府太和縣	人	先蒙大理守禦官取充通事招安人民
順盪井巡檢司	巡檢	李良	大理府鄧川州浪穹縣	民	由義兵元帥洪武十五年歸附
雲龍州	知州	段保	雲龍州	民	
山井鹽井鹽課司	副使	楊堅	大理鄧川州浪穹縣	民	洪武十六年總兵官箚充本司土官副使
順盪鹽井鹽課司	副使	楊生	大理府浪穹縣	竈戶	洪武十五年歸附
楚場巡檢司	巡檢	納察	本州	民	

위 표에서 가장 주목되는 부분은 역시 각 토관 가계의 인적 성격에 대한 구분이다. 각 주, 현, 향의 민으로 표기된 자가 14명이고, 僰人으로 표기된 것이 4명, 주현의 人으로 표기된 것이 3명, 小白夷人으로 표기된 것이 1명, 籍 1명, 竈戶 1명, 千戶 1명, 土人 1명이다.

앞서 살펴본 바 있지만, '북인'은 흔히 백족의 선민으로 이해된다. 그리고 '백이'는 태족의 선민으로 이해된다. 위 27명의 토관 중에 그 '족속'을 바로 짐작할 수 있는 경우는 5명에 불과한 셈이다. '조호'는 염정에 예속된 호를 지칭하는 용어이다. '적'은 태화현의 호적에 편입되어 있다는 의미로 읽힌다. 그리고 '천호'는 원대의 천호부의 장관이고, '토인'은 보통 토착인을 의미한다. '인'과 '민'의 구분이 어떤 의미인지는 알 수 없으나, 『토관저부』에서 '羅羅民'과 '羅羅人'이 굳이 구분되고 있는 것을 볼 때, 다른 의미를 갖는 것이라 추측된다.

그리고 『土官底簿』에 楚雄府同知 高政에 관한 기록이 있는데, 그를 僰人이라 규정하면서도, 本府 楚雄縣의 民이라 적고 있다.[61] 초웅부의

---

61) 『土官底簿』 卷下 「雲南」；方國瑜 主編(1998), 『雲南史料叢刊(卷5)』, 雲南大學出版社, 418쪽.

북인 高政과 대리부의 북인 張興에 관한 『토관저부』 기재 형식을 비교해 보면, '민'과 '인'에 대하여 약간의 추정이 가능할지도 모르겠다. "고정은 僰人이며, 本府(초웅부) 楚雄縣의 民이고, 前元 시기에 祖父가 威楚開南等路軍民總管에 제수된 것으로 말미암아 洪武 15年(1382)에 歸附하였다." "張興은 大理府 趙州 雲南縣의 僰人이다. 前職이 品甸管民千戶所의 世襲土官인데, 洪武 15년에 귀부하였다." 고정은 그가 어느 지역 출신의 북인인지는 밝히고 있지 않지만, 조부가 위초개남등로 군민총관이었다면 어쨌든 초웅부 내에서 출생하였을 것이고, 그래서 당연히 초웅부 초웅현의 민이었다. 그런데 장흥은 대리부 조주 운남현의 '북인'이라고 명기하고 있는데, 이는 그가 조상 대대로 운남현에 거주한 북인이라는 의미일 것이다. 특히 그가 품전관민천호소의 세습토관이었다는 사실은 이를 강하게 뒷받침한다. 정리하자면, 고정은 '북인'이자 민이었고, 장흥은 '북인'이면서 '토관'으로 특정 지역과 인민에 대한 지배력을 대대로 유지한 가계의 대표로 일반 '민'은 아니었을 것이다. 두 사례로 단정하기는 어렵지만, '인'은 족속과 관련된 분류이고, '민'은 사회적 신분 혹은 관적 신분과 관련된 것이 아닌지 추정해 본다.

다시 본디의 이야기로 돌아가서 〈표 4〉와 〈표 3〉을 비교해보면, 상당한 차이가 있음을 알 수 있다. 공음의 연구는 〈표 4〉에 '민'으로 구분한 토관들, 11가문에 대하여 '백족'으로 규정하였으며, 한 가문은 '이족'으로, 그리고 나머지 둘은 추가 연구를 기다려야 한다고 하였다. 그리고 '인'으로 구분된 3가계에 대하여 둘은 '백족'으로, 하나는 '待考'로 구분하였다. '천호' 한 가문에 대하여는 '이족'으로 구분하였으며, '적', '조호', '토인' 각 1가계, 세 가문에 대하여는 '백족'으로 규정하였다. 이것이 정확한 분류인지는 더 따져보아야겠지만, 이 글에서 강조하고 싶은 점은 다른 데에 있다. 즉, 공음의 연구는 철저하게 현재의 기준에 따른 것이라는 점과,『토관저부』가 보여주는 구분은 현재와는 다른 기준을 적용했다는 것이다.

『토관저부』의 기재방식은, 당연한 이야기일지 모르지만, 토관의 가계를 중심으로 하고 있다. 토관이 속한 기관과 토관직, 그리고 명대 첫 토관의 이름, 그리고 그 가계의 '族屬', '출신지', '(전) 관직의 담임 여부' 등을 적고, 明 洪武帝 시기의 관력부터 시작하여, 토관직의 세습 관계 이력들을 정리하고 있다. 토사와 토관도 중화인민공화국의 '민족 자치구역' 설치와 마찬가지로, 전통적 '중국' 지역과 구별되는 지역을 통치하기 위한 수단으로, 해당 지역 토착 엘리트들과의 타협에 의해 고안되었다. 중화인민공화국이 '소수민족'들에게 폭넓은 자치를 약속하고 허락하였지만, '토사·토관' 등 봉건적 통치기구에 대하여는 타협하지 않았던 것처럼,[62] 명 제국도 원대 이래의 '토사'제도를 계승하였지만, 큰 반란을 주도하였던 대리총관부의 유지와 그 세력의 온존은 용인할 수 없었을 것이다. 이로 인한 유관의 설치와 군대의 주둔은 대리 지역에 '군가'와 '민가'의 구분을 만들어 내기도 하였다. 그리고 〈표 4〉에서 보듯이 어쩔 수 없이 설치되는 '토관'이나 '토사'도 '僰人' 가계의 비중이 크지 않았고, 오히려 '민'으로 평가되는 가문의

---

62) 李鳴, 앞의 책, 445~446쪽. 1949년 1월 28일 滇東北地委는 雲南 陸良 龍海山에서 地委第1次決議-『如何打開滇東北的鬪爭局面』에서 다음과 같은 민족정책을 제출하였다. "(1) 민족자결권과 각민족의 일률 평등을 주장한다. (2) 각 민족의 풍속 습관, 언어, 문자를 존중한다. (3) 종족 억압과 종족 차별을 반대한다. (4) 단결과 소수민족 (5) 반동파의 상층토사, 두인과 내통하는 것에 대하여는 반드시 비타협적 투쟁을 진행하고 바로 무력으로 해결한다. (6) 국민당 당권자와 토사, 두인이 내통하여 공모하여 허위의 민족자결에 호소하고 아군의 해결을 저지하는 것을 방지하고, 반드시 정책에 비추어 적진영을 와해시킨다."

비중이 압도적이었다.

그리고 토사와 토관의 통치 구역은 민족별 자치기구가 아니었다. 각각이 하나의 政區이고, 하나의 가계가 세습하여 통치하였으며, 그 안에는 복수의 '族群'이 잡거하는 경우가 월등히 많았다. 따라서 토사 및 토관 명칭에 '민족' 혹은 '종족'의 이름이 삽입될 필요는 없었고, 다양한 만이 명칭들을 굳이 하나로 통일할 필요도 없었다. 그래서 토착 엘리트들도 자신들의 '족속'과 기원에 솔직할 필요가 없었는지도 모른다. 다음 표는『皇淸職貢圖』의 운남성 지역 만이의 거주 분포를 보여준다.[63]

<표 5>『황청직공도』소재 운남 지역 만이 분포

소재지	蠻名	雲南府	曲靖府	臨安府	澂江府	武定府	廣西府	廣南部	元江府	開化府	鎮沅府	東川府	昭通府	普洱府	大理府	楚雄府	姚安府	永昌府	鶴慶府	順寧府	永北府	麗江府	蒙化府	景東府	威遠
		운남성 각부주																							
雲南等府	黑玀玀	■	■	■	■	■	■	■							■	■	■	■	■						
雲南等府	白玀玀	■	■					■	■						■	■			■						
雲南等府	乾玀玀	■	■																						
廣南等府	妙玀玀				■		■	■							■	■	■		■						
曲靖等府	僰夷		■						■	■															
景東等府	白人														■									■	
曲靖等府	狆人		■					■																	
廣南等府	沙人						■	■																	
廣南等府	儂人						■	■																	
順寧等府	蒲人				■									■		■		■		■					
麗江等府	怒人																					■			
鶴慶等府	狓人																		■			■			
武定等府	羅婺蠻					■																			
臨安等府	土獠			■					■																
元江等府	窩泥蠻	■							■														■		■
臨安等府	苦葱蠻			■					■					■											
臨安等府	撲喇蠻			■		■																			
雲南等府	撒彌蠻	■																							
曲靖等府	苗人		■																						

63) [淸] 傅恒, 『皇淸職貢圖』, 瀋陽 : 遼瀋書社, 1991, 766~888쪽.

府	蠻																	
普洱等府	莽人								■		■							
姚安等府	獏㺚蠻							■	■					■				
武定等府	摩察蠻				■				■		■							
楚雄等府	扯蘇蠻							■	■									
臨江等府	㺑雞蠻		■				■											
麗江等府	麽些蠻									■	■					■		
鶴慶等府	古綜番									■							■	
永北等府	西番																	
大理等府	㛋昌蠻							■		■								
曲靖府	海猓玀	■																
廣西府	阿者玀玀			■														
曲靖府	魯屋玀玀	■																
武定府	麥岔蠻				■													
姚安府	嫚且蠻										■							
順寧府	利米蠻											■						
開化府	普岔蠻					■												
永昌府	西南界 縹人								■									

위의 표는 운남지역 '소수민족'의 잡거 현상이 전근대시기에 이미 존재했음을 보여준다. 이는 명청 시대 운남지역, 특히 운남 '內地'(곤명과 대리를 중심으로 한 滇中·滇東지역) 만이 집단의 경우 굳이 '族的 공동체'를 이루어 거주할 필요가 없었거나, 그러한 형태로 거주하는 것이 불편하였을 가능성을 보여준다. 오히려 '제국'의 지배 하에서 운남지역 내지 지배 엘리트들은 '가계' 단위로 삶을 모색하는 것이 더 유리하였는지도 모른다. 이렇게 놓고 보면, '백족'과 '북인'은 그 형성 과정이나 존속 환경이 많이 달랐다.

4. '帝國'과 변경 – '정체성' 만들기

선행 연구에서 "누가 백족을 만들어냈는가?"라는 질문으로 바꾸어야 한다고 하면서, 가설적 답으로 '帝國'(특히 명청 제국), 정주 지배

엘리트, 운남지역이 가진 지정학적 조건, 백족 인민 혹은 그 조상들의 '선택'을 제시한 바 있다.[64] 이 글에서는 '帝國'(특히 명청 제국 그리고 중화인민공화국)의 역할 혹은 효과를 중심으로 '백족' 혹은 '백인(북인)의 형성에 대해 생각해 보고자 하였다.

우선, 『간사』가 이야기하는 '백족의 형성' 과정을 다시 살펴보았다. 『간사』와 『역사조사(4)』가 제시하는 대리지역 엘리트(대성)들의 역사적 연속성은 매우 강력해 보이지만, 그 존재 형태나 '공동체 의식'에 차이가 있음을 지적하였다. 명청대 대리지역 대성들은 '족적 공동체' 보다는 가문 혹은 '宗族' 집단의 이해관계에 따라 가계의 '기억'을 만들어나갔다. 현대 '백족'으로 구성된 사람들의 입장에서 현재를 만들어낸 원인의 일부를 명청 시대 '백인(북인)' 대성들이 제공했다고 말할 수 있지만, 『간사』에서 지적한 명청대의 '백인(북인)' 대성 모두가 하나의 '정체성'을 형성하고 있었다고 믿을만한 증거는 아직 없다.

둘째로, 중화인민공화국의 '민족' 정책이 어떻게 '백족'을 만들어냈는지를 살펴보았다. '백족'의 경우 운남의 '소수민족' 중 드물게 취거율이 높은 집단이었지만, 20세기 중반 대리지역의 '民家人'들은 중화인민공화국의 '소수민족'이 되어 스스로의 자치구역을 갖는 것을 주저하였다. 스스로 '한인'과 다를 바 없다고 생각했던 이들은 아마도 '한족'의 일부가 되어 사회주의 공화국의 국민이 되기 원했는지도 모른다. 그러나 중화인민공화국은 '백족' 인민의 '상층'을 포섭하여[65] 자신들의 계획을 진행시켰다. 그 결과 '백족'이라는 족칭이

---

64) 정면, 앞의 글, 2012, 43~44쪽.
65) '민족좌담회'에 참석할 대표를 선임하면서, 중국공산당 당국은 이중의 기준을 적용하였다. 인구와 민족 분배에 따라 확정된 대표에 대하여는, "정치 이력이 분명해야 하고, 사회주의 혁명 중의 적극 분자와 모범 인물이어야 하며, 본민족 안에서 특출한 대표성을 가져야 한다." 하였다. 바로 이들

공식화되고, 대리백족자치주가 탄생하였다.

　스스로 '한인'과 다를 바 없다고 생각했던 '백족' 엘리트들의 정체성은 역사적 근거가 있었다. 과거급제자도 심심치 않게 배출했던 대리지역 토착 엘리트들은 학문이나 문화, 관직 생활, 경제력에서 이웃의 한인들과 크게 다를 바가 없었다.[66] 명청 제국의 대리지역에 대한 지배 방침 또한 '改土歸流'가 상징하듯이 끊임없는 '동화'의 시도였다. 그리고 元 제국을 이어 운남지역에 진출한 명 제국의 입장에서 그들이 적극적으로 포섭해야 할 대상은 운남성 '내지'의 대성 가계였다. '漢化'에 적극적이었던 이들은 제국의 관료(유관/토관)로서 자신들의 정체성을 형성해 나갔고, 심지어 일부 가계들은 '위험'을 피하기 위해 자신들 가계의 기원을 조작하기도 하였다. 그 흔적의 하나가 『토관저부』에 기재된 대리부 토관들의 모습일 것이다.

대표들이 비교적 높은 혁명성을 가져야 한다고 말하는 것이다. (그런데) "민족 상층"에 대하여는, 만약 "사회주의혁명을 옹호하거나 반대하지 않으며, 본족 인민과 밀접한 관계를 가지고, 본민족 안에서 대표성이 비교적 큰 인물"이라면 되었다(梁永佳, 앞의 글, 139쪽).

66) [淸] 傅恒 等 編著(1991), 『皇淸職貢圖』, 795쪽. "…… 그 거처가 민과 서로 섞여 있고, 풍속과 의식이 모두 齊民을 본떴다. 讀書하여 과거에 응시하는 자도 있고, 머리를 동여매고 맨발에 짧은 옷을 입고 양가죽을 두른 자도 있다. 民家子라고 칭하기도 하며, 해마다 賦稅를 낸다."

참고문헌

1. 사료

『春秋左傳』「隱公」,〈傳元年〉,『左傳全譯』, 貴州人民出版社, 1990.

『明史』, 中華書局, 1997.

『淸史稿』, 中華書局, 1977.

[明]不著撰人,『土官底簿』, 欽定四庫全書.

[淸]傅恒,『皇淸職貢圖』, 瀋陽:遼瀋書社, 1991.

康熙『大理府志』(『北京圖書館古籍珍本叢刊』45), 書目文獻出版社, 1987.

『白族簡史』編寫組,『白族簡史』, 民族出版社, 1988.

徐琳, 趙衍蓀 編著,『白語簡志』, 民族出版社, 1984.

『中國少數民族社會歷史調查資料叢刊』雲南省編輯組,『白族社會歷史調查(四)』,
　　　雲南人民出版社, 1991.

方國瑜 主編,『雲南史料叢刊(卷5)』, 雲南大學出版社, 2001.

2. 연구서

龔蔭,『中國土司制度』, 雲南民族出版社出版, 1992.

郭淨 等 主編,『雲南少數民族槪覽』, 昆明:雲南人民出版社.

國家民委 辦公廳·政法司·政策硏究室 編,『中華人民共和國民族政策法規選編』,
　　　中國民航出版社, 1997.

段玉明,『大理國史』, 雲南人民出版社, 2011.

Bin Yang, *Between Winds and Clouds : The Making of Yunnan*, Columbia University
　　　Press, 2008.

李鳴 編著,『中國近代民族自治法制硏究』, 中央民族大學出版社, 2008.

王建民 張海洋 胡鴻保,『中國民族學史 下卷(1950~1997)』, 雲南敎育出版社, 1998.

3. 연구논문

정면, 「'爨蠻'의 출현과 구성－'西爨白蠻'과 '東爨烏蠻'의 구분 문제－」, 『中國古中世史研究』 23, 2010.

정면, 「白族과 '白蠻'－『白族簡史』의 백족 계보 구성 비판」, 『동북아문화연구』 33, 2012.

정면, 「'大封民國'과 '白國'－南詔·大理 시기 '雲南史' 서술과 자기인식」, 『서강인문논총』 45, 2016.

侯冲, 「『南詔通紀』的作者·卷數·影響及評价」, 『學術探索』 2004-4.

梁永佳, 「制造共同命運－以"白族"族称的協商座談會爲例」, 『開放時代』 2012-11.

楊文輝, 「一个白族村庄的歷史人類學研究－高興村歷史源流小考」, 『西南邊疆民族研究』 2012-2.

楊甫旺, 「彝族土主崇拜研究」, 『云南師范大學學報(哲學社會科學版)』 2007, 39(1).

羅勇, 「明代云南土官襲職制度研究」, 『學術探索』 2013-3.

찾아보기

집필진 소개

———

윤해동

한양대 비교역사문화연구소 HK교수. 서울대학교 박사. 한국근현대사, 동아시아사 전공. 주요 논저로는 『식민지의 회색지대』(역사비평사, 2003), 『지배와 자치』(역사비평사, 2006), 『식민지근대의 패러독스』(휴머니스트, 2007), 『근대역사학의 황혼』(책과함께, 2010), 『탈식민주의 상상의 역사학으로』(푸른역사, 2014), 『植民地がつくった近代』(三元社, 2017), 『식민주의역사학과 제국』(공저, 책과함께, 2016) 등이 있다.

박혜정

경기대학교 사학과 초빙교수. 빌레펠트대학교 박사. 독일현대사 전공. 주요 논저로는 "East Asian Odyssey towards One Region. The Problem of East Asia as a Historiographical Category," *History Compass*, 12(John Wiley & Sons Ltd, 2014.12), 「변경에서 중심 읽기―변경에서 보는 유럽 근대 국가와 유럽연합」(『역사학보』 228, 2015), 「유라시아 변경에서 다시 보는 독일 제2제국과 청 제국」(『학림』 41, 2018) 등이 있다.

조 원

세종대학교 역사학과 조교수. 북경대 박사. 몽골제국사 전공. 주요 논저로는 「大元제국 다루가치체제와 지방통치 : 다루가치의 掌印權과 職任을 중심으로」(『동양사학연구』 125, 2013), 「쿠빌라이시기 강남지역 色目人의 任官과 활약 : 江浙行省 지방관부 目人 관원의 사례를 중심으로」(『중앙아시아연구』 19-2, 2014), 「『飮膳正要』와 大元제국 음식문화의 동아시아 전파」(『역사학보』 233, 2017) 등이 있다.

김보광

가천대학교 가천리버럴아츠칼리지 조교수. 고려대 박사. 고려사 전공. 주요 논저로는 「고려 내시 연구」(박사학위논문), 「고려 성종 현종대 태조배향공신의 선정과정과 의미」(『사학연구』 113, 2014), 「고려 내 다루가치의 존재양상과 영향」(『역사와 현실』 99, 2016), 「고려국왕의 정동행성 보거권 장악과 그 의미」(『사총』 92, 2017) 등이 있다.

한승훈

고려대학교 독일어권문화연구소 연구교수. 고려대 박사. 한국근대사(개항기 대외관계사) 전공. 주요 논저로는 『조약으로 본 한국근대사』(열린책들, 2010), 「영국의 거문도 점령 과정에 대한 재검토 : 갑신정변 직후 영국의 간섭정책을 중심으로」(『영국연구』 36, 2016), 「19세기 후반 조선의 대외정책 기조와 그 실현 : 균세정책과 거중조정의 추진」(『한국근현대사연구』 83, 2017) 등이 있다.

이세연

한양대학교 비교역사문화연구소 HK연구교수. 도쿄대 박사. 일본종교문화사 전공. 주요 업적으로는 『사무라이의 정신세계와 불교』(혜안, 2014), 『제국과 변경』(혜안, 2017), 『술로 풀어보는 일본사』(이상, 2017) 등이 있다.

정 면

서강대학교 디지털역사연구소 연구교수. 서강대 박사. 중국고중세사, 운남사 전공. 주요 논저로는 「爨龍顔碑'를 통해 본 5세기 雲南'西爨' 세력의 성격」(『中國古中世史研究』 18, 2007), 「唐代 '南中' 지역과 '西爨 : 爨守忠墓誌의 해석을 중심으로」(『東洋史學研究』 110, 2010), 「'그려지는 것들'과 '그리지 않는 것들' : 어린이 청소년 역사책 속 동아시아 지도 분석」(『역사학보』 218, 2013), 『남조국(南詔國)의 세계와 사람들 : 8~9세기 동아시아의 서남 변방』(선인, 2015) 등이 있다.

한양대학교 비교역사문화연구소 기획

집필자

윤해동 한양대학교 비교역사문화연구소 HK교수

박혜정 경기대학교 사학과 초빙교수

조 원 세종대학교 역사학과 조교수

김보광 가천대학교 가천리버럴아츠칼리지 조교수

한승훈 고려대학교 독일어권문화연구소 연구교수

이세연 한양대학교 비교역사문화연구소 HK연구교수

정 면 서강대학교 디지털역사연구소 연구교수

RICH트랜스내셔널인문학총서 **16**

변경과 경계의 동아시아사

한양대학교 비교역사문화연구소 기획
이 세 연 엮음

초판 1쇄 발행 2018년 4월 30일

펴낸이 오일주
펴낸곳 도서출판 혜안

등록번호 제22-471호
등록일자 1993년 7월 30일

주소 ⓤ 04052 서울시 마포구 와우산로 35길 3(서교동) 102호
전화 3141-3711~2
팩스 3141-3710
이메일 hyeanpub@hanmail.net

ISBN 978 · 89 · 8494 · 604 · 0 93910
값 16,000 원

이 책은 2008년 정부의 재원으로 한국연구재단의 지원을 받아 수행된 연구임(NRF-2008-A00005)